현대국어 형태론

황 화 상

지식과교양

개정2판
머리말

책을 새로 내면서 내용적으로나 형식적으로나 대학 강의의 교재로서의 성격을 강화하고자 하였다.

내용적으로는 단어 형성을 다룬 6장을 일부 새롭게 구성했다. '어휘적 단어 형성과 통사적 단어 형성'을 본문에서 빼고, 그 주요 내용은 통사적 단어 형성을 중심으로 1장과 7장의 끝에 덧붙인 〈참조〉에 나누어 새로 기술했다. 어휘적 단어 형성과 통사적 단어 형성의 구분은 학부 강의에서 다루기가 쉽지 않아서 본문에 기술하기에 적절하지 않다는 판단에서이다. '유추에 의한 단어 형성'은 그 내용을 보완하고 '규칙에 의한 단어 형성'을 새로 추가하여 '단어화'와 함께 '단어 형성의 기제'로 묶어 기술했다. 이 밖에 '단어 형성 요소, 접사의 지배적 기능, 품사' 등에서 그사이의 연구 결과를 반영하여 일부 내용을 수정하고 보완했다.

형식적으로는 각 장의 첫머리에 연습 문제 형식의 〈미리보기〉를 추가했다. 학생들로 하여금 본문에서 다룰 내용 가운데 핵심이 되는 것을 미리 생각해 보도록 함으로써 교수자 중심으로 흐르기 쉬운 강의를 일부 보완하기 위한 것이다. 아울러 각 장 끝의 연습 문제도 얼마간 보완했다.

2018년 4월 26일
지은이

초판
머리말

　우리가 어떤 언어를 안다고 할 때 그 아는 것 가운데 하나는 그 언어의 단어이다. 그리고 어떤 단어를 안다고 하는 것은 궁극적으로 그 단어의 의미와 문법적 쓰임을 안다는 것을 뜻한다. 그러나 우리가 단어에 대해 알고 있는 것이 의미와 문법적 쓰임만은 아니다. '뚜껑접시, 다람쥐택시, 스님자장, 식물위원장' 등 어떤 단어를 처음 접했을 때 우리는 옳든 그르든 그 단어의 의미를 어느 정도 추론할 수 있다. 이는 이들 단어를 적어도 '뚜껑+접시', '다람쥐+택시', '스님+자장', '식물+위원장' 등과 같이 분석함으로써 가능하다. 이 또한 우리가 단어에 대해 알고 있는 지식 가운데 하나이다.

　형태론은 우리가 단어에 대해 알고 있는 지식을 주요 연구 대상으로 하는 언어학의 한 분야이다. 그러나 단어에 대한 지식을 다루는 모든 연구가 형태론인 것은 아니다. 예를 들어 '뚜껑접시'라는 단어가 '굽이 없이 뚜껑이 덮여 있는 접시'라는 뜻을 갖는다든지, '사과를 쟁반에 담았다.'라는 문장에서 '쟁반'을 대신하여 그 자리에 쓰일 수 있다든지 하는 등 '뚜껑접시'라는 단어 그 자체를 하나의 단위로 다루는 연구는 형태론이라고 볼 수 없다. '뚜껑접시'의 의미, 문장에서의 기능 등을 설명하기 위해 '뚜껑접시'를 '뚜껑'과 '접시'로 나눌 때 비로소 형태론이 된다.

　이런 점에서 형태론은 단어 자체에 대한 연구라기보다는 단어 내부에 대한 연구이다. 따라서 형식, 의미, 기능을 중심으로 단어의 갈래를 다루는 품사론은, 전통적으로 형태론의 영역 안에서 다루어져 오기는 했지만, 형태론과는 그 본질적 속성이 다르다. 그러나 교착어인 우리말의 경우 단어의 형식적 차이가 형태론적으로 드러나기도 하고, 또 단어의 문법적 기능이 때에 따라 조사가 결합하거나 어미가 결합하는 등의 형태론적 절차와 관련되기도 하여, 두 연구 분야의 관계가 다른 언어에서보다 밀접하다. 본서에 품사론을 포함한 것은 이런 까닭에서이다.

본서는 크게 다섯 부분으로 구성되어 있다. 제Ⅰ부에서는 형태론의 정의와 영역, 우리말의 형태론적 특징, 형태론 연구의 흐름에 대해 살펴보았다. 제Ⅱ부에서는 단어의 개념, 단어의 구조, 단어를 구성하는 그리고 단어를 형성하는 요소로서의 형태소에 대해 살펴보았다. 제Ⅲ부에서는 우리말의 품사에 대해 살펴보았다. 제Ⅳ부에서는 우리말의 단어형성에 대해 살펴보았다. 제Ⅴ부에서는 어문규정 가운데에서 형태론과 밀접한 관계가 있는 규정에 대해 살펴보았다. 그리고 각 장의 끝에는 연습문제를 실었는데, 가능한 한 강의 시간에 학생들과 함께 생각해 보는 문제로 활용할 수 있도록 구성했다.

본서를 쓰기까지 몇 번을 망설였다. 국어형태론 강의에 쓸 교재의 필요성은 절감했지만 형태론의 여러 영역을 아울러 책으로 엮기에는 역량이 턱없이 부족한 때문이었다. 지난해 한 학기 동안 교재 없이 무질서하게 진행된 강의를 열심히 들어준 우리 학생들을 생각하면서 용기를 냈지만 부끄러운 마음은 감출 길이 없다.

　우리말 공부를 시작하면서부터 지금까지 늘 곁에 두시고 아껴 주시는 홍종선 선생님께 감사의 마음을 올린다.

2011년 6월 23일

지은이

개정판
머리말

　책을 내고 이후 학생들과 함께 보면서 부족한 부분이 생각보다 훨씬 더 많다는 것을 알았다. 특히 '형태론'이라는 이름표를 달았지만 현대 형태론의 중심 분야인 단어형성론을 너무 소략하게 다뤘다. 책을 낸 지 얼마 되지 않아 개정판을 내는 어리석음을 무릅쓴 까닭이다.

　단어형성론에 새로운 내용을 일부 보태고 그 구성을 새롭게 했다. 아울러 품사론과 단어형성론의 위치를 바꿔 전체적으로 형태론(제Ⅱ부 단어와 형태소, 제Ⅲ부 국어 단어의 형성)과 품사론(제Ⅳ부 국어 단어의 품사)의 순서로 이어지도록 구성했다. 이 밖에 각 장의 끝에 실은 〈참조〉와 〈연습〉을 보완하고 오류를 수정했다.

　제Ⅱ부에서는 '어기'의 개념을 새롭게 포함하여 단어의 구성요소를 기술했다. '어기'라는 용어를 곳곳에 쓰면서도 분명하게 정의하지 않았기 때문이기도 하지만, 보다 직접적인 이유는 '어근'만으로는 단어의 구조와 단어의 형성을 충분히 설명할 수 없기 때문이다. 아울러 단어구조의 분석(직소분석) 방법에 관련된 설명을 일부 추가했다.

　제Ⅲ부는 단어형성과 의미(단어형성의 과정, 단어의 형태와 의미, 단어 형성과 의미 추론), 단어형성의 유형(어휘적 단어 형성, 통사적 단어 형성, 유추에 의한 단어형성) 등을 포함하여 전체적으로 새롭게 구성했다. 이는 단어형성의 부분만 살피고 그 전체적인 모습은 살피지 못했던 문제를 보완하기 위함이기도 하고, 단어형성에 대한 본서의 관점을 분명하게 하기 위함이기도 하다. 아울러 접사의 문법적 기능(지배적 기능, 형식적 기능)도 유형적으로 살펴보았다.

처음에 책을 내기로 마음을 먹으면서부터 개정판을 내기까지 내내 마음을 혼란스럽게 했던 것은 내용을 선정하는 문제였다. 품사론을 제외하고 단어형성론의 폭을 좀 더 넓힐까 하는 생각이 좀처럼 머리를 떠나지 않았다. 체언과 용언의 굴절(조사 결합과 어미 결합)을 제외하면 사실 품사론은 형태론에서 다룰 성질의 것은 아니다. 그런데도 품사론을 그대로 포함하고 단어형성론의 폭을 크게 넓히지 못한 것은 본서를 학부의 강의 교재로 활용하고자 했던 처음의 생각 때문이다. 곧 다른 분야(어휘론, 통사론 등)의 학부 강의에서도 품사는 문법에서 차지하는 위상에 걸맞게 다루기 어렵다는 점, 교재는 한 학기 강의에서 충분히 다룰 만큼의 내용을 담아야 한다는 점 등을 고려했다. 형태론 고유의 영역에 대한 기술의 아쉬움은 〈참조〉와 〈연습〉, 그리고 〈부록〉으로 실은 '접사의 목록(뜻풀이와 예)'으로 대신하고자 한다.

체계를 수정하고 내용을 보완하기는 했지만 여전히 제목에 걸맞은 내용을 담지 못해 부끄러운 마음 또한 여전하다.

2012년 9월 25일
지은이

| 차례 |

제Ⅴ부 형태론과 어문 규정　　　　　　　　　　315

【참조】 목록

제I부
총 론

1. 형태론이란?

미리보기

다음 단어들의 뜻이 무엇인지 생각해 보자. 우리가 어떤 단어를 처음 접했을 때 그 뜻을 어떻게 추론하는지에 주목하자.

다음 소나기술, 맛장수/앵두장수, 두더지꾼/꽁치꾼, 도래샘, 손꼽, 찌러기

단어의 분석적 이해 어떤 대상을 이해하는 유용한 방법 가운데 하나는 그 전체를 그것을 구성하는 부분들로 나누는 것이다. 전체는 다름 아닌 그것을 구성하는 부분들(그리고 그 부분들 사이의 관계)의 집합으로 볼 수 있기 때문이다. 예를 들어 어떤 집이 있다고 생각해 보자. 이 집에 대한 우리의 인식은 그것(혹은 그것의 부분)의 주요 재료가 무엇이며(이를테면 '벽돌집, 통나무집, 기와집' 등), 그것의 전체적인 형체나 모습이 어떠하며('ㄱ자집, 다각집, 팔각집' 등), 그것이 위치한 곳이 어디며('골목집, 산집, 주각집' 등), 그곳에서 주로 하는 일이 무엇인지('꽃집, 가정집, 요릿집' 등) 하는 등 이 집을 특징짓는 부분들에 대한 이해를 바탕으로 한다.[1]

단어를 이해하는 데 있어서도 이와 같은 분석적 방법이 유용하다. 예를 들어 '구두닦이, 쌀장수'에 대한 우리의 인식(이를테면 각 단어의

---

[1] '다각(多角)집'은 추녀의 마루가 여러 개로 된 집을, '팔각(八角)집'은 지붕이 여덟 모로 된 집을, '주각(舟閣)집'은 배 위에 지은 집을 말한다.

의미 '구두를 닦는 일을 업으로 하는 사람'과 '쌀을 사고파는 일을 하는 사람'에 대한 인식)은[2] 각 단어를 '구두+닦+이, 쌀+장수'와 같이 분석하는 데 토대를 둔다. 단어를 이해하는 데 이러한 분석적 방법이 유용한 것은 각 단어를 구성하는 부분들이 그 단어를 그것이 되게끔 하는, 다시 말해 그 단어의 의미와 기능을 결정하는 요소들이기 때문이다.

(1) 단어의 분석적 이해

ㄱ. 구두닦이

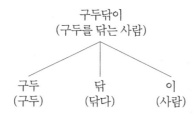

ㄴ. 쌀장수

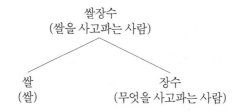

단어에 대한 이와 같은 분석과 이해는 문법가들에게만 국한된 것이 아니다. 의식하지 못할 뿐이지 누구나 단어를 이와 같이 분석하고, 또

---

2) 본서에서는 단어의 뜻을 『표준국어대사전』(국립국어연구원, 1999)에 따라 풀이하되 설명의 편의를 위하여 내용의 본질적인 변화를 초래하지 않는 범위 안에서 일부를 수정한 것도 있음을 밝힌다.

우리는 이를 바탕으로 단어(그 의미와 기능)를 이해한다. 이러한 사실을 확인하기 위해 존재하지는 않지만 언젠가 만들어질 수도 있는 '사과접시'라는[3] 단어가 있다고 가정해 보자. 이 가상의 단어를 한 번도 들어본 적이 없지만 우리는 '사과접시'가 '사과'와 '접시'로 분석되며, '접시'의 일종이며, 그 의미와 기능이 '사과'와 '접시'라는 두 단어와 관련이 있다는 사실 등을 어렵지 않게 알 수 있다. 더 나아가 '사과접시'가 다음과 같은 것 가운데 어느 하나를 가리키는 단어라고 생각할 수도 있다.[4]

    (2) '사과접시'의 의미

        ㄱ. 사과를 깎아 놓는 데 쓰는 접시

        ㄴ. 사과 모양의 접시

        ㄷ. 사과가 그려진 접시

        ㄹ. 사과로 만든 접시

형태론의 정의 단어에 대해 누구나 알 수 있는 이와 같은 지식은 분명히 우리의 언어 능력(言語能力, linguistic competence)의 일부이다. 따라서 언어 능력의 규명을 목적으로 하는 언어학의 연구 대상이 된다. 그리고 이와 같은 지식, 곧 우리가 단어에 대해 알고 있는 지식을 주요 연구 대상으로 하는 언어학의 한 분야가 바로 형태론(形態論,

---

3) 사람에 따라 '사과접시'가 단어일 수 있다는 것에 대해 거부감을 가질 수도 있겠지만 '기름접시(기름을 부어서 쓰는 접시), 분접시(분을 개는 데 쓰는 접시), 회분접시(동물의 뼈를 태운 재로 만든 접시)' 등 이미 존재하는 단어와 같이 단어가 될 수 있다고 일단 가정하자.

4) (2ㄹ)은 유치원에서의 놀이 시간과 같은 특별한 상황에서는 충분히 가능하다.

morphology)이다.

형태론은 단어를 전제로 성립한다. 그런데 형태론 연구의 주요 대상은 형태론적으로 단일한 단어들이 아니라 형태론적으로 복합적인 단어들, 곧 둘 이상의 부분으로 나뉘는 단어들이다. 그러나 형태론적으로 복합적인 단어를 다룬다고 해서 곧바로 형태론이 되는 것은 아니다. 예를 들어 '덮개'라는 단어가 문장에서 어떤 위치에 쓰일 수 있다든지, 어떤 의미를 갖는다든지 하는 등 단어 그 자체를 하나의 단위로 다루는 연구는 형태론이 아니다. '덮개'의 쓰임(기능)과 의미를 설명하기 위해 '덮개'를 '덮'과 '-개'로 나눌 때[5] 비로소 형태론이 된다. 이런 점에서 형태론은 단어 자체에 대한 연구가 아니라 단어 내부에 대한 연구이다.

(3) 형태론
단어에 대한 지식을 그 구조(構造, structure)를 바탕으로 설명하는 문법의 한 분야

단어의 구조는 단어를 구성하는(혹은 형성하는) 부분들 사이의 관계를 통해 드러난다. 따라서 형태론은 단어를 구성하는 부분들을 확인하는 데에서 시작된다. 요컨대 형태론은 단어를 구성하는 부분들(형태소, 어근과 접사 등), 그것들 사이의 관계, 그 결과로서 드러나는 단어의 구조 등을 주요 연구 대상으로 하는 문법의 한 분야이다.

---

5) '덮개'가 '덮는 도구'를 뜻하고 문장에서 명사의 자격을 가지고 쓰이는 것은 '-개'가 행위('덮다')를 뜻하는 동사에 붙어 그 행위를 하는 도구의 뜻을 갖는 명사를 파생하는 접미사이기 때문이다.

형태론의 하위 분야 단어 내부에 대한 접근은 두 가지 방향에서 가능하다. 하나는 형태소들이[6] 모여서 새로운 단어가 만들어지기까지의 과정을 좇아가면서 단어 내부를 바라보는 것이고, 다른 하나는 단어를 그것을 구성하는 형태소들로 나누기까지의 과정을 좇아가면서 단어 내부를 바라보는 것이다. 전자를 단어 형성론(單語形成論, 혹은 조어론造語論)이라고 하고, 후자를 단어 분석론(單語分析論)이라고[7] 한다.

(4) 형태론의 하위 분야

형태론의 영역에 흔히 굴절론(屈折論)을 포함하기도 한다. 굴절론은 단어가 문장에 쓰일 때 형태가 바뀌는 현상, 곧 단어의 형태 변화를 다루는 분야이다. 국어 형태론에 단어 형성론과 단어 분석론이 포함되는 것은 두말할 나위가 없는 것이지만 국어 형태론에 굴절론을 둘 수 있는지에 대해서는 이견이 있다. 전형적인 굴절(屈折, Inflection)

---

6) 형태소는 뜻을 갖는 가장 작은 요소를 말한다. 이에 대해서는 5.1에서 구체적으로 살펴본다. 한편 단어를 만드는 요소는 사실 형태소가 아니라 어근과 접사이다. 이에 대해서는 6.2.1에서 살펴본다.

7) 단어 분석론 대신 단어 구조론이라는 용어를 쓰기도 하는데 단어 구조는 분석의 관점에서는 물론 형성의 관점에서도 쓸 수 있는 개념이므로 본서에서는 단어 분석론이라는 용어를 쓰기로 한다. 한편 분석의 관점에서 바라보느냐 형성의 관점에서 바라보느냐에 따라 단어의 구조는 다를 수 있다. 이에 대해서는 6.2.1에서 구체적으로 살펴본다.

은 이를테면 영어의 대명사 HE가 he, his, him 등으로 다르게 실현되거나(곡용曲用, declension), 동사 GO가 go, went, gone 등으로 다르게 실현되는 것(활용活用, conjugation)과 같이 문장에서 어떤 위치에(혹은 어떤 기능으로) 쓰이는지에 따라 단어 그 자체가 바뀌는 것을 말한다. 그러나 국어 단어에는 이와 같은 형태 변화가 없다.[8] 대명사 '그'는 조사가 결합하여 '그가, 그의, 그를'과 같이 실현되며, 동사 '가-'는 어미가 결합하여 '간다, 갔고, 가며'와 같이 실현된다. 이러한 점을 고려하면 국어 형태론에 굴절론을 두기는 어렵다. 다만 접사 결합에 의해 단어의 문법적 기능이 표시되는 것까지를 포함하여[9] 굴절의 개념을 넓게 보면 국어 형태론에도 굴절론을 둘 수 있다.[10]

한편 흔히 형태론의 영역 안에서 다루어져 온 것 가운데 품사론(品詞論)이 있다. 그러나 품사론은 단어 그 자체를 하나의 단위로 다룬다는 점에서 단어 내부를 다루는 형태론과는 본질적으로 다르다. 품사론은 형태론의 하위 분야라기보다는 어휘론(語彙論, lexicology)의 하위 분야이다.[11]

---

8) 국어는 언어 유형론적으로 굴절어가 아니라 교착어이다. 언어의 형태론적 유형에 대해서는 2장의 [참조]에서 살펴본다.

9) 영어에도 예를 들어 WORK(work, works, worked), PLAY(play, plays, played)와 같이 접사가 결합하여 굴절(활용)하는 단어들도 있다.

10) 조사와 어미는 접사(굴절 접사)인지 단어인지에서부터 이견이 있다. 조사와 어미가 단어라면 그 결합을 굴절로 볼 수는 없다. 학교 문법에서는 대체로 조사는 단어로 보고 어미는 단어로 보지 않는 입장을 취한다. 따라서 조사는 체언에서 따로 떼어 품사의 하나로 다루고 어미는 용언의 굴절(곧 활용)에서 다룬다. 본서에서는 큰 틀에서는 조사와 어미를 학교 문법에 따라 기술하되 이들을 둘러싼 주요 이론적 문제들은 관련 부분의 [참조]를 통해 따로 살펴보기로 한다.

11) 다만 품사론은 전통적으로 형태론의 영역에서 다뤄 왔으며 품사는 다른 분야의 학부 강의에서도 문법에서 차지하는 위상에 걸맞게 다루기가 어렵다. 본서에 품사론을 포함한 것은 이러한 사정을 고려한 것이다.

참조	조사와 어미 결합의 문법

생성 문법에서는 문장은 어휘부(語彙部, lexicon) 혹은 형태부(形態部, morphological component)로부터 입력된 단어들을 재료로 하여 통사부(統辭部, syntactic component)에서 형성되며 이후 음운부(音韻部, phonological component)를 거쳐서 발화된다고 본다. 국어 문법 연구에서 조사와 어미가 문법의 어떤 부문에서 각각 체언과 용언에 결합하는지에 대해서는 이견이 있다.

조사와 어미는 그 문법적 기능이 단어에 한정되지 않는다. 예를 들어 '노란 꽃이 피었다.'에서 주격 조사 '이'의 문법적 기능은 명사 '꽃'이 아니라 명사구 '노란 꽃'과 관련된다. 이 문장에서 주어는 명사구 '노란 꽃'이기 때문이다. 또한 과거 시제 선어말 어미 '-었-', 평서형 종결 어미 '-다'의 문법적 기능도 동사 '피-'가 아니라 문장 '노란 꽃이 피-' 전체와 관련된다. 시제는 문장이 갖는 문법 범주이며 종결되는 것은 문장이기 때문이다. 이에 따라 위 문장을 통사론적으로 '[[[[[노란 꽃]이] 피]었]다]'와 같이 분석하고 조사와 어미를 통사론적인 요소로서의 통사 원자(統辭原子, syntactic atom)로 보기도 한다(박진호 1994, 우순조 1997, 최웅환 2005ㄴ 등). 이런 관점에서는 조사와 어미의 결합은 본질적으로 형태론에서 다룰 성질의 것이 아니다. 곧 조사와 어미는 기능적으로는 통사 단위(구, 문장)에 결합하며 형식적으로는 음운부에서 조사는 체언에, 어미는 용언에 결합한다.

이와 달리 조사와 어미는 형태론적으로는 단어('꽃', '피-')에 결합하되 그 기능은 통사론적이라고 보기도 한다(황화상 2005ㄷ, 2015, 허철구 2007 등). 앞서 든 문장을 형태론적으로는 '[[노란] [꽃이] [피었다]]'와 같이 분석하고 통사론적으로는 '[[[[[노란 꽃]이] 피]었]다]'와 같이 분석하는 것이다. 이와 같은 이중적인 분석은 괄호 매김 역설(bracketing paradox)로 알려져 있듯이 드문 일이 아니다. 예를 들어 transformational grammarian(변형 문법가)은 그 의미(변형 문법을 연구하는 사람)에 따르면 [[transformational grammar]ian]으로 분석되지만 형태론적으로는 [[transformational] [grammarian]]으로 분석된다. '버스 운전사'도 의미론적 분석([[[버스 운전]사])과 형태론적 분석([[버스] [운전사]])이 일치하지 않는다. 이런 관점에서는 조사와 어미의 결합 그 차제는 본질적으로 형태론적인 것이다. 곧 조사와 어미는 접사로서 형태부에서 각각 체언과 용언에 결합한다. 다만 그 문법적 기능은 통사부에서 통사 단위와의 관계를 통해서 실현된다. 이때 조사와 어미는 그 기능이 통사론적이라는 점에서 보통의 어휘적 접사(語彙的 接辭, lexical affix)와 구별하여 통사적 접사(統辭的 接辭, syntactic affix)로 본다.

한편 앞서 든 문장을 통사론적으로 '[[[[[노란 꽃]이] 피]었]다]'와 같이 분석하되 이후 핵 이동(核移動, head movement)이나 재구조화(再構造化, restructuring) 등의 통사론적 과정을 통해 조사와 어미가 각각 체언과 용언에 결합하는 것으로 보기도 한다(고창수 1986, 1992ㄴ, 시정곤 1994, 임홍빈 1997 등). 특히 고창수(1986, 1992), 시정곤(1994)에서는 조사와 어미를 통사부에서 통사적 구성에 결합하는 접사로서의 통사적 접사라고 본다. 이런 관점은 형태론의 영역을 일부 통사부에까지 넓힘으로써 결국 조사와 어미, 그리고 이들의 결합을 형태론에서 다룬 것이라고 할 수 있다. 조사와 어미의 결합을 통사적 파생(統辭的 派生, syntactic derivation)으로 본 임홍빈(1989)도 본질적인 면에서는 이와 다름이 없다.

연습

1 〈다음〉에 제시한 각 단어 쌍의 의미가 무엇인지 생각해 보고 이를 국어사전의 뜻풀이와 비교해 보자. 그리고 생각했던 뜻과 국어사전의 뜻풀이가 왜 다를 수 있는지 이야기해 보자.

〈다음〉 통장수: 광주리장수, 기와장이: 벽돌장이
　　　* 장수: (무엇을) 사고파는 사람
　　　* 장이: (무엇과 관련된) 기술을 가진 사람

2 뉴스, 신문 기사, 영화 제목 등에서 '다람쥐택시'와 같이 단어로 볼 수 있지만 국어사전에는 없는 것들을 찾아보자. 그리고 그 의미가 무엇이며 그것이 왜 그런 형태로 만들어졌을지 생각해 보자.

* 참고: 다람쥐택시
… 택시를 이용할 때 택시운전사가 차에 태운 손님들이 모두 같은 방향의 손님들로 채워질 때까지 기다렸다 출발하고, 손님을 내려준 후엔 또다시 강남역으로 되돌아가는 걸 반복했다. 그래서 사람들은 그 모습이 마치 다람쥐가 쳇바퀴 도는 것과 같다고 해서 일명 '다람쥐택시'라고까지 부르고 있다고 한다. … 〈동아일보, 2002.1.13, '독자의 편지' 중에서〉

2. 국어의 형태론적 특징

미리보기

국어는 어순이 비교적 자유로운 언어이다. 다음을 참조하여 국어에서 어순
이 비교적 자유로운 이유가 무엇인지 생각해 보자.

다음 철수가 사과를 샀다. = 사과를 철수가 샀다.
　　　cf) John bought an apple. ≠ *An apple bought John.

국어는 언어 유형론적으로 교착어(膠着語, agglutinative language)
에 속한다. 교착어는 접사(굴절 접사, 곧 어미)에 의해 단어의 문법적
기능이 표시된다는 형태론적 속성을 갖는다. 예를 들어 용언 '먹-'은
현재 시제 선어말 어미 '-는-'과 평서형 종결 어미 '-다'가 결합하여 현
재 시제 평서형('먹는다')으로 쓰이며, '-는-' 대신에 과거 시제 선어말
어미 '-었-'이 결합하여 과거 시제 평서형('먹었다')으로 쓰인다. 체언
의 경우에도 주어 자리에 쓰일 때에는 '학생이'와 같이 주격 조사가 결
합하며, 목적어 자리에 쓰일 때에는 '학생을'과 같이 목적격 조사가 결
합한다.[1] 국어에 어미와 조사가 발달한 것은 이런 까닭에서이다.

　(1) 교착성(膠着性)
　　　ㄱ. 먹는다, 먹었다, 먹으셨다, 먹으셨겠다, …

---

[1] 본서에서는 학교 문법에 따라 조사를 단어로 다루지만 형태론적 특징 면에서 어미
　와 다름이 없으므로 이 장에서는 조사를 포함하여 기술한다.

ㄴ. 학생이, 학생을, 학생에게, 학생으로서, …

조사와 어미는 각각 둘 이상이 겹쳐 쓰이기도 하는데 그 결합에는 일정한 순서가 있는 것이 보통이다. 예를 들어 (2ㄱ)에서와 같이 선어말 어미 '-었-'과 '-겠-'이 하나의 용언에 동시에 결합할 때에는 늘 '-었-'이 '-겠-'보다 먼저 결합하며, (2ㄴ)에서와 같이 조사 '에서'와 '만'이 하나의 체언에 동시에 결합할 때에는 늘 '에서'가 '만'보다 먼저 결합한다. 그러나 조사 '만'과 '(으)로'는 (2ㄷ)에서와 같이 때에 따라 '만'이 먼저 결합하기도 하고 '(으)로'가 먼저 결합하기도 한다.

(2) 형태소의 서열성(序列性)
　　ㄱ. 먹었겠다, *먹겠었다, …
　　ㄴ. 학교에서만, *학교만에서, …
　　ㄷ. 바늘만으로, 바늘로만, …

조사와 어미는 모두 체언과 용언의 뒤에 결합하는 후치적(後置的) 속성을 갖는다. 곧 (3)에서 주격 조사 '이'와 목적격 조사 '를'은 각각 체언 '닭'과 '모이' 뒤에 결합하며, 선어말 어미 '-는-'과 어말 어미 '-다'는 모두 용언 어간 '먹-' 뒤에 결합한다.

(3) 형태소의 후치적 속성
　　닭-이 모이-를 먹-는-다

어미 가운데는 어간에 결합할 때 음운론적 조건이나 형태론적 조건에 따라 몇 개의 이형태(異形態, allomorph)들이 서로 교체(交替, alternation)되어 쓰이는 것들이 있다. 예를 들어 어미 '-니/으니, -면서/으면서' 등은 어간 끝음절의 받침 유무에 따라 교체된다. 그리고 어미 '-어라/아라'는 어간 끝음절의 모음이 음성 모음인지 양성 모음인지에 따라 교체된다. 아울러 '-어라/아라'는 그 전체가 '오다, 뛰어오다, 걸어오다' 등 '오다'로 끝나는 어간에 결합하는 '-너라'와 교체되기도 한다. 그리고 격 조사 '이/가, 을/를, 와/과' 등도 체언 끝음절의 받침 유무에 따라 교체된다.

(4) 이형태 교체

ㄱ. 가니/먹으니, 가면서/먹으면서, …

ㄴ. 먹어라/잡아라/오너라, …

ㄷ. 닭이/소가, 닭을/소를, 닭과/소와, …

조사와 어미 가운데에는 특정한 음운론적 조건에서 때에 따라 생략(省略)되어 나타나지 않는 것들이 있다. 서술격 조사 '이(다)'는 받침이 없는 체언에 결합할 때 생략되기도 하며, 연결 어미 '-어/아'와 종결 어미 '-어/아'는 'ㅏ, ㅓ, ㅔ, ㅐ' 등으로 끝나는 용언에 결합할 때 생략되는 것이 보통이다.[2]

---

2) (5ㄷ)의 '가'는 어미 '-어/아'가 생략된 것(신지영·차재은 2003:279)이 아니라 어간의 모음 'ㅏ'가 탈락한 후 어미가 결합한 것('가+아→ㄱ+아→가', 이진호 2005:141)으로 볼 수도 있다. (5ㄴ)의 '보내'도 어미 모음의 완전 동화를 가정하면 이러한 설명('보내+아→보내+애→보ㄴ+애→보내')이 가능하다. 다만 '보내'의 경우에는 '보내어'와 같이 어미가 생략되지 않고 쓰일 수도 있는데, 이때 어미는 '-아'가 아닌 '-어'여서 적어도 현대 국어에서는 이와 같은 설명이 쉽지 않다. 어간과 어미의 결합에서 나타나는 모음 탈락에 대해서는 한영균(1988), 곽충구(1994), 배주

(5) 형태소의 생략

　　ㄱ. 그것은 <u>책상이다</u>.

　　　그것은 <u>의자(이)다</u>.

　　ㄴ. 이 사과를 한 번 <u>먹어</u> 봐라.

　　　그 사람에게도 사과를 <u>보내(어)</u> 주어라.

　　ㄷ. 지금 밥 <u>먹어</u>.

　　　지금 학교에 <u>가(아)</u>.

용언 가운데에는 특정 어미와 결합할 때 불규칙 활용(不規則活用, irregular conjugation)을 하는 것들이 있다. '묻다(問)'는 'ㄷ' 불규칙 용언으로서 '-어, -었-, -(으)니, -(으)시-' 등의 어미와 결합할 때 받침 'ㄷ'이 'ㄹ'로 바뀌며, '아름답다'는 'ㅂ' 불규칙 용언으로서 역시 '-어, -었-, -(으)니, -(으)시-' 등의 어미와 결합할 때 받침 'ㅂ'이 '우'로 바뀐다. 이 밖에 불규칙 용언에는 'ㅅ' 불규칙 용언('짓다, 지으니'), 'ㅎ' 불규칙 용언('하얗다, 하얀, 하얘서'), '르' 불규칙 용언('모르다, 몰라'), 'ㅜ' 불규칙 용언('푸다, 퍼'), '러' 불규칙 용언('푸르러'), '여' 불규칙 용언('하여라'), '너라' 불규칙 용언('오너라') 등이 있다.

(6) 불규칙 활용

　　ㄱ. 그 까닭을 <u>묻고</u> 나서야 고개를 끄덕였다.

　　　모르는 게 있으면 선생님께 <u>물어</u> 보아라.

　　ㄴ. 무지개가 정말 <u>아름답다</u>.

　　　무지개가 정말 <u>아름다웠다</u>.

채(1994), 임석규(2002) 등을 참조할 수 있다.

한편 불규칙 활용은 아니지만 용언 가운데에는 특정 어미와 결합할 때 어간의 일부가 규칙적으로 탈락(脫落)하는 현상을 보이는 것도 있다. 'ㄹ'로 끝나는 용언은 '-(으)니, -(으)시-, -는, -느냐' 등의 어미와 결합할 때 'ㄹ'이 탈락하며, 'ㅡ'로 끝나는 용언은 '-어, -었-' 등의 어미와 결합할 때 'ㅡ'가 탈락한다.

(7) 규칙적 탈락

　　ㄱ. 입술을 <u>깨물었다</u>.

　　　사과를 한 입 <u>깨무니</u> 달콤한 맛이 입안에 가득했다.

　　ㄴ. 아버지께서는 지금 붓글씨를 <u>쓰고</u> 계신다.

　　　벌써 붓글씨를 다 <u>썼다</u>.

참조	언어의 형태론적 유형 분류

   언어는 유형론적으로(혹은 형태론적으로) 교착어, 굴절어, 고립어, 포합어 등으로 분류된다. 언어의 유형론적 분류와 그 특성에 대해서는 조성식 외 편(1990), Greenberg(ed)(1966), Comrie(1981) 등을 참고할 수 있다. Spencer(1991:23-24, 57), 조성식 외 편(1990:1288-1289)에 따르면 교착어(膠着語, agglutinative language, 한국어, 터키어 등)에서는 문법적 기능이 접사에 의해 표시되며, 굴절어(屈折語, inflectional language, 인도 유럽 제 언어 등)에서는 'their(they+소유격)'와 같이 단어 형태가 변화하지만 문법적 기능을 표시하는 부분이 교착어에서와 달리 쉽게 분석되지 않으며, 고립어(孤立語, isolating language, 중국어, 베트남어 등)에서는 문법적 기능이 주로 어순(語順, word order) 혹은 별개의 단어에 의해 표시되며, 포합어(抱合語, polysynthetic language, 에스키모어, 축치어 등)에서는 'Tə-qora-pelarkən(I-reindeer-leave, I'm leaving the reindeer)'과 같이 문장을 구성하는 요소가 밀접히 결합되어 문장이 그대로 단어로 인식된다. 이 밖에 세계의 주요 언어 및 어족에 대한 개략적인 소개는 변광수 편(1993)을, 문자의 기원과 발전, 세계의 주요 문자 등 문자에 대한 전반적인 소개는 Gaur(1984)를 참고할 수 있다.

연습

1 다음과 같이 '짓다'의 'ㅅ'과 '불다'의 'ㄹ'은 모두 때에 따라 탈락한다.
그런데 '짓다'만 불규칙 활용을 하는 용언으로 보는 이유가 무엇인지
생각해 보자.

1) 집을 다 {짓고/지으니} 인부들이 떠났다.
2) 바람이 {불고/부니} 먼지가 날린다.

2 조사와 조사의 결합은 그 가능성이 때에 따라 달라지기도 한다. 다음
두 문장에서 조사 '만'과 '도'의 결합 양상이 다른 이유가 무엇인지 생
각해 보자.

1) *나는 어제 빵만도 먹었다.
   cf) 나는 어제 빵만 먹었다.
       나는 어제 빵도 먹었다.
2) 이 옷 윗옷만도 팔아요?
   cf) 이 옷 윗옷만 팔아요?
       이 옷 윗옷도 팔아요?

3 다음 문장에서 '울'은 참조 예의 '먹을, 갈'을 고려하면 용언 어간 '울–'과 관형사형 어미 '–ㄹ/을'이 결합한 것으로 분석된다. 이때 '울'은 어간의 'ㄹ'이 탈락한 것으로 보는 것이 좋을지 어미 '–을'이 생략된 것으로 보는 것이 좋을지 생각해 보자.

〈다음〉 그렇게 계속 울 거니?
　　　cf) 지금 점심 먹을 거니?
　　　　　오늘 도서관에 갈 거니?

3. 형태론 연구의 흐름

미리보기

1)과 2)의 밑줄 친 각 단어 쌍들 사이에 어떤 문법적 차이가 있는지 생각해 보자.

1) 황금 보기를 돌같이 하라.

　다음 보기를 참조하여 물음에 답하시오.

2) 돈이 많은 일을 하는 데 쓰임을 알았다.

　돈은 쓰임이 다양하다.

3.1. 형태 이론의 발전 과정

　단어에 대한 관심은 시대에 따라 일정한 차이를 보인다. 단어의 범주(품사) 구분 문제가 초기(그리스 로마 시대) 문법 연구의 주요 관심 분야였다면, Bloomfield(1933)과 Hockett(1954) 등으로 대표되는 구조주의(構造主義, structuralism) 형태론에서는 단어의 분석을 주요 연구 과제로 삼았다. 그리고 Chomsky(1957)에서 비롯된 생성 문법(生成文法, generative grammar)이 표준 이론(標準理論, Chomsky 1965)으로 구체화되면서 단어에 대한 관심은 단어의 형성이라는 새로운 분야로 집중되었다. 이 가운데에서 본 절에서는 단어 형성을 중심으로 주요 형태 이론의 발전 과정을 간략하게 살펴보기로 한다. 이 과정에서 주목하고자 하는 것은 형태론의 위상이 어떻게 변해 왔으

며, 단어 형성 부문으로서의 어휘부(語彙部, lexicon)에 대한 인식이
이론에 따라 어떻게 다른가 하는 것이다.[1]

3.1.1. Lees(1960)의 변형론적 접근

단어 형성에 대한 Lees(1960)의 접근은 형태 구성과 통사 구성의
유사성을 토대로 한다. 곧 단어(형태 구성)를 구성하는 요소들 사이
에서 성립하는 문법 관계들은 문장(통사 구성)을 구성하는 요소들 사
이에서 성립하는 문법 관계들, 예를 들어 주어-술어 관계, 술어-목
적어 관계 등을 반영한다는 것이 Lees(1960)의 기본 가정이다.[2] 예
를 들어 합성 명사 manservant에서 두 구성 요소인 man과 servant
사이에서 성립하는 문법 관계는 "The servant is a man."이라는 문
장에서 확인할 수 있는 문법 관계를 반영한다는 것이다. 이러한 인
식에 따라 Lees(1960)에서는 합성 명사가 기저 통사 구조(基底統辭
構造, underlying sentence structures)로부터 변형 규칙(變形規則,
transformational rule)에 의해 도출되며, 이 기저 통사 구조가 바로
합성 명사를 구성하는 요소들 사이에서 성립하는 문법 관계를 표시한
다고 가정한다. 예를 들어 "Archie needs a manservant."의 도출 과정
에서 합성 명사 manservant는 다음과 같은 기저 통사 구조로부터 도

---

1) 형태 이론의 발전 과정과 각 이론의 구체적인 내용에 대해서는 전상범·김영석·김
   진형 역(1994), 전상범(1995), 안상철(1998) 등을 주로 참조했음을 밝힌다.
2) English nominal compounds incorporate the grammatical forms of different
   sentence types, and of many internal grammatical relations within sentences,
   such as subject-predicate, subject-verb, subject-object, verb-object, etc.(Lees
   1960:119)

출된다.(Botha 1968:44)

(1) 합성 명사 manservant의 기저 통사 구조

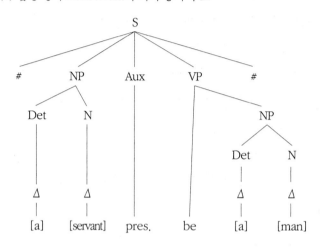

Lees(1960)에 따르면 기저 통사 구조 (1)에 다음과 같은 변형 규칙을 차례대로 적용함으로써 합성 명사 manservant를 도출할 수 있다.(Scalise 1984:10)

(2) 합성 명사 manservant의 도출 과정

    ㄱ. 관계화: # a servant who pres. be a man #

    ㄴ. Wh-삭제: # a servant a man #

    ㄷ. 명사 이동(관사 삭제): # a man servant #

    ㄹ. 경계 삽입

       ① 단어 경계(#) 삽입: # a # man servant #

       ② 단어 내부 경계(-) 삽입: # a # man-servant #

Lees(1960)의 접근 방식이 가질 수 있는 장점 가운데 하나는 형태가 같은 합성어가 둘 이상의 의미를 동시에 갖는 것을 설명할 수 있다는 데 있다. 즉 Lees(1960)에서 설정한 기저 통사 구조는 합성어의 구성 요소들 사이에서 성립하는 문법 관계를 표시하는 구조이므로 기저 통사 구조를 달리 설정함으로써 의미의 차이를 설명할 수 있다. 예를 들어 합성 명사 snake poison은 세 개의 다른 의미를 갖는데 각각의 의미는 다음과 같은 세 개의 기저 통사 구조에서 표시된다.

(3) snake poison의 기저 통사 구조

ㄱ. X extracts poison from the snake.

ㄴ. The snake has the poison.

ㄷ. The poison is for the snake.

이러한 장점에도 불구하고 Lees(1960)의 이론은 Chomsky(1957, 1965) 등에서 의도했던 것보다 변형이 갖는 힘이 지나치게 크다는 점에서 근본적인 한계를 갖는다. 예를 들어 snake poison을 도출하기 위해서는 (3)에서 어휘 요소 extract, have 등을 삭제하는 것이 필수적인데 Chomsky(1957, 1965)의 틀 안에서 이들 어휘 요소의 삭제를 설명할 수 있는 방법은 없다.[3] 또한 Lees(1960)의 이론으로는 a green black-board와 같이 의미가 불규칙한 합성어의 형성을 설명할

---

3) [⋯] a deletion operation can eliminate only a dummy element, or a formative explicitly mentioned in the structure (for example, you in imperatives), or the designated representative of a category [⋯], or an element that is otherwise represented in the sentence in a fixed position.(Chomsky 1965:144-45)

수 없다. 즉 Lees(1960)에 따르면 a green black-board는 '*a green board which is black.'과 같은 기저 통사 구조로부터 도출되어야 하지만 이런 통사 구조는 존재할 수 없다.

3.1.2. Chomsky(1970)의 어휘론 가설

단어 형성에 대한 Lees(1960)의 변형론적 접근이 합성 명사에 대한 관찰을 토대로 형태 구성과 통사 구성의 유사성에 주목한 방법론이라면 Chomsky(1970)의 어휘론적 접근은 동명사류(動名詞類, gerundive nominals)와 파생 명사류(派生名詞類, derived nominals)에 대한 관찰을 토대로 형태 구성과 통사 구성의 차이에 주목한 방법론이다. 먼저 Chomsky(1970)에서 제시한 다음의 예를 살펴보자.

(4) 명사화(名詞化, nominalization)의 두 유형
  ㄱ. John is eager to please.
  ㄴ. John's being eager to please.
  ㄷ. John's eagerness to please.

(4ㄴ)의 동명사 표현과 (4ㄷ)의 파생 명사 표현은 모두 (4ㄱ)의 문장에 대응되므로 두 명사류 사이에 일정한 관계가 있다고 볼 수 있다. 그러나 동명사와 파생 명사는 생산성, 관련 문장과의 의미 관계, 내부 구조라는 세 가지 측면에서 중요한 차이를 보인다.

먼저 생산성(生産性, productivity)의 문제에 대해 살펴보자. 다음 예에서 알 수 있듯이 동명사는 관련 문장으로부터 아주 자유롭게 형

성되지만 파생 명사의 형성에는 많은 제약이 따른다.

(5) 동명사와 파생 명사의 생산성

ㄱ. John is easy (difficult) to please.

John is certain (likely) to win the prize.

John amused (interested) the children with his stories.

ㄴ. John's being easy (difficult) to please.

John's being certain (likely) to win the prize.

John's amusing (interesting) the children with his stories.

ㄷ. *John's easiness (difficulty) to please.

*John's certainty (likelihood) to win the prize.

*John's amusement (interest) the children with his stories.

다음으로 의미 관계(意味關係, semantic relations)의 측면에서 동명사와 파생 명사의 차이를 살펴보자. 동명사의 의미는 항상 관련 문장으로부터 예측 가능하다. 반면에 파생 명사의 의미는 관련 동사와는 다른 (의미적) 특이성(特異性, idiosyncrasy)을 보이기도 한다. 예를 들어 the French revolution과 같은 구에서 동사 revolve('회전하다, 순환하다' 등)와 파생 명사 revolution('회전, 혁명' 등) 사이에 어떤 의미 관계가 성립하는지를 정확하게 설명하기 어렵다(Scalise 1984:18). 이런 이유로 동명사의 경우에는 개별 의미의 범위에 특별한 차이가 없지만, laughter, marriage, construction, actions, activities, revolution, belief, doubt, conversion, permutation, trial, residence, qualifications, specifications와 같은 파생 명사들이 갖는 개별 의미의 범위는 다양하다.

끝으로 내부 구조(內部構造, internal structure)의 측면에서 동명사
와 파생 명사의 차이를 살펴보자. 동명사는 동사의 명사형일 뿐이므
로 명사구의 내부 구조를 갖지 않는다. 따라서 동명사는 the나 that 등
의 한정사 수식이 불가능하며 동사처럼 형용사가 아닌 부사의 수식을
받는다. 반면에 파생 명사는 명사구의 내부 구조를 갖는다. 따라서 한
정사의 수식을 받을 뿐만 아니라 일반 명사처럼 형용사의 수식을 받
는다. Chomsky(1970)과 Spencer(1991)에서 제시한 다음의 각 예를
비교해 보자.

    (6) 동명사와 파생 명사의 내부 구조

       ㄱ. *the proving the theorem.

          the proof of the theorem.

       ㄴ. Dick's {sarcastically, *sarcastic} criticizing the book.

          Dick's {*sarcastically, sarcastic} criticism of the book.

이렇듯 동명사와 파생 명사 사이에는 주목할 만한 차이가 있으며,
따라서 파생 명사는 관련 문장의 동사로부터 변형 규칙에 의해 도
출되는 것이 아니라 어휘부 안에서 작용하는 형태 규칙(形態規則,
morphological rules)에 의해 도출된다는 것이 Chomsky(1970)의
기본 가정이다.[4] 이에 따라 Chomsky(1970)의 제안은 어휘론 가설

---

4) Chomsky(1970)이 갖는 형태론적 의의가 바로 여기에 있다. 즉 Chomsky(1970)은
(파생) 형태론이 통사론과는 별도로 존재해야 한다는 것을 보여준 최초의 연구였
다. 결국 Chomsky(1957, 1965) 등에서 그 문법적 지위와 역할이 불분명했던 형태
론은 Chomsky(1970) 이후 문법의 독립된 한 영역으로서 그 지위와 역할을 확보하
게 되었다.

(語彙論假説, lexicalist hypothesis)로 알려지게 되었는데 이후 그 영역을 파생에 국한시킨 약어휘론 가설과 이를 굴절까지 확대한 강어휘론 가설로 분리되었다.

3.1.3. 어휘론 가설 이후의 형태론

■ Halle(1973)의 단어 형성 모델

Halle(1973)은 Chomsky(1970)의 제안을 하나의 문법 모델로 구체화한 최초의 논문이며, 동시에 생성 형태론(生成形態論, generative morphology)의 발전에 가장 많은 영향을 준 연구라고 할 수 있다. Halle(1973)의 이론은 모어 화자(母語話者, native speaker)의 단어에 대한 지식을 어떻게 설명할 것인가 하는 문제로부터 출발한다. 예를 들어 영어 화자들은 dog, think와 같은 단어들은 영어의 단어이지만 pensare, katav와 같은 것들은 영어의 단어가 아니라는 것을 알고 있다. 또한 영어 화자들은 transformational이라는 단어는 trans, form, at, ion, al이라는 다섯 개의 형태소로 구성되어 있으며, 각 형태소는 일정한 순서로 배열되어야 한다는 것을 알고 있다. 모어 화자들이 단어에 대해 가지고 있는 이와 같은 지식을 설명하기 위해 Halle(1973)에서는 다음과 같은 단어 형성 모델을 제안한다.

　(7) Halle(1973)의 단어 형성 모델

형태소 목록(形態素目錄, list of morphemes)의 존재는 형태소가 어휘부를 구성하는 기본 단위라는 인식을 반영한 것이다. 곧 Halle(1973)의 단어 형성 모델에서는 (단어와 같이) 형태소 또한 단어 형성 규칙의 입력형(어기)이[5] 될 수 있다.[6]

단어 형성 규칙(單語形成規則, word formation rules)은 형태소를 적절하게 배열함으로써 해당 언어의 단어를 형성하는 역할을 한다. 그리고 단어 형성 규칙은 적형의 모든 단어(예를 들어 trans-form-at-ion-al)를 생성할 수 있어야 하는 동시에 부적형의 모든 단어(예를 들어 ion-trans-al-at-form)가 만들어지는 것을 막을 수 있어야 한다. 이를 설명하기 위해 Halle(1973)에서는 다음과 같이 어기의 형태 범주(形態範疇, morphological category) 혹은 통사 범주(統辭範疇, syntactic category), 그리고 출력형의 통사 범주를 표시한 단어 형성 규칙을 가정한다.

(8) Halle(1973)의 단어 형성 규칙

---

5) 단어를 형성하는(혹은 구성하는) 요소 가운데 어휘적인 것을 지칭하는 개념으로 어기(語基, base)와 어근(語根, stem)이 쓰인다. 본서에서는 어근만으로도 국어 형태론을 기술하는 데 무리가 없다고 보지만 이 장에서는 원문에 따라 어기라는 용어를 그대로 쓰기로 한다. 어근과 어기에 대해서는 4장의 [참조]에서 살펴본다.

6) 이와 같이 형태소가 단어 형성의 어기가 될 수 있다는 관점을 형태소 기반 형태론(形態素基盤形態論, morpheme-based morphology)이라고 하는데 이는 후술할 Aronoff(1976)에서는 부정되었다.

ㄱ. [VERB+al]$_N$: arrival, refusal,

ㄴ. [ADJ(+i)+ty]$_N$: profanity, obesity,

ㄷ. [ADJ+en]$_V$: darken, blacken,

ㄹ. [STEM+ant]$_A$: vacant, pregnant,

여과 장치(濾過裝置, filter)는 단어가 갖는 문법적 특이성을 설명하는 역할을 한다. 단어가 갖는 문법적 특이성은 다음과 같이 의미적 특이성, 음운적 특이성, 어휘적 특이성의 세 가지 측면으로 나뉜다.

첫째, 단어는 의미적 특이성(意味的 特異性, semantic idiosyncrasy)을 보인다. 예를 들어 arrival, refusal 등 대부분의 동사 파생 명사는 '~하는 행위'의 의미를 갖는데 recital, transmittal과 같이 특이성을 갖는 것들도 있다. 즉 recital은 보통 독주자(soloist)에 의한 공연을 지시한다는 점에서 의미적으로 특이하며, transmittal은 전송된다고 말할 수 있는 많은 것 가운데에서 특히 공식 문서나 정보만을 지시한다는 점에서 의미적으로 특이하다. Halle(1973)에서는 여과 장치에 의해 이들 단어에 특별한 의미가 주어진다고 가정한다.

둘째, 단어는 음운적 특이성(音韻的 特異性, phonological idiosyncrasy)을 갖는다. 예를 들어 동사나 형용사로부터 파생된 명사 가운데에는 divi[æy]ne-divi[I]nity에서와 같이 3음절 단음화 규칙(Trisyllabic Shortening Rule)이 적용되는 것들도 있지만 entire-entirety와 같이 이 규칙이 적용되지 않는 것들도 있다. Halle(1973)에서는 여과 장치에 의해 entire와 같은 단어에 [-Trisyllabic Shortening Rule]과 같은 자질이 주어진다고 가정한다.

셋째, 단어는 어휘적 특이성(語彙的 特異性, lexical idiosyncrasy)

을 보인다. 예를 들어 파생 명사 가운데에는 approbation, approval 과 같이 -ation 접사가 결합한 파생 명사와 -al 접사가 결합한 파생 명사가 동시에 존재하는 것들이 있다. 그러나 파생 명사 가운데에는 derivation(*derival), arrival(*arrivation)과 같이 어느 하나의 접사가 결합한 형태만 존재하는 것들도 있다. Halle(1973)에서는 가능하지만 존재하지 않는 단어들(*derival, *arrivation)을 우연한 공백(accidental gaps)으로 간주하고, 이들 단어들 또한 단어 형성 규칙에 의해 형성된다고 보았다. 다만 이들은 잠재어(潛在語, potential word)로서 실재어(實在語, actual word)와 다른 점은 여과 장치에서 [-Lexical Insertion]과 같은 자질이 주어진다는 것이다.

결국 Halle(1973)에서의 단어 형성 과정은 아주 규칙적인 과정이며, 단어가 갖는 의미적, 음운적, 어휘적 불규칙성 혹은 특이성은 여과 장치에 의해 처리된다. 특히 Halle(1973)에서 설정한 단어 형성 규칙은 실재어뿐만 아니라 잠재어의 생성까지도 허용한다는 점에서 과생성(過生成, overgenerating) 규칙이다.

한편 Halle(1973)의 단어 형성 모델에는 두 가지 종류의 회송 장치(回送裝置, loop)가 마련되어 있다. 먼저 단어 사전에서 단어 형성 규칙으로의 회송 장치는 단어 형성의 입력형이 형태소뿐만 아니라 (단어 형성 규칙에 의해 만들어진) 단어도 될 수 있다는 사실을 반영한 것이다. 다음으로 음운부에서 단어 형성 규칙으로의 회송 장치는 어떤 형태가 이미 적용 받을 기회가 있었던 과정으로 회귀하는 것을 허용한다. 예를 들어 영어에서 형용사에 붙어 기동 동사(起動動詞, inchoative verb)를 형성하는 접사 '-en'은 단음절이고, 그것도 장애음으로 끝나고, 장애음 앞에 수의적으로 공명음이 오는 단어(quicken, redden, *slowen, *greenen, …)에만 붙는다. 그런데 'soften, moisten, fasten' 등의 경우 뒤따를 음운 규칙이 적용되어 /t/를 탈락시키는 규칙이 예견되지 않는 이상 동일한 설명이 불가능하다. Halle(1973)에서는 이를 음운부에서 단어 형성 규칙으로의 회송 장치를 통해 설명한다.(Spencer 1991:77-78)

■ Siegel(1974)의 단계 유순 가설

단어 형성에 대한 Siegel(1974)의 접근은 영어의 접사를 두 부류로 구분하는 데에서 출발한다. 접사의 구분은 SPE(The Sound Pattern of English, Chomsky & Halle 1968)에서 제시한 형태소 경계(+) 접사와 단어 경계(#) 접사의 구분을 따르는데 Siegel(1974)에서는 이를 각각 I 부류(Class I) 접사와 II 부류(Class II) 접사라고 한다. 각각의 예를 보이면 다음과 같다.(Spencer 1991)

> (9) 접사의 부류
> ㄱ. I 부류 접미사: +ion, +ity, +y, +al, +ive,
> ㄴ. I 부류 접두사: re+, con+, de+, sub+, pre+,
> ㄷ. II 부류 접미사: #ness, #less, #hood, #ful, #ly,
> ㄹ. II 부류 접두사: re#, sub#, un#, non#, de#,

I 부류 접사와 II 부류 접사는 먼저 음운론적 특성에 있어서 차이를 보인다. 예를 들어 다음과 같이 I 부류 접사인 '+ity'는 어기의 강세(強勢, stress) 변화를 유발하지만 II 부류 접사인 '#ness'는 강세 변화를

유발하지 않는다(이들 접사는 강세 중립적이다).

    (10) 접사의 부류와 강세의 변화

	I 부류	II 부류
prodúctive	productívity	prodúctiveness
frágile	fragílity	frágileness

   이 외에도 I 부류 접사는 마찰음화(摩擦音化, /t/→/s/), 비음 동화 (鼻音同化, /n/→/l/, /n/→/m/)와 같은 음운 과정을 유발하지만 II 부류 접사는 그러한 과정을 유발하지 않는다.

    (11) 접사의 부류와 음운 과정
      ㄱ. 마찰음화

	I 부류	II 부류
democrat	democracy	
cat		catty

      ㄴ. 비음동화

I 부류	II 부류
inedible	uneatable
illegal	unlawful, unruly
impossible	

   I 부류 접사와 II 부류 접사는 형태론적으로도 일정한 차이를 보인다. 먼저 어떤 단어에 두 부류의 접사가 모두 있을 때 I 부류 접사가

Ⅱ부류 접사보다 어기에 가까이 나타난다.[7] 곧 Ⅰ부류 접사가 Ⅱ부류 접사보다 먼저 어기에 결합한다.

> (12) 접사의 부류와 접사의 순서
> ㄱ. product+ive#ness, non#im+possible
> ㄴ. *hope#ful+ity, *ir+re#fillable

다음으로 Ⅰ부류 접사는 의존 형태소인 어기에 붙을 수 있지만 Ⅱ 부류 접사는 항상 단어에만 붙는다.

> (13) 접사의 부류와 어기
> ㄱ. Ⅰ부류 접사의 어기
> (re+)fer, flacc(+id), (in+)ept, tortu(+ous)
> ㄴ. Ⅱ부류 접사의 어기
> (re#)fur, child(#like), (un#)fair, motion(#less)

이러한 관찰을 토대로 Siegel(1974)에서는 두 부류의 접사를 구분하고 다음과 같이 단어 형성 규칙의 적용에는 일정한 순서가 있다고 가정한다.(Siegel 1974:153)

> (14) Siegel(1974)의 단어 형성 모델

---

7) Selkirk(1982)에서는 이를 접사 순서 일반화(接辭順序一般化, affix ordering generalization)라고 불렀다.

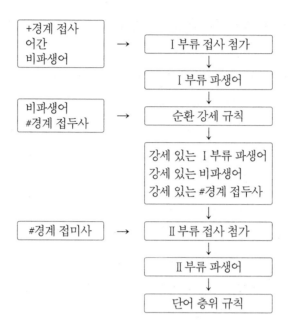

(14)의 모델을 통해 예를 들어 파생 명사 productivity와 productiveness가 어떻게 도출되는지를 두 파생 명사의 강세 차이를 중심으로 간략하게 살펴보자.

(15) productivity와 productiveness의 도출

    ㄱ. Ⅰ부류 접사 첨가:　pro+duct+ive+ity　　pro+duct+ive

    ㄴ. 강세 규칙:　　　　 productívity　　　　prodúctive

    ㄷ. Ⅱ부류 접사 첨가:　　　　　　　　　　　　prodúctive#ness

결국 Siegel(1974)의 이론은 단어 형성 규칙의 적용에는 일정한 (단계 혹은 층위의) 순서가 있다는 것으로 요약할 수 있다. 이에 따라 Siegel(1974)의 이론은 단계 유순 가설(段階有順假說, level ordering hypothesis)로 알려지게 되었다.[8] 이후 Siegel(1974)의 주장은 Allen(1978)에 의해 합성어 형성까지 확대되었는데 이를 확대 유순 가설(擴大有順假說, extended level ordering hypothesis)이라고 한 다.

■ Aronoff(1976)의 단어 기반 형태론

Aronoff(1976)의 단어 형성 이론은 Halle(1973)에서와 같이 Chomsky(1970)에서 제안한 어휘론 가설을 토대로 한다. 그러나 Aronoff(1976)은 단어 형성 규칙의 입력형은 (형태소가 아니라) 단 어라는 이른바 단어 기반 형태론(單語基盤形態論, word-based morphology)을 가정한다는 점에서 (형태소 또한 입력형이 될 수 있 다고 본) Halle(1973)의 이론과는 근본적으로 다르다. Aronoff(1976) 에서 제안한 단어 기반 형태론의 핵심은 다음과 같이 요약할 수 있 다.(Scalise 1984:40)

    (16) 단어 기반 형태론
       ㄱ. 단어 형성 규칙의 어기는 단어이다.

---

8) 단계 유순 가설은 앞에서 살펴보았듯이 파생어의 강세 차이에 대한 설명력을 갖는 다. 그러나 엄격한 순서의 적용이 오히려 문법 현상의 설명을 어렵게 만들기도 한 다. 대표적인 것이 괄호 매김 역설(bracketing paradox)의 문제이다. 예를 들어 ungrammaticality와 같은 단어는 단계 유순 가설에 따르면 [un [grammatical ity]] 와 같이 분석되어야 하는데 접두사 un-과 -ity가 모두 형용사에 붙는다는 문법적 제약이 있음을 고려하면 [[un grammatical] ity]와 같이 분석해야 한다. 이 밖에 괄 호 매김 역설의 다양한 예에 대해서는 Spencer(1991)의 10장을 참조할 수 있다.

ㄴ. 이 단어들은 존재하는 것들이어야 한다. 따라서 가능하지만 존재하지 않는 단어는 단어 형성 규칙의 어기가 될 수 없다.

ㄷ. 단어 형성 규칙은 그 이상(예를 들어 구)도 그 이하(예를 들어 의존 형태)도 아닌 단일어만을 어기로 취할 수 있다.

ㄹ. 단어 형성 규칙의 입력형과 출력형은 모두 대어휘 범주(major lexical category)이어야 한다.

단어 기반 형태론을 유지하기 위해 Aronoff(1976)에서는 파생어 형성만을, 그것도 규칙적이고 생산적으로 형성되는 것만을 대상으로 삼았다.[9] 따라서 단어 형성 규칙은 예를 들어 possible, legible, edible, tangible, probable과 같이 분명히 결합 구조를 갖지만 생산적이지 않은 단어들을 형성하기 위해서는 적용되지 않는 것으로 보았다. 다만 이들 단어의 음운적, 형태적, 의미적 유사성을[10] 설명하기 위해 단어 형성 규칙이 이들 단어를 [poss+ible]$_A$과 같이 분석할 수 있도록 거꾸로 적용될 수는 있다고 보았다.

단어 기반 형태론을 유지하기 위해 Aronoff(1976)에서 제안한 장치 가운데 하나는 재조정 규칙(再調整規則, readjustment rule)이다. 재조정 규칙은 단어의 음운 형태를 보완하기 위한 것으로 이형태 규칙(異形態規則, allomorphy rule)과 절단 규칙(切斷規則, truncation rule)으로 구성된다. 이형태 규칙은 예를 들어 electrify에 접미사

---

9) Halle(1973)에서 단어의 불규칙성을 설명하기 위해 여과 장치를 설정한 것과는 좋은 대조를 이룬다.

10) 이들 형태는 명사화 접사 '-ity'가 결합할 때 모두 동일한 음운론적 과정을 거치며, 동일한 통사 범주를 갖는다. 또한 이들 형태는 〈X할 수 있는〉이라는 개략적 의미를 공유한다.

-ation이 결합하여 electrification을 형성할 때 -fy가 이형태 -fic로 대체되는 것을 설명하기 위해 설정한 것이다. 그리고 절단 규칙은 예를 들어 lubricate에 접미사 -ant가 결합하여 lubricant를 형성할 때 -ate를 삭제하기 위해 설정한 것이다.

Aronoff(1976)의 단어 기반 형태론이 갖는 이점 가운데 하나는 self-destruct와 같은 역형성(逆形成, backformation)의 예를 설명할 수 있다는 데 있다. 이 단어는 self-destruction으로부터 형성된 것인데 Halle(1973)의 체계를 따른다면 self-destruction은 self-destroy로부터 형성되었다고 볼 수밖에 없다. 그런데 문제는 self-destroy가 영어에 존재하지 않는 단어라는 것이다.[11] 그러나 단어 기반 형태론에서는 실재하는 단어만이 단어 형성의 입력형이 되므로 self-destroy와 같이 존재하지 않는 단어는 고려하지 않아도 된다.

한편 Aronoff(1976)에서는 파생 명사의 분포의 차이를 설명하기 위해 저지(沮止, blocking)와 생산성(生産性, productivity)의 개념을 도입한다.

(17) 생산성과 저지

X-ous	명사	+ity	+ness
various	*	variety	variousness
curious	*	curiosity	curiousness
specious	*	speciosity	speciousness

---

11) Halle(1973)에 따르면 self-destroy와 같은 단어는 가능한 단어로 형성되지만 여과 장치에서 [-Lexical Insertion] 자질을 받을 것이다. 그러나 이렇게 볼 경우 가능한 단어가 있는데도 왜 역형성과 같은 덜 일반적인 방식으로 self-destruct와 같은 새로운 단어가 만들어지는지를 설명하기는 어렵다.

glorious	glory	*gloriosity	gloriousness
grcious	grace	*graciosity	graciousness

위 예를 통해 알 수 있듯이 X-ity 형태의 파생 명사는 대응 명사가 있는 경우에는 만들어지지 않고 대응 명사가 없는 경우에만 만들어진다. 이에 대해 Aronoff(1976)에서는 어떤 단어의 도출이 단순히 (의미적으로 관련되는) 다른 단어가 이미 존재하기 때문에 일어나지 않을 수 있다고 보고, 이러한 현상을 '저지'라고 불렀다. 위 예에서는 이미 존재하는 명사가 X-ity 형태의 파생 명사가 도출되는 것을 저지한다.[12]

그런데 (17)에서 알 수 있듯이 X-ness 형태의 파생 명사는 관련 명사의 존재와 관계없이 자유롭게 도출된다. 이와 관련하여 Aronoff(1976)에서는 다음과 같은 두 가지를 가정한다. 첫째, 저지 현상은 어휘부 등재소(登載素, listeme)로 국한된다. 둘째, 생산적으로 형성되는 파생어는 어휘부에 등재되지 않는다. 결국 X-ness 파생 명사의 도출이 저지되지 않는 것은 그것이 생산적으로 형성되므로 어휘부에 등재되지 않기 때문이다.

---

12) 이런 점에서도 Aronoff(1976)은 Halle(1973)과는 일정한 차이를 보인다. 즉 Halle(1973)의 체계에 따른다면 이들 파생 명사는, 여과 장치로부터 [-Lexical Insertion]을 부여받기는 하겠지만, 가능한 단어로 형성될 것이다. 결국 가능할 것 같은데 존재하지 않는 단어에 대해 Halle(1973)에서는 출력부를 제한한다면, Aronoff(1976)에서는 입력부를 제한한다는 점에서 근본적인 차이가 있다.

3.2. 국어 형태론 연구의 흐름[13]

초기 전통 문법(傳統文法, traditional grammar) 연구에서 형태론 연구는 품사론의 영역 안에서 이루어졌다. 단어 형성을 대체로 단어의 바뀜(품사의 바뀜) 현상으로 보았던 것은 바로 이런 까닭에서이다. 그리고 형태론적 과정을 합성, 파생, 굴절 등으로 세분하는 데까지는 연구가 미치지 못했던 것도 이와 같은 인식과 관련된 것으로 보인다. 그러나 서구 이론의 형태소보다 앞서는 '늣씨'라는 용어를 확립했고, 단어 형성과 단어 분석(혹은 단어의 형태론적 유형 분류)을 개념적으로 구분했고, 단어를 형태론적으로 유형 분류하는 등 주목할 만한 연구 성과를 남기기도 했다.

'늣씨'라는 용어는 주시경(1914)에서 확립한 것인데 Bloomfield (1933)의 'morpheme'에 정확하게 일치된다(김민수 1961:48).

> (18) 주시경(1914)의 '늣씨'[14]
>
> ∨이는 벌잇이니 꾸민 씨의 사이에 두어 늣 씨와 늣 씨를 가르는 보이라.
>
> 〈보기〉 해바라기
>   ∨ ∨

---

13) 국어 형태론 연구의 흐름과 주요 문제에 대해서는 홍종선(1989), 고영근(1997), 시정곤(2003) 등을 참조할 수 있다.

14) 예에서 알 수 있듯이 '해바라기'에서 '해'와 '바' 사이에, 그리고 '라'와 '기' 사이에 ∨ 표시가 되어 있다. 한편 '벌잇'이라는 용어에 대해서 김민수(1961:48)에서는 접합부 즉 하이픈(-)을 지칭하는 것으로 보았다.

단어 형성과 단어 분석의 구분은 주시경(1910)의 '기몸박굼, 기뜻박굼, 기몸헴'의 개념적 구분에서 확인할 수 있다. 파생과 굴절을 구분하지는 않았으나 품사를 바꾸는 접사의 결합을 다룬 '기몸박굼'과[15] 품사를 바꾸지 않는 접사의 결합을 다룬 '기뜻박굼'이[16] 대체로 현대 형태론의 단어 형성에 해당하며, 각 단어의 구성을 다룬 '기몸헴'이 대체로 현대 형태론의 단어 분석(혹은 단어의 형태론적 분류)에 해당한다.

> (19) 주시경(1910)의 형태론
>
>   ㄱ. 단어 형성
>
>   〈기몸박굼〉
>
>   각 기(품사)의 결에(類)을 서로 박구어(바꿔) 씀
>
>   예) 먹이, 먹음, 가는, …
>
>   〈기뜻 박굼〉
>
>   예) 돌질
>
>   ㄴ. 단어 분석(단어의 형태론적 유형 분류)
>
>   〈기몸헴〉
>
>   각 기를 몇 몸으로 된 것인지 가르는 것
>
>   예) 낫몸: 사람, 크(다), 에, …
>
>   모힌 몸: 물불, 검붉(다), 에는, …

---

15) '기몸박굼'에는 '모시옷, 오리알' 등의 합성어도 포함되어 있는데 '임본언(임몸이 언몸되게 하는 것)'이라고 한 것으로 보아 합성어의 선행 요소인 '모시, 오리' 등의 바뀜만을 지적한 것으로 보인다.

16) '기뜻박굼'에 대한 설명은 따로 없고 '돌질'의 한 예만 제시되어 있는데, '돌질'에 대해 '돌은 임인데 질을 더하여도 임이라. …. 이 질은 그 뜻을 박구랴고 더한 것이라.'와 같은 설명이 덧붙어 있다.

단어의 유형 분류는 최현배(1937/1961), 이희승(1955) 등을 거치면서 체계화되었는데 현재까지 단어의 형태론적 분류의 토대가 되고 있다.

(20) 최현배(1937:945/1961)의 단어 분류

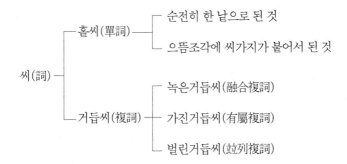

(21) 이희승(1955)의 단어 분류

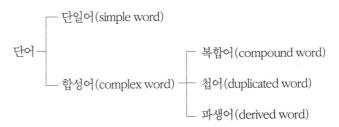

구조 문법(構造文法, structural grammar)이 국내에 도입되면서 형태론 연구는 품사론에서 벗어나 독자적인 영역을 확보하게 되었다.[17] 곧 직접 구성 요소(直接構成要素, immediate constituent) 분석의 방

---

17) 홍종선(1989:355)에 따르면 Martin(1954), Lukoff(1954) 등에 의해 구조 문법이 국어에 적용되면서 미국의 구조 기술 언어학이 국내 학자들에게 소개되었다.

법론에 따라 단어의 구조를 분석하는 데 형태론 연구가 집중되었다. 이익섭(1965)에서는 Nida(1949)를 토대로 '의미의 관련성, 대치 가능성, 언어 전 구조에 의한 지원도' 등의 직접 구성 요소 분석 기준을 설정하고, 직접 구성 요소가 모두 어근인 복합어를[18] 파생어로부터 구별했다. 이후 직접 구성 요소 분석의 문제는 김계곤(1969), 성기철(1969), 허웅(1975), 유목상(1974), 이석주(1987), 이재인(1989), 송철의(1989), 시정곤(1994), 김창섭(1994/1996) 등 구조 문법을 토대로 한 연구에서는 물론 생성 형태론을 토대로 한 연구에까지 이어지면서 단어 형성과 더불어 형태론 연구의 한 축이 되었다.

구조 문법 시기의 형태론 연구에서 주목할 수 있는 다른 하나는 형태 구성인 단어와 통사 구성인 구의 관계에 대한 연구이다. 단어와 구의 형식적 유사성과 차이를 토대로 김규선(1970)에서는 통사적(統辭的) 복합어, 반통사적(半統辭的) 복합어, 비통사적(非統辭的) 복합어를 구분했다. 용어와 개념, 그리고 분류 내용에 있어서 얼마간의 차이는 있으나 허웅(1975), 유목상(1974), 이익섭·임홍빈(1983), 남기심·고영근(1985/1993), 이석주(1989), 김창섭(1994/1996) 등에서도 복합어를 이와 같이 구분했다. 또한 남기심(1970), 김기혁(1981), 이선영(1992), 시정곤(1994) 등 통사부 단어 형성을 가정하는 논의도 형태 구성과 통사 구성의 유사성을 기초로 한다는 점에서 이러한 연구 성과를 어느 정도 반영하는 것이라고 볼 수 있다.[19]

---

18) 이익섭(1965)에서의 복합어는 'compound word'를 말한다. 이와 같이 복합어와 합성어는 서로 다른 개념으로 쓰이기도 하는데 본서에서는 복합어는 'complex word'를, 합성어는 'compound word'를 가리키는 용어로 사용한다.

19) 물론 내용에 있어서는 큰 차이를 보이기도 한다. 예를 들어 시정곤(1994)에서 설정한 어휘적 단어와 통사적 단어는 각각 '어휘부에서 형성되는'과 '통사부에서 형성

구조 문법 시기의 단어에 대한 관심이 단어 분석에 집중되었다면
생성 형태론(生成形態論, generative morphology) 시기의 단어에 대
한 관심은 단어 형성에 집중되었다. Chomsky(1970), Halle(1973),
Aronoff(1976), Siegel(1974) 등 다양한 형태 이론의 도입은 단어에
대한 관심을 구조 분석에서 구조 형성으로 전환하는 계기가 되었으
며, 동시에 접근 방식에서도 다양한 양상을 띠게 되었다.

이 시기 형태론 연구는 파생어 연구와 합성어 연구에서 뚜렷한 차
이를 보인다. 파생어 연구는 파생어 형성 규칙과 이에 대한 음운론적,
형태론적, 통사론적, 의미론적 제약 조건을 설정(송철의 1977, 1983,
1985, 1989 등)하거나 파생 접미사의 분포, 특성, 유형, 파생 조건 등
을 살펴보는 데(하치근 1989, 1993 등) 집중되었다. 이와 달리 합성
어에 대한 연구는 최현배(1937/1961) 등의 전통적 분류 체계에 따라
이를 분류하고, 그 의미를 살펴보는 데(정동환 1991/1993) 집중되었
다.[20)]

이 시기의 단어 형성 연구에서 주목할 만한 것 가운데 하나는 접사
의 분류 체계와 단어 형성 층위에 대한 재검토이다. 홍종선(1983ㄱ/
ㄴ, 1985ㄱ/ㄴ, 1986ㄱ/ㄴ)에서는 '-음, -기, …' 등 체언화(體言化)
어미의 어휘적 기능과 통사적 기능에 대해 검토하고, 이를 토대로 어
휘적 체언화와 통사적 체언화를 구분했다. 그리고 김창섭(1984)에서
는 '-답-'을 통사론적 기능을 갖는 '-답1-(군인답다)'과 어휘적 기능

되는'의 의미를 가지며, 통사적 단어에는 '달리기, 같이' 등의 파생어도 포함된다.
20) 이는 단어를 형성하는 일련의 규칙과 이를 제약하는 조건의 설정을 특징으로 하
는 생성 형태론의 방법론을 적용하기에 파생어가 적합했던 것과 달리 합성어는
제약 조건을 설정하기 어렵다는 등 새로운 방법론을 적용하기에 적합하지 못했기
때문일 것이다.

을 갖는 '-답2-(꽃답다)'로 구분했다. 이후 이 문제는 접사의 분류 체계에 대한 문제와 단어가 문법의 어떤 층위에서 형성되는지에 대한 문제로 확대되었다.

접사의 분류 체계와 관련하여서는 고창수(1986, 1992ㄴ)에서 어휘적 접사(語彙的 接辭, lexical affix)와 통사적 접사(統辭的 接辭, syntactic affix)라는 새로운 접사 체계 설정의 이론적 기반이 마련되었고, 이후 임홍빈(1989), 고창수·시정곤(1991), 김원경(1993), 시정곤(1994), 김양진(1995), 황화상(1996, 1997, 2001), 유혜원(1997) 등을 거치면서 새로운 접사 체계의 필요성이 부각되었다.

단어 형성의 층위와 관련하여서는 어휘부 단어 형성만을 가정하는 전통적 입장(김창섭 1994/1996 등)과 (통사적 접사를 설정함으로써) 통사부 단어 형성을 가정하는 입장(고창수 1986, 1992ㄴ, 임홍빈 1989, 시정곤 1994 등)이 공존하는 가운데 어휘적 접사와 통사적 접사의 분류 체계를 받아들이되 어휘부 단어 형성만을 가정하는 종합적 관점(김양진 1995, 황화상 1996, 2001 등)이 제시되기도 했다.

이 밖에 단어 형성을 규칙(規則, rule)으로 볼 것인지(시정곤 1994, 1999, 황화상 2010 등) 유추(類推, analogy)로 볼 것인지(채현식 1994, 1999, 송원용 1998 등) 하는 문제가 끊임없이 논의되고 있고, 단어 형성 연구의 전반에서 의미를 고려해야 할 필요성(황화상 2001, 김인균 2003, 김성환 2003 등)이 제기되기도 했다.

참조	과생성(過生成)의 문제

Halle(1973)에서 제안한 단어 형성 규칙은 필요 이상으로 많은 단어(혹은 실재하지 않는 단어)를 만들어내는 규칙, 곧 단어를 과생성(過生成, overgenerating)하는 규칙이다. 이는 단어 형성을 규칙(規則, rule)이 아닌 유추(類推, analogy)로 설명하는 연구들(유추론)에서 규칙에 대해 제기하는 주요 문제 가운데 하나이다. 이에 대해 황화상(2010)에서는 유추가 명명(命名, naming)의 필요성에 의해 일어난다고 보듯이 단어 형성 규칙도 명명의 필요성이 있을 때 작동하는 것으로 보아야 하며, 따라서 과생성 문제는 기존의 규칙론의 문제일 뿐 규칙론 자체(혹은 단어 형성 규칙 자체)의 문제가 될 수는 없다고 보았다.

한편 Aronoff(1976), 송철의(1989/1992), 시정곤(1994) 등에서는 단어가 과생성되지 않도록 하기 위해 단어 형성 규칙에 여러 가지 제약(制約, constraint) 조건을 설정한다. 송철의(1989/1992)에 따르면 '짓-'에 의한 파생은 타동사에만 적용되며(통사론적 제약), '길이, 높이' 등의 척도 명사는 긍정적 가치를 나타내는 형용사로부터만 파생되며(의미론적 제약), 접두사 '새/시-'는 단일 형태소인 색채 형용사에는 결합하지 않으며(형태론적 제약), 명사 파생 접미사 '-이'는 모음으로 끝나는 동사에는 결합하지 못한다(음운론적 제약). 그러나 단어 형성 규칙에 제약을 설정하는 것만으로 과생성을 완전히 막는 것은 실질적으로 불가능하다(황화상 2001, 2010, 송원용 2002/2005).

연습

1 다음과 같이 형태 구성인 단어와 통사 구성인 구 사이에는 그 차이가 비교적 큰 것들도 있고 그리 크지 않은 것들도 있다. 왜 이런 차이가 생기는지 생각해 보자.

1) 산사람 : 산에 사는 사람
   가죽신 : 가죽으로 만든 신
2) 살없는창 : 살(이) 없는 창
   아가미썩는병 : 아가미(가) 썩는 병

2 다음과 같이 '-스럽다' 파생어와 '-적' 파생어 사이에서는 어느 하나가 존재하면 다른 하나가 존재하지 않는 현상이 뚜렷하게 관찰된다. 이를 Aronoff(1976)에서 제시한 저지(blocking) 현상으로 설명할 수 있을지 생각해 보자.

〈다음〉
호걸스럽다 : *호걸적
고생스럽다 : *고생적
*원시스럽다 : 원시적
*객관스럽다 : 객관적

3 다음의 두 문장에 쓰인 '-답-'의 공통점과 차이점이 무엇인지 생각해
보자.

1) 그는 아주 <u>꽃다운</u> 나이에 입대했다.
2) 그는 용감한 <u>군인답게</u> 선봉에 섰다.

제Ⅱ부
단어와 형태소

4. 단어

미리보기

다음의 '헛-' 파생어와 '-질' 파생어를 참조하여 '헛손질'을 '[헛[손질]]'로
분석하는 것이 좋을지 '[[헛손]질]'로 분석하는 것이 좋을지 생각해 보자.

다음　1) 헛수고, 헛고생, 헛디디다, 헛살다

　　　　2) 가위질, 바느질, 삽질, 물레질

4.1. 단어란?

최소 자립 형식　단어(單語, word)는 Bloomfield(1933)에 따라 '최
소 자립 형식(最小自立形式, a minimal free form)'으로 정의하는 것
이 보통이다. 예를 들어 문장 (1)에서 형태론적으로 다른 요소의 도움
이 없이도 홀로 쓰일 수 있는 것들 가운데 가장 작은 '그, 책, 벌써, 읽
었다'가 바로 단어이다. 이 가운데 '읽었다'는 다시 '읽-'과 '-었-'과 '-
다'로 분석할 수는 있지만 이렇게 되면 모두 자립 형식이 되지 못하므
로 '읽었다' 전체가 한 단어가 된다.[1]

　　(1) 그 | 책 | 벌써 | 읽었다 (4단어)

---

1) (1)에서 '그 책, 벌써 읽었다, 그 책 벌써 읽었다' 등도 자립 형식이다. 그러나 이들은
　더 작은 자립 형식들로 나뉘므로, 곧 '최소'가 아니므로 단어가 아니다. 예를 들어
　'그 책'은 더 작은 자립 형식인 '그'와 '책'으로 나뉘므로 단어가 아니다.

비분리성 최소 자립 형식으로 단어를 정의할 때 다음과 같은 단어들을 단어의 범주에서 제외해야 한다는 문제가 제기되기도 한다. '손목, 돌다리, 검은깨'는 각각 다시 '손-목, 돌-다리, 검은-깨'와 같은 더 작은 자립 형식들로 분석되기 때문이다.

    (2) 손목(손-목), 돌다리(돌-다리), 검은깨(검은-깨)

그러나 실제 문장에서의 쓰임을 고려하면 이들도 최소 자립 형식이다. 예를 들어 '설빔도 치마는 짧았고 소매도 짧아서 손목이 많이 드러났다.'와 같은 문장을 구성하는 성분으로는 '손목'이 가장 작은 단위이기 때문이다.[2] 이와 같은 문제를 분명히 하기 위해 분리성(分離性, separability)의 개념을 추가하여 단어를 정의하기도 한다. 곧 단어는 하나의 단위로 인식되므로 분리성이 없어야 한다는 기준을 추가하는 것이다. 이에 따르면 '작은아버지'는 한 단어이고 '작은 아버지'는 한 단어가 아니다. 다음과 같이 '작은아버지'는 분리성이 없고 '작은 아버지'는 분리성이 있기 때문이다.(이익섭·채완 1999:56)

    (3) ㄱ. 너의 <u>작은아버지</u>는 아버지보다 몇 살 아래시니?
        *<u>작은</u> 너의 <u>아버지</u>는 아버지보다 몇 살 아래시니?
      ㄴ. 키가 <u>작은</u> 너의 <u>아버지</u>
        몸집이 <u>작은</u> 철수 <u>아버지</u>

---

2) 다시 말해 이 문장에 대한 분석은 '손목'까지만 가능하다. 물론 단어를 형태론적으로 분석하는 차원에서는 '손목'은 '손'과 '목'으로 분석된다.

분리성은 합성어와 구를 구별하는 유용한 기준이 된다.[3] 예를 들어 합성어 '검은깨'는 '검은'과 '깨'를 분리할 수 없으므로 '검은'에 호응하는 '빛깔이'와 같은 요소가 그 앞에 쓰일 수 없다. 이와 달리 명사구 '검은 깨'는 '검은'이 독립한 단어로서 '깨'와 분리되므로 '빛깔이'와 같은 요소가 그 앞에 쓰여 '검은'과 호응할 수 있다.

(4) ㄱ. *밭에 빛깔이 <u>검은깨</u>를 심었다.
　　ㄴ. 밭에 빛깔이 <u>검은 깨</u>를 심었다.

요컨대 단어는 '최소 자립 형식'과 '비분리성'이라는 두 가지 기준에 따라 '분리성이 없는 최소 자립 형식'으로 정의할 수 있다. 다만 조사의 경우 늘 체언에 붙어 쓰여 자립성은 없지만 선행 체언의 자립성을 고려하여 단어의 범위에 포함하기도 한다. 그러나 어미의 경우에는 자립성이 없을 뿐만 아니라 선행 용언도 자립성이 없어서 단어의 범위에 포함하지 않는 것이 보통이다.

4.2. 단어의 분석

4.2.1. 단어의 구조와 직접 구성 요소 분석

단어 구성 요소 단어, 구, 문장 등 어떤 문법 형태를 분석할 때 그

---

3) 합성어와 구의 구별에 대해서는 8.2에서 자세히 살펴본다.

문법 형태의 구성(構成, construction)에 참여하는 요소를 구성 요소 (構成要素, constituent)라고 한다. 단어(그리고 구, 문장 등)를 이해 하는 과정에서 구성 요소를 분석하는 것은 단어가 갖는 의미(혹은 기 능)가 구성 요소에 의해 결정되기 때문이다. 이는 구성 요소가 다르 면 의미도 다르다는 것을 뜻한다. 예를 들어 '섬사람, 뭍사람, 산사람' 의 의미 차이는 첫 번째 구성 요소인 '섬, 뭍, 산'의 차이에서 비롯되며, '산짐승, 산나물, 산토끼'의 의미 차이는 두 번째 구성 요소인 '짐승, 나 물, 토끼'의 차이에서 비롯된다.

> (5) 단어의 구성 요소와 단어의 의미
> > ㄱ. 섬사람, 뭍사람, 산사람
> > > X에서 사는 '사람' (X=섬/뭍/산)
> > ㄴ. 산짐승, 산나물, 산토끼
> > > '산'에서 ~는 Y (Y=짐승/나물/토끼)

그런데 구성 요소가 같은 경우에도 그 배열 순서(配列順序)에 따라 단어의 의미가 달라지기도 한다. 예를 들어 '똥개'는 '개'의 일종이지 만 '개똥'은 '똥'의 일종이며, '술통'은 '통'의 일종이지만 '통술'은 '술' 의 일종이며, '꿀벌'은 '벌'의 일종이지만 '벌꿀'은 '꿀'의 일종이다.

> (6) 구성 요소의 순서와 단어의 의미
> > 똥+개/개+똥, 술+통/통+술, 꿀+벌/벌+꿀

한편 구성 요소의 배열 순서까지 같은 때에도 구성 요소들 사이의 문법적 관계(文法的 關係, grammatical relation)에 따라 의미는 다를 수 있다. 예를 들어 '통장수'와 '벽돌장이'는 다음과 같이 각각 선행 요소와 후행 요소 사이의 의미 관계에 따라 서로 다른 두 가지의 뜻을 갖는다.

(7) 구성 요소들 사이의 문법적 관계(의미 관계)와 단어의 의미

    ㄱ. 통장수

        a. 통을 파는 사람

        b. (젓갈을) 통에 넣어 가지고 다니며 파는 사람

    ㄴ. 벽돌장이

        a. 벽돌을 만드는 사람

        b. 벽돌 쌓는 일을 하는 사람

구성 요소가 셋 이상인 때에도 구성 요소들 사이의 문법적 관계에 따라 의미의 양상은 다를 수 있다. 예를 들어 '큰부리새'는 '부리가 있는 큰 새'가 아니라 '큰 부리의 새'이지만 '큰가슴근'은 '큰 가슴의 근육'이 아니라 '가슴에 있는 큰 근육'이다. 이러한 차이는 각 단어를 구성하는 요소들 사이의 수식 관계가 다르기 때문이다. 곧 '큰부리새'는 '큰'과 '부리'가 먼저 결합하여 '큰부리'가 만들어지고 이것이 다시 '새'와 결합하여 만들어진 것이므로 '큰'이 '부리'를 수식하는 의미를 갖는다. 이와 달리 '큰가슴근'은 '가슴'이 '근'과 먼저 결합하여 '가슴근'이 만들어지고 이것이 다시 '큰'과 결합하여 만들어진 것이므로 '큰'이 '가슴근' 전체를 수식하는[4] 의미를 갖는다.[5]

---

4) '가슴근'의 중심 요소는 '근'이므로 이는 '큰'이 '근'을 수식한다는 것을 뜻한다. 결국 '큰가슴근'은 '큰'과 '가슴'이 모두 '근'을 수식하는 의미를 갖는다.

(8) 구성 요소들 사이의 문법적 관계(수식 관계)와 단어의 의미

    ㄱ. [[큰-부리]새] (큰 부리의 새)

    ㄴ. [큰[가슴-근]] (가슴에 있는 큰 근육)

단어의 구조 (5)~(8)과 같이 단어의 의미(혹은 기능)는 구성 요소, 구성 요소들의 배열 순서, 그리고 구성 요소들 사이의 문법적 관계(의미 관계, 수식 관계 등)에 의해 결정되는데, 이들에 의해 만들어지는 단어의 짜임새를 단어의 구조(單語構造, word structure)라고 한다. 결국 단어의 의미는 단어의 구조에 의해 결정되는 것이다.

(9) 단어의 구조

    구성 요소, 구성 요소들의 배열 순서, 그리고 구성 요소들 사이의 문법적 관계(의미 관계, 수식 관계 등)에 의해 만들어지는 단어의 짜임새

단어의 구조는 (10ㄱ)과 같이 각괄호를 써서 나타내기도 하고 (10ㄴ)과 같이 수형도(樹型圖, tree diagram)로 나타내기도 한다.

(10) ㄱ. [[[[크]ㄴ]부리]새], [[[크]ㄴ][가슴[근]]]

---

5) 이러한 점은 통사 구성에서도 마찬가지이다. 예를 들어 '낡은 아버지의 외투'와 '늙은 아버지의 외투'는 단어의 배열 양상('용언의 관형사형+체언의 관형격형+체언')은 같지만 의미의 양상이 다르다. 한편 통사 구성에서는 '예쁜 영희의 손', '젊은 남편과 아내' 등과 같이 하나의 명사구가 단어들 사이의 문법적 관계의 차이에 따라 두 가지 서로 다른 뜻을 갖는 것들도 있다.

ㄴ.

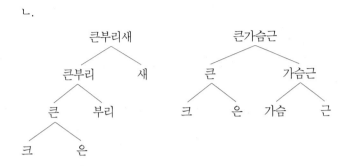

직접 구성 요소 분석 여러 개의 구성 요소가 결합하여 만들어진 단어(혹은 단어의 구조)를 분석할 때에는 (10)과 같이 대체로 몇 단계를 거치게 된다. 이때 각 단계의 구성에 참여하는 요소를 그 구성의 직접 구성 요소(直接構成要素, immediate constituent, IC)라고 한다. 예를 들어 (10)에서 '큰부리새'의 직접 구성 요소는 '큰부리'와 '새'이며, '큰가슴근'의 직접 구성 요소는 '큰'과 '가슴근'이다. 그리고 '큰부리'의 직접 구성 요소는 '큰'과 '부리'이며, '가슴근'의 직접 구성 요소는 '가슴'과 '근'이다. 이와 같이 하나의 구성을 직접 구성 요소로 분석하는 일, 곧 (10)과 같은 일을 직접 구성 요소 분석(直接構成要素分析, IC 분석)이라고 한다.

단어를 (10)과 같이 분석하는 것은 그 단어의 의미(혹은 기능)를 설명하기 위한 것이다. 따라서 어떤 단어를 직접 구성 요소로 분석할 때에는 무엇보다도 그 단어의 의미를 고려해야 한다. 예를 들어 '시부모'는 '시아버지와 시어머니'의 뜻을 갖는 단어이므로, '시'가 '부모' 전체에 걸치는 (11)과 같은 구조로 분석한다.

(11) '시부모'의 분석

그런데 단어의 구조가 늘 단어의 의미만 반영하는 것은 아니다. 예를 들어 '쌀떡볶이'는 '[[쌀떡을 볶아서 만든] 음식]'이라는 의미론적 사실을 고려하면 (12ㄱ)과 같이 분석해야 한다. 이와 달리 '떡볶이'가 이미 존재하는 단어이고 '쌀떡볶이'가 이를테면 어떤 떡볶이를 '밀가루떡볶이'와 구별하여 지칭하기 위해 만든 단어라는 형태론적 사실과 '쌀 떡볶이[쌀 떡뽀끼]'와 같이 띄어 쓰고 띄어 읽을 수 있다는 음운론적 사실을 고려하면 (12ㄴ)과 같은 분석도 가능하다.[6]

(12) '쌀떡볶이'의 구조
   ㄱ. 의미론적 분석: [[[[쌀]떡]볶]이]

---

6) "농업경제 대표이사는 '농협 농업경제부문 임직원들의 따뜻한 정과 사랑을 담아 <u>우리쌀로 만든 떡볶이</u>를 준비했다.'면서 ~."(한국농어민신문, 2016.3.14., 밑줄은 필자에 의함)와 같은 예에서 이러한 인식의 단면을 볼 수 있다. 이는 '우리 쌀 떡볶이'가 [우리 쌀 [떡볶이]]'로 인식되면서 그 의미에 대한 인식에도 영향을 끼친 것으로 보인다. 그러나 '우리 쌀 떡볶이'는 의미론적으로 '우리 쌀로 만든 떡볶이'일 수는 없다. '우리 쌀'은 '떡볶이'의 재료가 아니라 '떡'의 재료일 뿐이다.

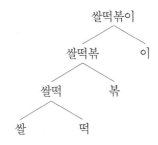

ㄴ. 형태론적(혹은 음운론적) 분석: [쌀[[[떡]볶]이]]

　(12)는 단어 구조의 분석이 관점에 따라 다를 수 있다는 것을 뜻한다.[7] 이와 같이 단어는 의미에 따라 그 구조를 분석하는 것이 기본이지만 때에 따라 형태론적인 측면이나 음운론적인 측면을 고려해야 할 때도 있다.[8]

---

7) 이와 같이 어떤 단어의 구조가 보이는 양면성을 괄호 매김 역설(bracketing paradox)이라고 한다. 참고로 황화상(2001)에서는 '비문법성, 학교문법론' 등의 예를 들어 괄호 매김 역설이 의미 요소(혹은 의미 구조, [[비문법]성])와 형태 요소(혹은 형태 구조, [비[문법성]]) 사이의 비대칭성을 반영하는 것으로 보았다. 이는 '집회 참석자, 집 지킴이' 등의 명사구에서도 마찬가지인데 이에 대해서는 황화상(2017)을 참조할 수 있다. 의미 요소와 형태 요소 사이의 대응 관계는 6.1에서 자세히 살펴본다.

8) 이익섭(1965)에서는 직접 구성 요소 분석의 기준으로 '의미의 관련성, 보다 작은 단위에 의한 대치 가능성, 언어 전 구조에 의한 지원도' 등을 제시했다. 예를 들

4.2.2. 단어 구성 요소의 구분

어근과 접사 단어를 구성하는(그리고 형성하는) 요소는 그 역할에 따라 크게 어근(語根, root)과 접사(接辭, affix)로 나뉜다. 어근은 구성 요소(그리고 형성 요소) 가운데 어휘적 의미 혹은 실질적 의미를 갖는, 곧 주된 기능이 어휘적인 구성 요소를 말한다. 그리고 접사는 문법적 의미 혹은 형식적 의미를 갖는, 곧 주된 기능이 문법적인 구성 요소를 말한다. 예를 들어 '먹이'에서 '먹-'은 '먹다'라는 어휘적 의미를 가지며 전체 복합어 '먹이'가 갖는 의미의 중심을 이루므로 어근이며, '-이'는 동사를 명사로 만드는 문법적 기능을 주로 하므로 접사이다. 마찬가지로 '어른스럽(다)'에서 '어른'은 어휘적 의미를 갖는 어근이며, '-스럽-'은 새로운 단어를 만드는 문법적 기능을 주로 하는 접사이다.[9]

    (13) 어근과 접사

       ㄱ. 어근

          복합어에서 어휘적(혹은 실질적) 의미를 갖는, 의미의 중심을

어 '설늙은이'는 '늙기를 설늙었다'는 뜻이므로 '의미의 관련성'에 따라 일차적으로 '[[설늙은]이]'로 분석된다. 아울러 이러한 분석은 접두사 '설-'이 용언에만 결합할 뿐 체언에 결합하는 일은 없으므로 '언어 전 구조에 의한 지원'도 받는다. 그리고 '삼발이'는 '삼발'이 '바둑이'의 '바둑'과 같은 단일 형태소에 의해 대치될 수 있으므로 '[[삼발]이]'로 분석된다.

9) 접사 가운데에는 '-스럽-(그러한 성질이 있음)', '-꾼(어떤 일을 전문적으로 하는 사람)', '헛-(잘못)'과 같이 어느 정도 어휘적 의미를 갖는 것들도 꽤 있지만, 접사의 주된 기능은 새로운 단어를 만드는 것이라고 보아 어휘적 역할을 주로 하는 어근과 구별하는 것이 보통이다.

이루는 요소.

예) '먹이'의 '먹-', '어른스럽-'의 '어른', '풋고추'의 '고추', '솜
사탕'의 '솜, 사탕'

ㄴ. 접사

복합어에서 문법적(혹은 형식적) 의미를 갖는, 어근에 덧붙는
요소.

예) '먹이'의 '-이', '어른스럽-'의 '-스럽-', '풋고추'의 '풋-'

대부분의 어근은 품사와 의미가 분명하며 다른 어근이나 파생 접
사와 결합하여 새로운 단어를 만들기도 하고 조사나 어미와 결합하
여 다양한 문장에 쓰이기도 한다. 그런데 어근 가운데에는 품사와 의
미가 분명하지 않으며 그 결합이 극히 제약되는, 특히 조사와 결합
하지 못해서 단독으로는 문장에 쓰이지 않는 것들이 있다. 예를 들
어 똑같이 형용사 파생의 '-하다'에 결합하는 어근이지만 '건강'과
'씩씩'은 다른 요소와의 결합에 큰 차이를 보인다. 이러한 차이에 따
라 어근을 '건강'과 같은 규칙적 어근(規則的 語根)과 '씩씩'과 같은
불규칙적 어근(不規則的 語根)으로 나누기도 한다(남기심·고영근
1985/1993:192).

(14) ㄱ. 건강하다, 건강히, 건강식품, 건강법, 건강미

건강이, 건강을, 건강이다

ㄴ. 씩씩하다, 씩씩히

*씩씩이, *씩씩을, *씩씩이다

한편 셋 이상의 형태소로 구성된 단어는 각 단계에서 분석되는 직접 구성 요소를 대상으로 어근과 접사를 구분한다. 예를 들어 '웃음꽃'은 먼저 '웃음'과 '꽃'으로 분석되는데 이들은 모두 어휘적 의미를 가지므로 어근들이다. 다음으로 '웃음'은 다시 '웃-'과 '-음'으로 분석되는데 '웃-'은 어휘적 의미를 가지므로 어근이며, '-음'은 명사를 파생하는 문법적 기능을 가지므로 접사이다.

(15) '웃음꽃'의 어근과 접사

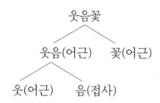

이와 같이 셋 이상의 형태소로 구성된 단어에서는 어근이 형태소보다 큰 단위일 수 있다. 따라서 단어의 분석은 형태소 단위만으로는 체계적인 기술이 어렵다. 어휘 형태소와 어근, 문법 형태소와 접사를 각각 구별하는 것은 바로 이런 까닭에서이다.

어간과 어미 용언의 활용형에서는 어휘적 의미를 갖는 구성 요소를 어간(語幹, stem)이라고 하고 문법적 의미를 갖는 구성 요소를 어미(語尾, ending)라고 하여 각각 복합어를 구성하는 요소로서의 어근, 접사와 구별하는 것이 보통이다. 예를 들어 '밟고, 밟히고, 짓밟고, 짓밟히고'에서 각각 '밟-, 밟히-, 짓밟-, 짓밟히-'는 어휘적 의미를 갖는 어간들이며, '-고'는 어미이다.

(16) 어간과 어미

ㄱ. 어간

활용형에서 어휘적(혹은 실질적) 의미를 갖는, 의미의 중심을
이루는 요소.

예) '밟고, 밟히고, 짓밟고, 짓밟히고'의 '밟-, 밟히-, 짓밟-, 짓
밟히-'

ㄴ. 어미

활용형에서 문법적(혹은 형식적) 의미를 갖는, 어간에 덧붙는
요소.

예) '밟고, 밟히고, 짓밟고, 짓밟히고'의 '-고'

어근과 어간은 어떤 문법 형태에 고정된 것이 아니라 그 쓰임에 따
라 구별되는 것이다. 예를 들어 '먹-'은 '먹이'와 같은 복합어의 구성
요소로서는 어근이 되고 '먹고'와 같은 활용형의 구성 요소로서는 어
간이 된다. 이를 분명히 하기 위해 '밟히고'의 예를 살펴보면 다음과
같다.

(17) '밟히고'의 어근과 어간

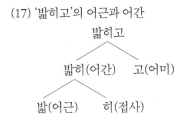

'밟히고'는 먼저 '밟히-'와 '-고'로 분석되는데 이들은 활용형의 구

성 요소들이므로 '밟히-'는 어간이고[10] '-고'는 어미이다. 그리고 '밟
히-'는 다시 '밟-'과 '-히-'로 분석되는데 이들은 복합어(파생어)의
구성 요소들이므로 '밟-'은 어근이고 '-히-'는 접사이다.

접두사와 접미사 접사는 어근과의 상대적 위치에 따라 다시 접두
사(接頭辭, prefix)와 접미사(接尾辭, suffix)로 나뉜다. 접두사는 '헛
디디다'에서의 '헛-'과 같이 어근의 앞에 결합하는 접사를 말하며, 접
미사는 '가위질'에서의 '-질'과 같이 어근의 뒤에 결합하는 접사를 말
한다.[11]

    (18) 접두사와 접미사
       ㄱ. 접두사: 헛-(디디다, 수고), 맨-(손, 주먹)
       ㄴ. 접미사: (가위, 발길)-질, (울, 잠)-보

접두사와 접미사는 어근과의 상대적 위치가 다를 뿐만 아니라 문법
적 성질에도 중요한 차이가 있다. 어근의 앞에 오는 접두사는 파생어
의 품사와 아무런 관계가 없지만 어근의 뒤에 오는 접미사는 파생어
의 품사를 결정한다. 곧 접두 파생어 '헛X, 맨X'의 품사는 어근 X의 품
사와 같으며, 접미 파생어 'X질, X보'의 품사는 '-질, -보'가 명사를 파

---

10) 활용형에서 어미에 직접 결합한 어휘적인 요소, 혹은 어미를 제외한 나머지 전체
    가 어간이다.
11) 국어에는 없지만 한 어근의 중간에 삽입되는 접사로 접요사(接腰辭, infix)가 있
    다. 접요사의 예로는 필리핀의 주요 언어인 타갈로그(Tagalog)의 '-um-, -in-'이
    있다. '-um-, -in-'은 'writing'의 뜻을 갖는 단일 형태 'sulat'의 내부에 삽입되어
    'to write'의 뜻을 갖는 'sumulat(주어에 초첨), sinulat(목적어에 초점)'를 만든다.
    (Spencer 1991:12 참조)

생하는 접미사들이므로 X의 품사와 관계없이 모두 명사이다.[12]

파생 접사와 어미(굴절 접사)의 구별[13] 파생 접사(派生接辭, derivational affix)와 어미(語尾, ending)는 그 형태가 같은 것도 있어서 때에 따라 구별이 어려운 것도 있기는 하지만 몇 가지 점에서 분명하게 구별된다.

첫째, 파생 접사는 어근과는 다른 새로운 단어를 만들지만 어미는 새로운 단어를 만들지 못한다. 예를 들어 어근 '먹–'에 파생 접사 '–이'가 결합하여 만들어진 '먹이'는 어근 '먹–'과는 다른 새로운 단어이지만 '먹–'에 어미가 결합하여 만들어진 '먹고'는 '먹–'과 다른 새로운 단어가 아니라 '먹–'의 활용형일 뿐이다. 보통 파생 접사의 결합형(파생어)은 사전에 표제어로 등재되지만 어미의 결합형(활용형)은 그러지 못하는 것은 바로 이런 까닭에서이다.

둘째, 파생 접사 가운데 접미사는 파생어의 품사를 결정하므로 때에 따라 파생어는 어근과 다른 품사를 갖기도 한다. 이와 달리 어미는 활용형의 품사에 아무런 영향을 끼치지 않으므로 활용형은 늘 어근과 같은 품사를 갖는다. 예를 들어 동사 '먹–'에 파생 접사 '–보'가 결합하

---

12) 본서에서는 '파생어의 품사'를 중심으로 접사의 문법적 성질을 설명하지만 보통 은 '어근의 품사 변화'를 중심으로 이를 설명한다. 이에 따르면 접사는 어근의 품 사를 바꾸는 지배적 접사(支配的 接辭, governing affix)와 어근의 품사를 바꾸지 못하는 한정적 접사(限定的 接辭, restrictive affix)로 나뉜다. 그러나 어근의 품사 변화 여부로는 접사의 문법적 성질을 설명하기도 어렵고 파생어의 품사를 설명하 기도 어렵다. 이에 대해서는 7.4에서 자세히 살펴본다.

13) 어휘적인 요소에 덧붙는다는 공통점이 있으므로 (좁은 의미의) 접사와 어미를 묶 어 (넓은 의미의) 접사로 포괄하고, 이를 다시 파생 접사(좁은 의미의 접사)와 굴 절 접사(屈折接辭, inflectional affix)로 나누기도 한다. 어간과 어미의 결합형을 굴절형(더 구체적으로는 활용형)이라고 하는 것은 이런 까닭에서이다.

여 만들어진 '먹보'는 '먹-'과는 품사가 다른 명사이지만 관형사형 어미 '-는'이 결합하여 만들어진 '먹는'은 여전히 동사이다.

셋째, 파생 접사는 상대적으로 결합하는 어근에 제약(制約, constraint)이 크지만 어미는 결합하는 어간에 거의 제약이 없다. 곧 파생 접사는 분포(分布, distribution)가 좁고 결합이 비생산적이지만 어미는 분포가 넓고 결합이 아주 생산적이다. 예를 들어 용언에 결합하는 파생 접사 '-이, -기'는 용언 가운데에서도 일부 용언에만 결합하지만 어미 '-게, -기'는 대부분의 용언에 자유롭게 결합한다.

> (19) 분포(혹은 생산성)에 의한 파생 접사와 어미의 구별
> ㄱ. 파생 접사
> -이: 높이, 깊이, 길이 / *낮이, *얕이, *짧이
> -기: 크기, 기울기, 달리기 / *작기, *비뚤기, *가기
> ㄴ. 어미
> -게: 높게, 깊게, 길게 / 낮게, 얕게, 짧게
> -기: 크기, 기울기, 달리기 / 작기, 비뚤기, 가기

(19)의 '-기'처럼 용언에 결합하는 파생 접사와 어미가 형태가 같을 때에는 그 결합형이 서술어로 쓰이는지 쓰이지 않는지, 관형어의 수식을 받는지 부사어의 수식을 받는지 등을 보고 이를 구별할 수 있다. 곧 (20ㄱ)과 같이 파생 접사(명사 파생 접사)가 결합한 형태는 명사(파생 명사)이므로 서술어로 쓰이지 않으며 관형어의 수식을 받고 부사어의 수식은 받지 못하지만,[14] (20ㄴ)과 같이 어미(명사형 어미)가

---

14) 물론 명사이므로 (20ㄱ)의 '크기'도 '이 연필의 크기가 적당하다.'와 같이 관형어의

결합한 형태는 용언(용언의 명사형)이므로 서술어로 쓰이며 부사어의 수식을 받고 관형어의 수식은 받지 못한다.[15]

> (20) ㄱ. 기복이 심한 도로를 주행할 때 <u>차체의 기울기</u>가 심해진다.
>   *이 연필은 <u>너무 크기</u>가 적당하다.
>   (≠이 연필은 크다.)
>   *철수는 <u>빨리 달리기</u> 선수로서 이번 체전에 참가했다.
> ㄴ. *기복이 심한 도로로 접어들자 <u>차체의 기울기</u> 시작했다.
>   이 연필은 <u>너무 크기</u> 때문에 불편하다.
>   (=이 연필은 크다.)
>   나는 철수가 <u>빨리 달리기</u>를 바란다.

넷째, 파생 접사는 의미가 다양한 것도 많지만 어미는 의미가 일정하다. 예를 들어 파생 접사 '-이'가 결합하여 만들어진 명사 '젖먹이, 손톱깎이, 턱걸이'는 각각 사람 명사, 사물 명사, 행위 명사로서 그 구체적인 속성이 다르지만, 어미 '-고'가 결합하여 만들어진 '(젖을) 먹고, (손톱을) 깎고, (턱을) 걸고'는 모두 용언의 활용형(연결형)으로서 그 구체적인 속성이 같은 것은 바로 이런 까닭에서이다.

다섯째, 파생 접사와 어미가 모두 나타날 때에는 파생 접사가 어미보다 먼저 결합하는 것이 보통이다. 예를 들어 '어른스럽고'에서 파생접사 '-스럽-'은 어미 '-고'보다 어근에 먼저 결합한다. 마찬가지 이유

수식을 받을 수 있다.
15) (20ㄱ)의 '기울기, 크기, 달리기'는 명사이므로 (20ㄴ)의 '기울기, 크기, 달리기'와 달리 각각 '기운 정도, 부피, 육상'과 같은 명사(구)로 대체해도 (어느 정도의 의미 차이는 있겠지만) 문장이 성립한다.

로 '헛디디고'는 접두사 '헛-'이 어근 '디디-'에 먼저 결합하여 만들어
진 어간 '헛디디-'에 어미 '-고'가 결합한 것으로 분석된다. 이는 어떤
단어가 새롭게 형성(파생)된 이후에야 그 단어의 통사적 쓰임(활용)
이 결정된다는 점에서 자연스러운 결과이다.

4.3. 단어의 유형

단어는 크게 구성 요소가 하나여서 형태론적으로 더 이상 분석할
수 없는 단일어(單一語, simple word)와 구성 요소가 둘 이상이어서
형태론적으로 분석할 수 있는 복합어(複合語, complex word)로 나
뉜다. 그리고 복합어는 다시 직접 구성 요소가 모두 어근인 합성어(合
成語, compound word)와 직접 구성 요소 가운데 어느 하나가 접사
인 파생어(派生語, derived word)로 나뉜다. 예를 들어 '산, 하늘, 가
(다), 흐리(다), 어느, 아주' 등은 단일어이며, '논밭, 밤낮, 뛰놀(다), 한
두' 등은 합성어이며, '맨손, 헛디디(다), 가위질, 어른스럽(다)' 등은
파생어이다.[16)]

---

16) 단어 가운데 용언은 자립성이 없어서 어미 '-다'가 결합한 활용형을 대표형으로 삼
아 적는 것이 관례이다. 곧 용언만을 적을 때에는 '흐리-'라고 적어야 하지만 관례
에 따라 대표형 '흐리다'로 적는다. 따라서 용언을 대상으로 단일어인지 복합어인
지를 판단할 때에는 어미를 제외한 어간 부분만을 고려해야 한다. '흐리+다'와 같이
형태론적으로 분석되지만 '흐리다'가 단일어인 것은 바로 이런 까닭(어간 '흐리-'
가 더 이상 분석되지 않으므로)에서이다. 참고로 용언을 파생하는 접사의 경우에도
'-스럽-'과 같이 적어야 하지만 '-스럽다'나 '-스럽(다)'와 같이 적기도 한다.

(21) 단어의 유형

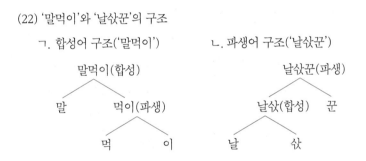

　복합어 가운데에는 합성과 파생이 모두 일어나서 만들어진 것들이 있는데 이때에는 직접 구성 요소 분석을 통해 합성어와 파생어를 구별한다.

(22) '말먹이'와 '날삯꾼'의 구조

　　　ㄱ. 합성어 구조('말먹이')　　　ㄴ. 파생어 구조('날삯꾼')

　'말먹이'는 '말의 먹이'라는 의미에 따라 (22ㄱ)과 같이 분석할 수 있는데 직접 구성 요소인 '말, 먹이'가 모두 어근이므로 합성어이다. 이와 달리 '날삯꾼'은 '날삯(그날그날 셈하는 품삯)을 받고 일하는 사람'이라는 의미에 따라 (22ㄴ)과 같이 분석할 수 있는데 직접 구성 요소 가운데 하나인 '-꾼'이 접미사이므로 파생어이다.

참조 　조사와 어미의 단어 인정 여부 / 어근, 어간, 어기 설정의 이견

(1)김민수(1954, 1964/1986, 1980)에 따르면 역대 문법가들이 단어를 보는 관점은 조사와 어미를 독립된 단어(품사)로 보는지 보지 않는지에 따라 다음의 세 가지 유형으로 나뉜다. 첫째, 조사와 어미를 모두 단어로 보는 견해(제1유형). 둘째, 조사만 단어로 보는 견해(제2유형). 셋째, 조사와 어미를 모두 단어로 보지 않는 견해(제3유형). 주시경을 비롯한 초기 문법가들은 제1유형의 견해를, 최현배를 비롯하여 1930년대에 한글 맞춤법 제정에 참여한 학자들은 제2유형의 견해를, 정렬모, 장하일, 이숭녕 등 역사 문법가들은 제3유형의 견해를 취했다(고영근·구본관 2008:34 참조).

본서에서는 학교 문법에 따라 어미는 단어로 보지 않고 조사는 단어로 보았지만, 자립성이 없는 의존 형태소이며 어휘적 의미를 갖지 못하는 형식 형태소라는 점은 조사를 단어로 보는 데 걸림돌이 된다. 이와 관련하여 영어의 관사와 전치사가 자립성이 없지만 단어로 인정된다는 사실을 들기도 한다(최현배 1937/1961:199-204, 이희승 1975, 남기심·고영근 1985/1993:51). 그러나 조사의 비자립성과 관사·전치사의 비자립성은 그 성격이 분명히 다르다. 곧 조사는 다른 요소(단어, 형태소)와 형태론적으로 결합하지 않고는 홀로 쓰일 수 없다는 점에서 조사의 비자립성은 형태론적인 것이지만 관사와 전치사의 비자립성은 형태론적인 것이 아니라 통사론적인 것이다. 영어의 관사와 전치사를 단어로 보는 것은 우리말의 (통사론적으로 관형 성분에 의존적인) 의존 명사와 (통사론적으로 본용언에 의존적인) 보조 용언을 단어로 보는 것과 같은 차원에서 다뤄야 할 성격의 것이지 조사와 같은 차원에서 다뤄야 할 성격의 것은 아니다.

이 밖에 체언과 조사가 결합할 때 구개음화 현상이 일어난다는 점('논이랑

밭이랑[바치랑] 샀다.'), 선행 체언이 대표음으로 소리 나지 않고 본래의 음으로 소리 난다는 점('붓이[부시]'), 체언의 음운론적 조건에 따라 교체(交替, alternation)된다는 점('나무-가/사람-이')도 조사를 단어로 보기 어려운 근거로 흔히 제시되는 것들이다. 단어와 단어가 결합할 때에는 구개음화 현상이 일어나지 않으며('밭이랑[반니랑] 갈았니?'), 선행 단어는 대표음으로 소리 나는 것('옷안[온안]오단']')이 보통이다. 또한 보통의 단어는 음운론적 조건에 따라 교체되지 않는다.(황화상 2012:12-20 참조)

한편 문법의 어떤 부문에서 바라보느냐에 따라 음운(론)적 단어, 통사(론)적 단어, 어휘(론)적 단어 등과 같이 단어의 개념을 서로 다르게 설정하기도 한다. 음운론적 단어(音韻論的 單語, phonological word)는 (대체로 '어절'에 대응하는) 기식군(氣息群, breath group) 혹은 휴지(休止, pause)를 기준으로 단어를 정의한 것인데 이에 따르면 조사와 어미는 단어가 아니다. 조사와 어미는 선행어와 함께 하나의 기식군을 이루므로 그 결합형 전체가 음운론적 단어이다. 통사론적 단어(統辭論的 單語, syntactic word)는 통사론적 기능을 기준으로 단어를 정의한 것인데 이에 따르면 조사와 어미는 단어에 속한다. 앞서(1장의 [참조]) 살펴보았듯이 조사와 어미의 문법적 기능은 통사 단위로서의 구(혹은 문장)에 관련되기 때문이다. 그리고 어휘론적 단어(語彙論的 單語, lexical word)는 어휘적인 의미(혹은 실질적인 의미)를 기준으로 단어를 정의한 것인데 이에 따르면 조사와 어미는 단어가 아니다.

본서에서는 단어를 '분리성이 없는 최소 자립 형식'으로 정의했는데 이로서 성립하는 단어들은 형태론적 구성(形態論的 構成, morphological construction)으로서의 단어, 곧 형태론적 단어(形態論的 單語, morphological word)라고 할 수 있다. 그런데 구어(口語, spoken language)를 대상으로 하면 형태론적 단어는 기식군을 이루는, 혹은 휴지에 의해 나뉘는 발화 단위로서 성립하는 음운론적 단어와 대체로 겹친다. 그러나 '범세계적'과 같이 형태론적으

로는 하나의 단어이지만 음운론적으로는 두 개의 단어('범'과 '세계적')로 보
아야 하는 것들(신지영·차재은 2003:138 참조)도 있어서 형태론적 단어와
음운론적 단어는 분명히 구별해야 할 단어 개념이다. 단어의 여러 개념에 대
해서는 시정곤(1993), 박진호(1994), 최형용(2002/2003), 한정한(2009),
Singleton(2000) 등을 참조할 수 있다.

　(2)어근(語根, root)과 어간(語幹, stem), 그리고 어기(語基, base)는 형
태 단위들 가운데에서 실질적인(혹은 어휘적인) 의미를 갖는 것들을 가리켜
이르는 형태 범주들이다. 이 가운데 어근과 어간은 이들이 각각 어떤 형태 단
위들을 지칭하는 것인지에 대해 이견이 있다. 구체적인 내용에는 차이가 있지
만 이는 크게 형태 단위를 중심으로 형태 범주를 구분하는 관점(이익섭 1975,
구본관 1996/1998, 이익섭·채완 1999, 최규수 2010 등)과 형태론적 과정
을 중심으로 형태 범주를 구분하는 관점(남기심·고영근 1993, 황화상 2001,
2014, 최형용 2002, 고영근·구본관 2008, 최형강 2009 등)으로 나뉜다.(황
화상 2014 참조)

　먼저 형태 단위(形態單位, morphological unit)를 중심으로 형태 범주를
구분하는 이익섭(1975)에서는 '굴절 접사(어미)와 직접 결합될 수 없으며 동
시에 자립 형식도 아닌 단어의 중심부'를 어근, '굴절 접사와 직접 결합될 수 있
거나 아니면 그 단독으로 단어가 될 수 있는 단어의 중심 부분'을 어간이라고
보았다. 이에 따르면 '웃-'은 '웃다'와 같이 활용형에 나타나거나 '웃음'과 같이
복합어에 나타나거나 관계없이 언제나 어간이다. 다음으로 형태론적 과정(形
態論的 過程, morphological process)을 중심으로 형태 범주를 구분하는 고
영근·구본관(2008)에서는 '파생이나 합성에서 의미상 중심이 되는 부분'을
어근, '용언이 활용할 때 중심이 되는 줄기 부분'을 어간이라고 보았다. 이에 따
르면 '웃-'은 활용형 '웃다'에 나타날 때에는 어간이며, 복합어 '웃음'에 나타날
때에는 어근이다.

한편 어근과 어기는 이 둘을 모두 형태 범주로 설정해야 하는지 하는 데에서
부터 이견이 있다. 『표준국어대사전』에서는 어근(분석의 측면에서 단어를 구
성하는 요소)과 어기(형성의 측면에서 단어를 형성하는 요소)를 모두 형태 범
주로 인정하며, 이익섭(1975)에서도 어근과 어간을 묶어 접사의 대되는 것으
로 어기를 설정했다. 이와 달리 남기심·고영근(1993), 최형강(2009), 고영
근(2014), 황화상(2014)와 같이 어근만 설정하고 어기는 따로 설정하지 않는
논의도 있다.

연습

1 다음의 두 문장은 의미가 비슷하지만 '결코, 절대로, 하나도' 등의 쓰임에는 차이가 있다. 이러한 차이가 생기는 이유가 무엇인지 생각해 보자. 단어의 속성과 참조 예를 고려할 것.

1) 그의 생각은 *{결코, 절대로, 하나도} 비합리적이다.
2) 그의 생각은 {결코, 절대로, 하나도} 합리적이지 않다.
    cf) *나는 그곳에 결코 갔다.
        나는 그곳에 결코 가지 않았다.

2 '짓밟히다'를 직접 구성 요소로 분석해 보자. 그리고 각 구성 요소의 형태 범주(어근, 어간, 접사, 어미)가 무엇인지 생각해 보자.

3 다음의 단어들을 직접 구성 요소로 분석하면 단계적으로 '참을, 작은, 뛰어', '참-, 작-, 뛰-', '-을, -은, -어' 등이 구성 요소로 분석된다. 이들에 어떤 형태 범주를 부여할 수 있을지 생각해 보자.

〈다음〉 참을성, 작은집, 뛰어가다

4 다음의 단어들을 직접 구성 요소로 분석해 보고 각 단어가 합성어인
지 파생어인지 이야기해 보자.

〈다음〉 해돋이, 오래달리기, 젖먹이, 책꽂이, 두벌구이, 갈치구이,
코웃음, 비웃음

5 '–기'와 '–음'은 파생 접사로 쓰이기도 하고 어미(굴절 접사)로 쓰이기
도 한다. 다음의 밑줄 친 단어들에 결합한 '–기'와 '–음'을 파생 접사
와 어미로 구분해 보자. 그리고 그 차이를 설명해 보자.

1) 춤을 잘 춤.
2) 나에 대한 그의 믿음은 돈독하다.
   그가 나를 믿음은 분명한 사실이다.
3) 잔뜩 웅크린 어깨를 보고 그도 추위를 느낌을 알 수 있었다.
   어두워지자 벌컥 무서운 느낌이 들었다.
4) 다음은 듣기 문제입니다.
   다음의 대화 내용을 잘 듣기 바랍니다.

5. 형태소

미리보기

다음 문장에서 단어를 찾아보자. 그리고 그 단어들 가운데 형태론적으로 더 나눌 수 있는 것들을 찾아서 나눠 보자.

다음 배가 고파서 밥 먹으러 갑니다.

5.1. 형태소, 형태, 이형태 교체

형태소 단어를 구성 요소로 분석하는 것은 각 구성 요소들이 일정한 의미(그리고 기능)를 가지며 그 의미가 바로 단어 의미의 바탕이 되기 때문이다. 예를 들어 앞서 살펴보았듯이 '큰부리새'의 의미는 직접 구성 요소인 '큰부리, 새'의 의미를 바탕으로 하며, '큰부리'의 의미는 직접 구성 요소인 '큰, 부리'의 의미를 바탕으로 하며, '큰'의 의미는 직접 구성 요소 '크, 은'의 의미를 바탕으로 한다.

(1) '큰부리새'의 직접 구성 요소 분석

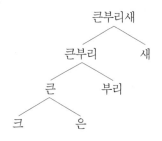

이렇게 단어를 직접 구성 요소로 분석할 때 더 이상 나눌 수 없는 가장 작은 요소, 곧 '크, 은, 부리, 새'와 같은 요소를 형태소(形態素, morpheme)라고 한다. 물론 '부리'는 다시 '부+리'로 나눌 수 있고 '부'는 다시 'ㅂ+ㅜ', '리'는 다시 'ㄹ+ㅣ'로 나눌 수 있다. 그러나 예를 들어 '부리'를 '부'와 '리'로 나누는 것은 '부리'의 의미를 설명하는 것과는 아무런 관계가 없다는 점에서 '큰'을 '크'와 '은'으로 나누는 것과는 다르다. 결국 형태소는 Bloomfield(1933)에 따라 '의미(혹은 기능)를 갖는 가장 작은 요소(最小意味要素, minimal meaningful element)'로 정의할 수 있다.

형태소와 형태 형태소를 설정하는 기준이 되는 것은 단어를 구성하는 요소로서의 내용(의미 혹은 기능)이지 그것의 형식(음성 형식)이 아니다. 따라서 의미 혹은 기능이 같다면 둘 이상의 음성 형식을 하나의 형태소로 묶을 수 있다. 예를 들어 (2)에서 각각 동사 어간 '먹-, 잡-, 하-'에 결합한 '-었-, -았-, -였-'은 그 음성 형식은 다르지만 해당 단어를 과거형으로 만드는 기능은 동일하므로 하나의 형태소(과거 시제 선어말 어미)로 묶인다.

(2) ㄱ. 영희는 사과를 <u>먹었다</u>.
    ㄴ. 철수가 드디어 기회를 <u>잡았다</u>.
    ㄷ. 그는 공부를 열심히 <u>하였다</u>.

이렇듯 단어를 구성하는 모든 음성 형식은 해당 단어에서 특정 의미 혹은 기능을 갖지만 음성 형식과 의미 혹은 기능이 항상 일대일로 대응하는 것은 아니다. 이때 의미 혹은 기능에 대응하는 각각의 음성 형식, 곧 '형태소의 구체적 실현형'을 형태(形態, morph)라고 하며, 특히 둘 이상의 형태가 하나의 형태소에 대응될 때 각각의 형태를 그 형태소의 이형태(異形態, allomorph)라고 한다. 예를 들어 위 예에서 '-었-, -았-, -였-'은 각각 과거 시제 형태소의 형태인 동시에 이형태들이다.[1] 결국 형태소는 의미 혹은 기능의 관점에서 규정되는 추상적 개념이며 구체적 언어 환경에서 직접적으로 드러나는 것은 구체적 실현형으로서의 형태라고 할 수 있다.

한 형태소의 이형태들은 상보적 분포(相補的 分布, complementary distribution)를 보인다. 곧 어느 하나의 이형태가 나타나는 자리에는 다른 이형태가 결코 나타나지 않는다. 예를 들어 주격 조사 '이'가 나타나는 자리에는 '가'가 결코 나타나지 않으며, '가'가 나타나는 자리에는 '이'가 결코 나타나지 않는다.

이형태 교체 한 형태소에 속하는 이형태들이 구체적인 언어 환경에서 쓰일 때에는 언어적 조건에 따라 서로 교체되어 쓰인다. 이와 같이 한 형태소의 이형태들이 언어적 조건에 따라 서로 교체되는 현상을 이형태 교체(異形態交替, allomorph alternation)라고 한다.[2] 이형태 교체는 교체의 언어적 조건이 무엇인지에 따라 음운론적 조건에 의한 것과 형태론적 조건에 의한 것으로 나뉜다.

음운론적 조건에 의한 이형태 교체(phonologically conditioned

---

1) 형태소와 형태(혹은 이형태)는 전통적으로 중괄호({ }) 안에 그 소리(음소)의 형식으로 나타낸다. 예를 들어 영어에서 '-s', '-es'로 표기하는 복수 형태는 {-s}, {-z}, {-iz}와 같이 나타낸다. 다만 우리말의 경우에는 '-었-', '-았-', '-였-'과 같이 중괄호 대신 작은따옴표(' ') 안에 그 표기에 따라 나타내는 것이 보통이다. 물론 '먹고'의 '먹-'과 '먹는'의 '멍-'처럼 소리로 구별해야 할 경우에는 소리에 따라 나타내기도 한다.
2) 결국 이형태는 어떤 형태소의, 언어적 조건에 따른 교체형인 셈이다.

alternation)의 예로는 주격 조사 '이/가', 과거 시제 선어말 어미 '-었-/-았-', 명령형 어미 '-어라/-아라', 연결 어미 '-니/-으니'의 교체가 있다. 주격 조사 '이/가', 연결 어미 '-니/-으니'는 선행어가 자음으로 끝나는지('책이, 먹으니') 모음으로 끝나는지('의자가, 가니')에 따라 교체되며, 과거 시제 선어말 어미 '-었-/-았-'과 명령형 어미 '-어라/-아라'는 선행 어간 끝음절의 모음이 양성 모음인지('보았다, 잡아라') 음성 모음인지('접었다, 접어라')에 따라 교체된다.

　형태론적 조건에 의한 이형태 교체(morphologically conditioned alternation)의 예로는 과거 시제 선어말 어미 '-였-', 명령형 어미 '-너라'의 교체가 있다. 과거 시제 선어말 어미 '-였-'은 선행 용언이 '하다'나 '하다'로 끝나는 용언일 때 쓰이며, 명령형 어미 '-너라'는 선행 용언이 '오다'나 '오다'로 끝나는 용언일 때 쓰인다.

　음운론적 조건에 의한 이형태 교체와 형태론적 조건에 의한 이형태 교체는 각각 ~과 ∝를 써서 형식적으로 구별하는 것이 보통이다.[3] 그리고 이형태 가운데 '이, 가, -었-, -았-, -어라, -아라'와 같이 음운론적 조건에 의해 교체되는 것들을 음운론적 이형태(音韻論的 異形態, phonological allomorph)라고 하며, '-였-, -너라'와 같이 형태론적 조건에 의해 교체되는 것을 형태론적 이형태(形態論的 異形態, morphological allomorph)라고 한다.

　(3) 음운론적 형태론적 조건에 의한 교체
　　　이~가, -었-~-았-∝-였-, -어라~-아라∝-너라

---

3) 다만 단순히 이형태(혹은 형태)의 목록만을 제시할 때에는 '이/가', '-었-/-았-/-였-', '-어라/-아라/-너라'와 같이 표기하는 것이 보통이다.

한편 이형태 교체를 자동적 교체와 비자동적 교체로 구분하기도 한다. 자동적 교체(自動的 交替, automatic alternation)는 그러지 않을 경우 음운론적으로 부적격한 음의 연쇄가 초래되어 교체될 수밖에 없는 것을 말한다. 예를 들어 '먹-'이 '-는' 앞에서 '멍-'으로 교체되지 않을 경우 '폐쇄음(ㄱ)+비음(ㄴ)'이라는 국어에서 부적격한 음의 연쇄가 초래되므로 '비음+비음'의 적격한 음의 연쇄가 되기 위해서는 꼭 '먹-'이 '멍-'으로 교체되어야 한다. 비자동적 교체(非自動的 交替, nonautomatic alternation)는 그러지 않더라도 음운론적으로 부적격한 음의 연쇄가 초래되는 것은 아닌 환경에서 일어나는 교체를 말한다. 예를 들어 '나이'와 같이 '모음+모음'의 연쇄나 '군가'와 같이 '자음+자음'의 연쇄는 국어에서 자연스러운 음의 연쇄이므로, '책이'와 '의자가'에서 '이/가'는 '책가'와 '의자이'가 음운론적으로 부적격한 음의 연쇄여서 교체되는 것은 아니다.

(4) 자동적 교체와 비자동적 교체
    ㄱ. 자동적 교체
       먹(고)~멍(는), 잡(고)~잠(는)
    ㄴ. 비자동적 교체
       (책)이~(의자)가, (잡)아~(접)어
       cf) 나이/군가, 잡어(雜魚)/접아(椄芽)

기본형 하나의 형태소에 둘 이상의 형태(혹은 이형태)가 대응할 때에는 그것들 가운데 어느 하나를 기본형(基本形, basic form)으로 삼

고[4] 기본형에 규칙을 적용하여 나머지 형태들을 도출하기도 한다. 이
때 기본형은 이형태들의 도출 과정에서 적용될 규칙 가운데 어떤 것
이 더 자연스러운지에 따라 결정된다. 예를 들어 '먹(다)'의 이형태
'먹-(먹다), 멍-(먹는)' 가운데 '먹-'을 기본형으로 잡는 것은 '먹→멍'
의 도출을 비음동화라는 자연스러운 음운 규칙으로 설명할 수 있기
때문이다. 그러나 주격 조사 '이/가', 목적격 조사 '을/를', 공동격 조사
'와/과'와 같이 어느 것을 기본형으로 삼더라도 나머지 다른 하나의 도
출을 자연스럽게 설명하기 어려운 때도 있다. 이때에는 역사적으로 먼
저 쓰인 형태나 더 자주 쓰이는 것을 기본형으로 삼는 것이 보통이다.

5.2. 형태소의 구분

어휘 형태소와 문법 형태소 형태소는 어휘적 의미를 갖는 어휘 형
태소(語彙形態素, lexical morpheme)와 문법적 의미(혹은 기능)를
갖는 문법 형태소(文法形態素, grammatical morpheme)로 나뉜다.
어휘 형태소는 실질적인 의미를 갖는 형태소라고 하여 실질 형태소
(實質形態素, full morpheme)라고도 한다. 어휘 형태소에는 명사, 대
명사, 수사, 동사, 형용사, 관형사, 부사, 감탄사 등의 8품사와[5] 불규칙
적 어근이 포함된다. 문법 형태소는 형식적 의미(혹은 기능)을 갖는 형

---

4) 기본형은 이형태들을 대표하므로 추상적인 존재인 형태소를 표기할 때에는 기본형
   을 써서 표기한다. 다만 기본형을 따로 설정하지 않을 때에는 '이/가'와 같이 이형태
   의 목록을 제시하여 형태소를 표기하기도 한다.
5) 이들 단어 가운데 복합어는 '가장 작은' 것이 아니므로 물론 형태소에서 제외된다.

태소라고 하여 형식 형태소(形式形態素, empty morpheme)라고도
한다. 문법 형태소에는 조사, 파생 접사, 어미(굴절 접사) 등이 있다.

   (5) 어휘 형태소와 문법 형태소

      ㄱ. 어휘 형태소

         하늘, 먹(다), 어느, 아주, 어머, 씩씩(하다)

      ㄴ. 문법 형태소

         맨(손), (가위)질, (닭)이, (먹)고

  자립 형태소와 의존 형태소 형태소는 형태론적 자립성의[6] 유무에
따라 자립 형태소와 의존 형태소로 나뉜다. 자립 형태소(自立形態素,
free morpheme)는 다른 형태소의 도움이 없이도 문장에서 홀로 쓰
일 수 있는 형태소를 말한다. 어휘 형태소 가운데 동사와 형용사, 불
규칙적 어근을 제외한 명사,[7] 대명사, 수사, 관형사, 부사, 감탄사 등이

---

6) 형태소를 구분하는 기준으로서의 자립성(그리고 의존성)을 음운론적인 것으로 보
기도 한다. 물론 자립 형태소들은 음운론적으로도 자립할 수 있고(혹은 단독으로도
음운론적 단위를 이룰 수 있고) 의존 형태소들은 음운론적으로는 자립할 수 없는
것이 보통이다. 그러나 자립 형태소 가운데 의존 명사는 음운론적으로는 관형 성분
에 의존적일 때가 있고(예를 들어 '먹을 수'의 '수'), 문법 형태소 가운데에도 접두
사 '범-(범세계적)'과 같이 단독으로 음운론적 단위(音韻論的 單位, phonological
unit)를 이루는 것들도 있다. 음운론적으로 의존적이지만 의존 명사가 자립 형태소
인 것은 다른 형태소와 (형태론적으로) 반드시 결합해야 하는 것은 아니기 때문이
며, 단독으로 음운론적 단위를 이루지만 '범-'이 문법 형태소인 것은 '범세계적'과
같이 다른 형태소와 (형태론적으로) 반드시 결합해야 하기 때문이다. 이를 고려하
면 형태론적 자립성과 음운론적 자립성은 분명하게 구별해야 할 개념이다. (황화상
2015 참조)

7) 앞서 언급했듯이 의존 명사도 물론 자립 형태소이다. 명사를 자립 명사와 의존 명
사로 구분하는 것은 통사론적 자립성(관형 성분의 필수적 요구 여부)의 유무에 의
한 것이라는 점에 유의해야 한다.

자립 형태소이다. 의존 형태소(依存形態素, bound morpheme)는 단독으로는 문장에서 쓰일 수 없고 다른 형태소와 결합해야만 문장에서 쓰일 수 있는 형태소를 말한다. 문법 형태소인 조사, 어미, 파생 접사, 그리고 어휘 형태소 가운데 동사와 형용사, 불규칙적 어근 등이 의존 형태소이다.

(6) 자립 형태소와 의존 형태소

    ㄱ. 자립 형태소

      하늘, 어느, 아주, 어머

    ㄴ. 의존 형태소

      먹(다), 씩씩(하다), 맨(손), (가위)질, (닭)이, (먹)고

유일 형태소 형태소 가운데에는 '생쥐'의 '생', '박쥐'의 '박', '다람쥐'의 '다람' 등 그 의미가 명확하지 않은 것들도 있다. 그러나 이들 세 요소는 각각 '생쥐, 박쥐, 다람쥐'를 각각 그것이 아닌 다른 '쥐'들로부터 구별해 주는 일정한 역할(혹은 기능)을 한다. 따라서 이들 세 요소 또한 형태소의 범주에 포함된다. 다만 이들 형태소들은 여러 단어의 구성 요소로 쓰일 수 있는 일반적인 형태소와는 달리 극히 제한된 단어의 구성 요소로만 쓰인다는 형태론적 특이성을 갖는다. 이에 따라 이들을 유일 형태소(唯一形態素, unique morpheme)라고[8] 하여 일반적인 형태소와 구별하기도 한다. 이 밖에 유일 형태소에는 '무덤, 주검'의 '-엄', '없애다'의 '-애-'와 같은 접사도 있다.

---

8) 유일 형태소는 특이 형태소(特異形態素) 혹은 cranberry 형태소라고도 한다. 참고로 cranberry의 cran도 유일 형태소이다.

5.3. 형태소 분석

계열 관계와 통합 관계 형태론적으로 복합적인 언어 단위를 이를 구성하는 형태소 단위로 나누는 것을 형태소 분석(形態素分析)이라고 한다. 어떤 언어 단위가 형태론적으로 복합적인 구성인지를 판단하고 이를 다시 형태소 단위로 분석할 때에는 계열 관계와 통합 관계를 따져 보는 것이 유용하다. 계열 관계(系列關係, paradigmatic relation)는 같은 문법적 성질을 갖는 말들 사이의 관계를 말한다. 예를 들어 '날, 물, 빛'은 명사로서 계열 관계를 이루며, '이, 은, 도'는 조사로서 계열 관계를 이룬다. 계열 관계를 이루는 말들은 문법적 성질이 같으므로 서로 대치(代置, substitution)되어 쓰일 수 있다. 곧 '물, 빛'은 모두 '날'과 계열 관계를 이루는 말들이므로 '날이'에서 '날'의 자리에 대치될 수 있고, '은, 도'는 '이'와 계열 관계를 이루는 말들이므로 '날이'에서 '이'의 자리에 대치될 수 있다. 이와 같이 전체('날이') 가운데 일부('날' 또는 '이')가 다른 것으로 대치될 수 있다는 것은 그 전체가 본래부터 하나의 단위가 아니라는 것을 뜻한다. '날이'를 '날+이'로 분석하는 문법적 근거가 바로 여기에 있다. '흐리다'를 '흐리+다'로 분석하는 것도 이와 다름이 없다.

    (7) 계열 관계(대치)

       ㄱ. 날 - 이   ㄴ. 흐리 - 다

          물 은   맑 고

          빛 도   밝 으니

그리고 통합 관계(統合關係, syntagmatic relation)는 서로 결합하여 더 큰 언어 단위를 만들 수 있는 말들 사이의 관계를 말한다. 예를 들어 '날'은 '이, 은, 도' 등의 조사와 결합하여 더 큰 언어 단위를 만들며, '흐리-'는 '-다, -고, -니' 등의 어미와 결합하여 더 큰 언어 단위를 만든다. 통합 관계를 이루는 말인지를 따져서 어떤 둘 이상의 형태소를 분석할 때에는 다른 말이 그 사이에 끼어들 수 있는지를 확인해 본다. 예를 들어 '날'과 '이' 사이에는 다른 조사 '만'이 끼어들 수 있고, '흐리-'와 '-다' 사이에는 다른 어미 '-었-, -겠-' 등이 끼어들 수 있다. 이와 같이 전체('날이', '흐리다') 사이에 다른 것('만', '-었-, -겠-')이 끼어들 수 있다는 것은 그 전체가 본래부터 하나의 단위가 아니라는 것을 뜻한다. '날이'와 '흐리다'를 각각 '날+이'와 '흐리+다'로 분석하는 문법적 근거가 바로 여기에 있다.

   (8) 통합 관계(결합)
      ㄱ. 날-이/날-만-이
      ㄴ. 흐리-다/흐리-었-다/흐리-겠-다

형태소 분석 방법 형태소를 분석할 때에는 계열 관계와 통합 관계를 따져서 단어를 최대한 나누는 일이 우선이다. 예를 들어 '급히'는 '급'의 자리에 '열심, 부지런' 등의 다른 말이 대치될 수 있으므로 '급+히'로 분석하고, '셈이다'의 '이다'는 '이'와 '-다' 사이에 '(셈)이+었+다'와 같이 '-었-'이 끼어들 수 있으므로 '이+다'로 분석한다.

   (9) 계열 관계와 통합 관계를 이용한 형태소 분석

ㄱ. 급히(급+히) 갈 곳이 있다.

    cf) 열심-히

ㄴ. 이만하면 실컷 먹은 셈이다(셈+이+다).

    cf) (셈)이-었-다

형태소 가운데에는, 특히 용언 어간의 경우에는 어미와 결합할 때 탈락, 불규칙 활용 등 형태론적 변형(形態論的 變形)이 일어나기도 하여 주의를 요한다. 이때에는 '~다' 형태의 대표형으로 바꾸어서 먼저 어간을 분석한다. 예를 들어 '슬퍼, 물었다, 고운, 울'은 '슬프다, 묻다, 곱다, 울다'가 대표형이므로 '-다'를 제외한 어간 '슬프-, 묻-, 곱-, 울-'을 분석한다.9) 이때 어미는 어간의 일부에 합쳐질 수도 있는데 어간을 음운론적 조건이 다른 말(받침이 있는 말, 규칙 활용을 하는 말 등)로 대치하여 본래의 어미를 확인하고 이를 분석한다. 예를 들어 '슬프-, 묻-, 곱-, 울-'을 '먹-'으로 대치('먹-어, 먹-었-다, 먹-은, 먹-을')하여 각각 어미 '-어, -었-, -은, -을'을 분석한다.

(10) 대표형과 대치를 이용한 형태소 분석

    ㄱ. 철수가 슬퍼(슬프+어) 보인다.

        cf) 슬프-다, 먹어

    ㄴ. 선생님께 물었다(묻+었+다).

        cf) 묻-다, 먹었다

    ㄷ. 고운(곱+은) 목소리.

---

9) 어간이 '잡아먹-'과 같이 복합어일 때에는 물론 '잡+아+먹'과 같이 어간을 다시 형태소 단위로 분석한다.

cf) 곱-다, 먹<u>은</u>

ㄹ. 그렇게 계속 울(울+을) 거니?

cf) 울-다, 먹<u>을</u>

어미와 서술격 조사는 음운론적 조건에 따라 생략(省略)될 수도 있는데[10] 이때에도 앞말을 음운론적 조건이 다른 말(받침이 있는 말, 규칙 활용을 하는 말 등)로 대치하여 그 존재를 확인하고 이를 분석한다. 예를 들어 (11ㄱ)에서는 '의자다'에서 '의자'를 '학생'으로 대치('학생이다')하여 서술격 조사 '이'를 분석한다. 그리고 (11ㄴ·ㄷ)에서는 '가-'를 '막-'으로 대치('막아')하여 어미 '-어/아'를 분석한다.

(11) 대치를 이용한 형태소 분석

ㄱ. 이것은 <u>의자다</u>(의자+이+다).

cf) 책상<u>이</u>다

ㄴ. 집에 <u>가</u>(가+아) 봐라.

cf) 막<u>아</u>

ㄷ. 어서 집에 <u>가</u>(가+아).

cf) 막<u>아</u>

한편 (11)의 각 단어를 분석하기 위해서는 먼저 특정 형태소가 생략되었다는 것을 알아야 하는데 어떤 형태소의 생략 여부는 다음과 같은, 우리말의 형태 결합 규칙을 참조하면 확인할 수 있다.

---

10) 앞서(2장의 주2) 살펴보았듯이 (11ㄴ)은 어미가 생략된 것이 아니라 어간의 모음이 탈락한 후 어간과 어미가 융합한 것으로 볼 수도 있다.

(12) 우리말의 형태 결합 규칙

    ㄱ. 체언의 형태 결합 규칙

        ① 체언+조사: 책이, 가방을,

        ② 체언: 책, 가방,

        ③ *체언+어미: 의자다(서술격 조사 '이' 생략)

    ㄴ. 용언의 형태 결합 규칙

        ① 용언+어미: 먹고, 먹으니, 먹는다,

        ② *용언: 가 (봐라)(어미 '-어/아' 생략)

           울 (거니)(어간의 'ㄹ'이 탈락하고 어미 '-을'과 융합)

    다만 용언의 경우 '뛰놀다'에서와 같이 복합어 내부에서는 어간이 어미 없이 후행 요소에 직접 결합하는 것도 가능하다. 따라서 복합어의 경우에는 통사 구성에서도 음운론적으로 어미가 생략될 수 있는지를 확인하고 그럴 때에는 형태소가 생략된 것으로 보아 이를 복원한다. 예를 들어 '지나가다'의 경우에는 '지나(서) 가다'와 같이 통사 구성에서도 어미 '-어/아'가 생략되므로[11] '지나+아+가+다'와 같이 분석한다. 그러나 '뛰놀다'의 경우에는 '뛰(서) 놀다'가 불가능하므로, 곧 '-어/아'가 생략될 수 있는 환경이 아니므로 '뛰+놀+다'와 같이 분석한다.

---

11) '지나서 가다'의 '지나서'도 '지나+어서'로 형태소 분석한다. 이는 '잡아서 가다'에서 알 수 있는 것처럼 연결 어미 '-어서'에서 '-어'가 생략된 것이기 때문이다.

| 참조 | 한자어 형태소 분석 |

한자어(漢字語)는 형태소 분석이 쉽지 않다. '창문(窓門)'과 같이 두 단어가 결합하여 만들어진 것은 '창+문'으로 쉽게 분석할 수 있다. 그리고 '동화(童話), 학교(學校)'와 같이 각 구성 요소가 단어는 아니더라도 그 의미가 전체 단어의 의미와 밀접하게 관련될 때에는 '동+화, 학+교'로 어렵지 않게 분석할 수 있다.

'혁명(革命), 총각(總角), 모자(帽子)' 등의 일반 명사, '창원(昌原), 길동(吉童)' 등의 고유 명사는 각 구성 요소의 의미가 전체 단어의 의미와 별다른 관계가 없어서 형태소 분석 여부가 분명하지 않다. 형태소 분석이 전체 단어의 의미를 설명하기 위한 방편이라는 점에서 보면 형태소 분석이 어렵지만(남기심 1968, 신창순 1969, 이익섭 1969, 성기철 1981 등), 한자 그 자체가 뜻글자라는 점을 고려하면 형태소 분석을 할 수도 있다(이상복 2012).

한자어 형태소 분석의 또 다른 어려움은 분석된 형태소의 형태 범주(어근 혹은 접사) 설정이 쉽지 않다는 점이다. 예를 들어 '한국인(韓國人)'의 '인(人)'은 접미사로 보는 것이 보통인데 형태소 분석할 경우 어근으로 볼 수밖에 없는, '인간(人間), 미인(美人), 인적(人的)'의 '인(人)'과 구별하기가 쉽지 않다.

연습

1 다음 문장의 각 어절을 형태소 단위로 분석해 보자. 그리고 각 형태소를 어휘 형태소와 문법 형태소, 자립 형태소와 의존 형태소로 구분해 보자.

1) 그 책은 어제 읽었습니다.
2) 학교에서부터 뛰었습니다.
3) 비가 오는데다가 날까지 어둡겠습니다.
4) 바람이 시원하게 붑니다.
5) 배가 아파서 병원에 갑니다.
6) 선생님께 물으니 의문이 풀렸다.
7) 추위가 풀리지 않는다.
8) 누가 그걸 적어 놓은 걸까?
9) 작은 일을 하지 말고 큰 일을 해라.
10) 종이는 잘 찢어진다.

2 다음 단어를 형태소 단위로 분석해 보자.

〈다음〉 부끄럽다, 아프다, 먹을게, 사라지다, 즈려밟다, 톱날지붕, 노름꾼

3 '씻–'을 포함하는 다음 문장들을 참조하여 질문에 답해 보자.

〈다음〉
손을 <u>씻다</u>.
손을 <u>씻었다</u>.
손을 <u>씻는</u> 사람들

1) '씻–'의 이형태에는 어떤 것들이 있는가?
2) '씻–'의 이형태 교체 조건은 무엇인가?
3) '씻–'의 이형태들 가운데 기본형은 어떤 것이며, 그 이유는 무엇
   인가?

4 다음과 같이 조사 '에게'와 '한테', 명사 '아버지'와 '아빠'는 서로 교체
되어 쓰이기도 하여 그 둘 사이에 특별한 의미 차이가 없다고 볼 수
있다. 이때 '에게'와 '한테', '아버지'와 '아빠' 각각을 한 형태소의 이
형태로 볼 수 있을지 생각해 보자.

1) 철수{에게, 한테} 책을 주어라.
2) 저 분이 우리 {아버지, 아빠}세요.

제Ⅲ부
국어 단어의 형성

6. 단어 형성의 이해

미리보기

다음의 '식물위원장'을 참조하여 우리가 단어를 만드는 심리적 과정이 어떠한지 생각해 보자.

" … 하지만 출근을 해서 직원들에게 이메일로 업무 지시를 해도 말을 듣는 사람이 없습니다. 김 위원장은 한 지붕 두 위원장 중 실권이 없는 위원장이기 때문입니다. … 김 위원장에겐 직함과 대우만 주어졌습니다. 그래서 '식물위원장'이라는 자조 섞인 한탄이 나옵니다." (2010년 3월 11일, MBC '후+' 〈나는 식물위원장〉 중에서)

이 장에서는 단어 형성과 의미, 단어 형성 요소, 단어 형성법, 단어 형성의 기제 등을 중심으로 국어 단어 형성에 대해 살펴본다. (의미를 고려한) 단어 형성의 과정, 단어 형태와 단어 의미의 관계, 단어 형성 요소로서의 어근과 접사, 여러 가지 단어 형성법, 단어 형성 기제로서의 규칙과 유추 등이 이 장에서 살펴볼 주요 내용들이다.[1]

---

1) 6.1은 주로 황화상(2001, 2010)을, 6.3은 주로 황화상(2010, 2013)을 참조하여 기술한 것이다.

6.1. 단어 형성과 의미

단어 형성의 과정 단어는 일정한 형태에 일정한 의미를 담은, 곧 형태와 의미의 복합체이다. 따라서 단어 형성(單語形成, word formation)은 단어 형태의 형성과 단어 의미의 형성을 아우르는 복합적인 과정이라고 할 수 있다. '스님짜장, 사찰짜장, 버섯짜장'이라는 단어가 만들어지는 과정을 예로 들어 단어 형성에서 단어 형태의 형성과 단어 의미의 형성을 함께 고려해야 하는 이유를 생각해 보자.

> (1) … "스님짜장카는기 쫌 부담시럽네예. 우리 부부가 불자아입니꺼. 스님짜장말고 사찰짜장, 버섯짜장카는기 안좋겠습니꺼." … 고기 빼고 오신채 빼고 만드는 이 집 짜장 짬뽕 맛의 핵심은 버섯이다. 표고버섯을 중심으로 양송이 새송이 느타리 등 버섯으로 국물 내고 버섯으로 맛을 내고 버섯을 곁들여, 직접 뽑은 면발을 담아낸다. (2010년 3월 4일, 한겨레신문 〈청도 강남반점 '스님짜장'〉 중에서)

'스님짜장, 사찰짜장, 버섯짜장' 등은 '스님들이 먹을 수 있도록 고기 대신 버섯을 주재료로 한 짜장면'을 만든 화자가 그 특별한 짜장면을 지칭하기 위해 만든 단어들이다. 하나의 동일한 짜장면을 지칭하기 위해 만든 세 개의 서로 다른 단어에는 이를테면 (2)와 같은, 그 짜장면에 대한 화자의 서로 다른 인식이 반영되어 있다.

> (2) ㄱ. <u>스님들이 먹을 수 있도록 만든</u> 짜장(면)
> ㄴ. <u>사찰에서 먹을 수 있도록 만든</u> 짜장(면)

ㄷ. 버섯을 주재료로 하여 만든 짜장(면)

이때 짜장면에 대한 서로 다른 인식의 내용들은 결과적으로 각 단어가 갖는 의미가 된다. 짜장면에 대한 인식의 과정은 다름 아닌 단어의 의미를 만드는 과정인 셈이다. 그리고 (2)는 각각 '스님짜장, 사찰짜장, 버섯짜장'이라는, 단어의 형태가 만들어지는 토대가 된다. 따라서 단어 의미의 형성을 고려하지 않고는 단어 형태의 형성을 설명할 수 없다. 단어 형성을 단어 의미의 형성과 단어 형태의 형성을 아우르는 복합적인 과정으로 이해해야 하는 것은 바로 이런 까닭에서이다.

'다람쥐택시'가 만들어지는 과정도 이와 다름이 없다. 특히 '다람쥐택시'의 경우 이런 이름으로 불리게 된 이유('그 모습이 마치 다람쥐가 쳇바퀴 도는 것과 같다고 해서')가 함께 제시되어 있어서 주목을 끈다. 이를 통해 알 수 있는 것은 문제의 택시에 대한, '다람쥐가 쳇바퀴를 도는 것처럼 일정 구간만 반복하는 택시'라는 인식(=의미)에 기초해서 '다람쥐택시'라는 단어가 만들어졌다는 점, 그리고 이와 같은 과정을 거쳐서 단어를 만드는 것이 우리말 화자의 자연스러운 언어 능력 가운데 하나라는 점이다.

(3) … 택시를 이용할 때 택시운전사가 차에 태운 손님들이 모두 같은 방향의 손님들로 채워질 때까지 기다렸다 출발하고, 손님을 내려준 후엔 또다시 강남역으로 되돌아가는 걸 반복했다. 그래서 사람들은 그 모습이 마치 다람쥐가 쳇바퀴 도는 것과 같다고 해서 일명 '다람쥐택시'라고까지 부르고 있다고 한다. … (2002년 2월 13일, 동아일보 〈'다람쥐택시' 불법 신고해야〉 중에서)

결국 단어 형성은 단어 의미의 형성과 단어 형태의 형성을 아우르는 복합적인 과정이며, 단어 의미의 형성이 단어 형태의 형성을 우선한다고 볼 수 있다. 곧 단어는 (4)와 같이 단어 의미가 먼저 만들어지고 이를 표현할 형태가 나중에 만들어지는 과정을 거치면서 만들어지는 것이 보통이다.

(4) 단어 형성의 과정

단어 의미의 형성('스님들이 먹을 수 있도록 만든 짜장')

↓

단어 형태의 형성('스님짜장')

(4)는 '단어를 만드는, 화자의 심리적 과정'을 형식화한 것으로서 기본적으로 공시적(共時的, synchronic)인 과정이다. 따라서 단어 형성 연구 또한 기본적으로 공시적 연구이다.[2]

단어의 형태와 의미　단어는 형태와 의미의 복합체이며, 단어 형성은 단어 의미의 형성과 단어 형태의 형성을 아우르는 과정이다. 따라서 단어 형성 연구는 이러한 과정을 이론적으로 형식화할 수 있어야 한다. 특히 단어 형성 연구는 단어의 형태가 단어의 의미를 어떻게 반영하는지를 설명할 수 있어야 한다. 본서에서는 단어의 구조를 의미 구조(意味構造, semantic structure)와 형태 구조(形態構造, morphological structure)로 나누어 형식화하고 이를 토대로 단어의 형태가 단어의 의미를 어떻게 반영하는지를 설명하기로 한다. 먼저

---

2) 여기에서 '기본적으로'라고 한 것은 '구의 단어화'와 같은, (4)와는 다른 방식으로 단어가 만들어질 수도 있기 때문이다. 이에 대해서는 6.3.2에서 살펴본다.

'신문(을) 파는 사람'을 뜻하는 단어 '신문팔이'의 의미 구조와 형태 구
조를 보이면 다음과 같다.

(5) '신문팔이'의 의미 구조와 형태 구조

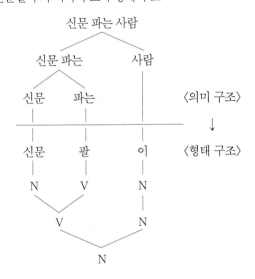

단어의 형태는 각각의 의미 요소(意味要素, semantic element)(의
미를 구성하는, 혹은 의미 구조를 구성하는 요소)에 형태 요소(形態
要素, morphological element)(형태를 구성하는, 혹은 형태 구조를
구성하는 요소)를 대응함으로써 단어의 의미를 반영한다. 곧 (5)에서
'신문팔이'라는 단어의 형태는 의미 요소 '신문, 파는(팔다), 사람'에
각각 형태 요소 '신문, 팔, -이'를 일대일로 대응함으로써 만들어진다.

물론 의미 요소와 형태 요소가 늘 일대일로 대응하는 것은 아니다.
예를 들어 '쌀(을) 사고파는 사람'을 뜻하는 '쌀장수'는 의미 요소와 형

태 요소 사이에 (6)과 같은 대응 관계가 성립한다. '사고파는, 사람'이라는 두 개의 의미 요소에 하나의 형태 요소 '장수'가 대응하는 것은 '장수'가 두 개의 의미 요소를 포함하는 의미, 곧 '사고파는 (일을 하는) 사람'의 뜻을 갖기 때문이다.

(6) '쌀장수'의 의미 구조와 형태 구조

단어 형성과 의미 추론 하나의 형태 요소가 분명하게 두 개의 의미 요소를 포함한다고 보기 어렵지만 의미 요소와 형태 요소가 일대일로 대응하지 않는 때도 있다. 예를 들어 '산(에서) 사는 사람'을 뜻하는 '산사람'은 '산, 사는, 사람' 등 세 개의 의미 요소를 포함하지만 이에 대응하는 형태 요소는 '산, 사람' 두 개밖에 없다. 따라서 논리적으로 (7)과 같은 두 가지 대응 관계를 생각할 수 있다.

(7) '산사람'의 의미 구조와 형태 구조

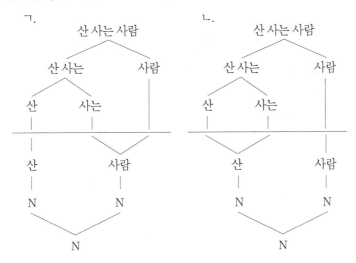

그런데 '사람'은 모두 '어딘가에서 사는' 속성을 기본적으로 갖는다. 따라서 '산'과 같은 장소 명사가 주어질 때 '사는(살다)'의 의미는 '산' 과 '사람' 사이에서 충분히 추론(推論)할 수 있다.[3] 이는 '산사람'이 (7 ㄱ)과 같은 구조를 갖는다는 것을 뜻한다. 그리고 이는 (7)에서 의미 요소 '사는'이 형태 요소로 반영되지 않은 것, 다시 말해 그 결과로서 '산사는사람'이라는 단어가 만들어지지 않고 '산사람'이 만들어진 것 은 '사는'이 추론 가능한 의미 요소이기 때문이라는 것을 뜻한다. 추론

---

3) 서로 모르는 두 사람이 기차에서 옆자리에 앉아 있는 상황을 가정해 보자. 이때 어 느 한 사람이 다른 사람에게 '어디 사세요?'라고 물을 수는 있어도 '무엇을 미세요?' 라고 물을 수는 없다. 사람은 모두 어떤 특정한 곳에 살지만, 모든 사람이 무엇인가 를 미는 일을 하는 것은 아니기 때문이다. 이는 '산'과 '사람' 사이에서는 '살다'의 의 미 추론이 가능하지만 '때'와 '사람'만으로는 '밀다'의 의미 추론이 불가능하다는 것 을 뜻한다. '산사람'은 가능하지만 '때사람(=때밀이)'이 불가능한 것은 바로 이런 까 닭에서이다. (황화상 2001:117-118 참조)

가능한 의미까지 반영하여 군이 단순한 형태를 포기하고 복잡한 형태의 단어를 만들 필요는 없기 때문이다.

의미 추론의 가능성에 따라 의미 요소와 형태 요소의 대응 양상이 다른 것은 (8)에서도 확인할 수 있다.

(8) ㄱ. 꼴없는이름씨, 풀베는소리,[4] 아가미썩는병, 털없는날[5]
ㄴ. 유리병, 신발장, 술통, 귈련상자, 쌀밥, 벽돌집

예를 들어 '꼴없는이름씨(=추상명사)'에서 '없는'이 쓰인 것은 '꼴'과 '이름씨' 사이에서는 (모든 '이름씨'가 무엇이 '없는' 속성을 갖는 것은 아니므로) '없는'의 뜻을 추론할 수 없기 때문이다. 그러나 '유리병'에서 '만든'이 쓰이지 않은 것은 모든 '병'은 '무엇으로 만든' 속성을 가지므로 '유리'가 주어질 때 그 의미의 추론이 가능하기 때문이다.

6.2. 단어 형성 요소와 단어 형성법

6.2.1. 단어 형성 요소

단어 형성 요소와 단어 구성 요소 새로운 단어는 이미 존재하는 어근이나 접사를 서로 결합하여 만드는 것이 보통이다. 이때 새로운

---

4) "제주도 등지에서, 풀을 베면서 부르는 민요."
5) 〈민속〉 설날에서 열이틀까지의 날들 가운데, 일진(日辰)이 털 없는 짐승에 속하는 용·뱀에 해당하는 날을 이르는 말."

단어의 형성에 참여하는 어근이나 접사를 단어 형성 요소라고 한다. 예를 들어 두 개의 어근 '섬'과 '사람'은 새로운 단어 '섬사람'의 형성 요소이며, 어근 '먹-'과 접미사 '-이'는 '먹이'의 형성 요소이며, 접두사 '맨-'과 어근 '손'은 '맨손'의 형성 요소이다.

단어 형성 관점에서의 형성 요소는 단어 분석 관점에서의 구성 요소에 대응한다. 예를 들어 '먹-'과 '-이'는 어떤 방향에서 바라보느냐에 따라 단어 형성 요소가 되기도 하고 단어 구성 요소가 되기도 한다.

(9) '먹이'의 형성 요소와 구성 요소

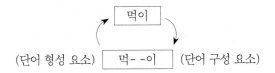

그러나 단어를 형성하는 요소와 단어를 구성하는 요소가 늘 일치하는 것은 아니다. 예를 들어 파생 명사 '헛웃음'을 구성하는 요소는 '헛-, 웃-, -음'이지만[6] 이를 형성하는 요소는 '헛-'과 '웃음'이다. '웃-'과 '-음'이 '헛웃음'의 형성 요소가 되지 못하는 것은 '헛웃음'이 '웃-'과 '-음'을 결합하여 '웃음'을 만들고 여기에 다시 접두사 '헛-'을 결합하여 만들어진 것이 아니기 때문이다. '헛웃음'은 이미 만들어져 있던 단어 '웃음'에 접두사 '헛-'을 결합하여 만들어진 것이다.[7]

---

6) 단어의 구성 요소를 아래의 (11ㄴ)과 같이 직접 구성 요소 분석의 방식으로 파악하게 되면 '웃음'도 '헛웃음'의 구성 요소가 된다.

7) 단어 형성 규칙에 의해 만들어진 단어('웃음')는 어휘부에 저장(혹은 기억)되며, 따라서 단어 형성 규칙은 이미 만들어진 단어('웃음')를 만들기 위해 다시 적용되지 않는다. 이런 점에서 단어 형성 규칙은 한 번만 적용되는, 이른바 단발 규칙(單發規

(10) '헛웃음'의 형성 요소와 구성 요소

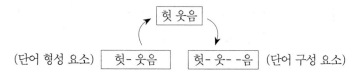

(단어 형성 요소) 헛-웃음   헛-웃--음 (단어 구성 요소)

'헛웃음'은 형성 요소와 구성 요소가 다른 만큼 그 구조도 다음과 같이 형성의 측면에서 볼 때와 분석의 측면에서 볼 때 다를 수밖에 없다.

(11) '헛웃음'의 구조

　　ㄱ. 형성 구조　　　　　　ㄴ. 분석 구조

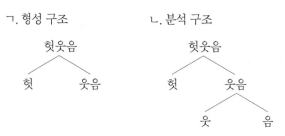

　　한편 어근 가운데 '아름답다'의 '아름', 착하다'의 '착', 접사 가운데 '무덤, 주검'의 '-엄', '꼬락서니'의 '-악서니'와 같이 더 이상 새로운 단어를 형성하는 기능은 갖지 못하고 이미 만들어져 존재하는 단어의 구성 요소로만 쓰이는 것들도 있다. 이들은 '먹이'의 어근 '먹-'이 '먹는샘물, 먹방(먹는 방송)'과 같이 새로운 단어를 만드는 기능을 여전히 가지고 있고, 접사 '-이'가 '도우미, 지키미' 등 새로운 단어를 만드는 데 꾸준히 쓰이는 것과 대조적이다.[8]

則, once-only rule)이다.
8) 남기심·고영근(1985/1993:48-49, 192-193)에서는 '아름, 착, -엄, -악서니'와 같

단어 형성 요소로서의 어근과 접사 단어 분석의 관점에서 보면 단
어를 구성하는 요소는 모두 형태소이지만[9] 단어 형성의 관점에서 보
면 단어를 형성하는 요소가 모두 형태소는 아니다. 앞서 살펴보았듯
이 이미 존재하는 단어는 다시 만들 필요가 없이 이를 그대로 사용하
여 새로운 단어를 만들기 때문이다. 따라서 단어 형성의 관점에서는
어근이 곧 실질 형태소를 가리키는 것으로 볼 수 없다. 어근 가운데에
는 '창문'의 '창', '문'과 같이 형태소 단위의 것도 있지만 '헛웃음'의 '웃
음'과 같이 형태소보다 큰 단위의 것도 있기 때문이다.[10] 접사 가운데
에도 '-장이(장匠+이)'와[11] 같이 형태소보다 큰 단위의 것들이 있다.
따라서 단어 형성의 관점에서는 접사가 늘 형식 형태소를 가리키는
것으로 볼 수 없다.

   (12) '창문', '헛웃음', '갓장이'의 형성 요소

  이 단어를 구성하는 요소로만 쓰이는 것을 단어 구성소라고 하고 '먹, -이'와 같이
  새로운 단어를 형성하는 데에도 쓰이는 것을 단어 형성소라고 하여 구별한다.
9) 물론 단어를 직접 구성 요소로 단계적으로 분석하면 '헛+웃음'의 '웃음'과 같이 단
  어를 구성하는 요소 가운데에는 형태소보다 큰 것도 있다. 그런데 '웃음'은 다시 형
  태소 단위까지 분석('웃-+-음')되므로 결국 단어는 형태소 단위로 분석된다고 할
  수 있다.
10) 따라서 단어 형성법을 '실질 형태소에 형식 형태소가 붙거나 실질 형태소끼리 모
  여 새로운 단어를 만들어내는 절차'라고 하거나 어근을 '복합어의 형성에 나타나
  는 실질 형태소'라고 하는 것(남기심·고영근 1985/1993:19), 그리고 '형태소가 단
  어를 형성할 때 어떠한 역할을 하느냐에 따라 어기(base)와 접사(affix)로 나누기
  도 한다.'라고 하는 것(이익섭·채완 1999:60-63)은 모두 사실에 정확하게 맞는
  말은 아니다.
11) 『표준국어대사전』에는 기원('장[〈匠]+-이')은 제시되어 있으나 형태소 분석하지
  않은 형태 '-장이'로 등재되어 있다. 그러나 '옹기장, 간판장'이 '옹기장이, 간판장
  이'와 함께 등재되어 있다는 점을 고려하면, 곧 '-장(匠)'이 단독으로도 접사처럼
  쓰인다는 점을 고려하면, '-장이'를 하나의 형태소로 보기는 어려울 듯하다.

ㄱ. '창문'

창(어근/실질 형태소), 문(어근/실질 형태소)

ㄴ. '헛웃음'

헛-(접사/형식 형태소), 웃음(어근)

ㄷ. '갓장이'

갓(어근/실질 형태소), -장이(접사)

단어 형성 요소의 교체 둘 이상의 단어 형성 요소가 결합하여 새로운 단어를 만들 때 다음과 같이 어근이나 접사의 형태가 일부 바뀌기도 한다.

(13) ㄱ. 바늘구멍-바느질, 한술-숟가락

ㄴ. 올벼-오조, 메벼-멥쌀, 휘몰다-휩쓸다

ㄷ. 까맣다-꺼멓다, 반갑다(반기압다)-미덥다(믿업다)

(13ㄱ)에서는 어근 '바늘/바느', '술/숟'이 교체하며, (13ㄴ)에서는 접두사 '올-/오-', '메-/멥-, 휘-/휩-'이 교체하며,[12] (13ㄷ)에서는 접미사 '-앟-/-엏-', '-압-/-업-'이 교체한다.

---

12) '멥쌀, 휩쓸다'의 '멥-, 휩-'은 국어사적으로는 후행 어근 '쌀, 쓸다'의 옛말인 'ᄡᆞᆯ, ᄡᅳᆯ다'의 흔적이 남은 것이다. 이 가운데 '멥-'은 현대 국어에서 '멥겨'에서 나타나기도 하여 공시적으로는 후행 어근과 관계없이 하나의 단위로 굳어져 쓰이는 것으로 볼 수 있다. '휩-'의 경우에도 '동대문 종로 광화문을 휩돌아 서대문으로 ~'(동아일보, 1946.1.2.)와 같이 쓰이기도 하고, 표준어로 인정되지는 않지만 현재에도 언중들 사이에서 '바람은 동그란 시간을 휩돌아 저편 땅끝까지 숨차다.', '조용한 정적이 우리 둘을 싸고 휩돌았다.'와 같이 쓰이기도 한다.

6.2.2. 단어 형성법

단어는 합성과 (접사) 파생에 의해 주로 만들어지지만 이 밖에도 영 파생, 내적 변화에 의한 파생, 음절 축약, 두자어 형성, 혼성 등의 다양한 방법을 통해서 만들어진다.

(14) 단어 형성법

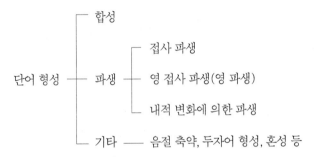

이 가운데에서 접사 파생과 합성에 대해서는 각각 7장과 8장에서 따로 살펴보고 여기에서는 기타 단어 형성법에 대해 개략적으로 살펴본다.

영 파생 우리말 단어 가운데에는 형태가 동일하고 의미의 유연성이 있지만 서로 다른 품사로 쓰이는 것들이 있다. 예를 들어 (15ㄱ)의 '가물'은 각각 명사와 동사로 쓰이며, (15ㄴ)의 '크다'는 각각 형용사와 동사로 쓰인다. 비교 예에서 알 수 있는 것처럼 어떤 단어가 품사가 바뀔 때에는 접사가 붙어서 형태의 변화가 겉으로 드러나는 것이 보통이라는 점에서 이들 단어 쌍들은 문법적 특이성을 보인다.

(15) ㄱ. 〈명사-동사〉

　　이 샘은 <u>가물</u>에도 잘 마르지 않는다.

　　날이 <u>가물</u>어 논바닥이 갈라졌다.

　　cf) (명사→동사) 멋 → 멋+지(다)

　　　　(동사→명사) 지우(다) → 지우+개

ㄴ. 〈형용사-동사〉

　　이 나무는 저 나무보다 <u>크다</u>.

　　이 나무는 저 나무보다 잘 <u>큰다</u>.

　　cf) (형용사→동사) 높(다) → 높+이(다)

　　　　(동사→형용사) 먹(다) → 먹+음직하(다)

　그런데 (15)의 예와 비교 예 사이에 형태의 변화가 겉으로 드러나고 드러나지 않는 차이만 있다고 가정하면 (15)의 단어 쌍도 비교 예의 단어 쌍과 같은 형태론적 과정(파생)에 의해 만들어진 것이라고 볼수 있다. 곧 다음의 (16)과 같이 형태가 없어서 겉으로 드러나지 않는 접사, 곧 영 접사(零接辭, zero affix)가 결합하여 어떤 한 품사에서 다른 품사가 파생되었다고 보는 것이다. 이와 같은 파생, 곧 영 접사에 의한 파생을 영 파생(零派生, zero derivation)이라고 한다.[13]

　(16) ㄱ. 〈명사-동사〉

---

13) 영 파생은 형태는 없지만 다양한 품사의 단어를 파생하는 여러 개의 영 접사를 설정해야 한다는 점에서 문법적 부담이 적지 않다. 이와 같은 예를 접사의 결합이 없이 그 자체로서 품사를 바꾸는 것, 곧 품사 전성(品詞轉成, conversion)으로 다루기도 하는 것은 이런 까닭에서이다. 그리고 영 파생이든 품사 전성이든 그 결과로서 한 단어가 둘 이상의 품사를 갖는 현상을 품사 통용이라고 한다. 이에 대해서는 9.3에서 자세히 살펴본다.

(명사→동사) '가물 → 가물+∅(다)' 혹은

(동사→명사) '가물(다) → 가물+∅'

ㄴ. 〈형용사-동사〉

(형용사→동사) '크(다) → 크+∅(다)' 혹은

(동사→형용사) '크(다) → 크+∅(다)'

내적 변화에 의한 파생 단어를 구성하는 자음이나 모음을 다른 것으로 교체함으로써 어감(語感)과 의미의 폭이 얼마간 다른 새로운 단어를 만들기도 하는데 이러한 단어 형성법을 내적 변화에 의한 파생, 혹은 음운 교체(音韻交替)라고 한다.

(17) 내적 변화에 의한 파생(음운 교체)

ㄱ. 자음 교체(평음~격음~경음)

단단~탄탄~딴딴, 빙빙~핑핑~삥삥, 발갛다~빨갛다, 가맣다~까맣다

ㄴ. 모음 교체(양성모음~음성모음)

졸졸~줄줄, 탈싹~털썩, 말캉~물컹, 파랗다~퍼렇다, 노랗다~누렇다

자음의 경우 평음(平音, 예사소리)은 순하고 부드러운 느낌의 단어를, 격음(激音, 거센소리)은 크고 거친 느낌의 단어를, 경음(硬音, 된소리)은 강하고 단단한 느낌의 단어를 만든다. 그리고 모음의 경우 양성 모음(陽性母音)은 밝고 작고 가벼운 느낌의 단어를, 음성 모음(陰性母音)은 어둡고 크고 무거운 느낌의 단어를 만든다.

음절 축약 둘 이상의 음절을 하나의 음절로 줄여서 새로운 형태의 단어를 만들기도 하는데 이러한 단어 형성법을 음절 축약(音節縮約)이라고 한다. 그리고 이렇게 만들어진 단어를 흔히 준말 혹은 약어(略語, abbreviation)라고 한다.

> (18) 음절 축약
> 마음~맘, 가을~갈, 가지다~갖다, 서투르다~서툴다, 아니하다
> ~않다, 그러하다~그렇다, 그리하다~그러다

음절 축약은 모음이 탈락하면서 일어나는 것이 보통이지만 '그리하다~그러다'와 같이 단순히 모음이 탈락한 것으로만 설명하기 힘든 예도 있다.

두자어 형성 둘 이상의 단어가 결합하여 만들어진 구성(단어, 구 등)에서 각 단어의 머리글자(두자, 혹은 두음절)를 따서 새로운 단어를 만들기도 하는데 이와 같은 단어 형성법을 두자어 형성이라고 한다. 그리고 이렇게 만들어진 단어를 두자어(頭字語, acronym) 혹은 두음절어(頭音節語)라고 한다.

> (19) 두자어 형성
> 노조(노동조합), 남북(남한과 북한), 국과수(국립과학수사연구
> 소), 아나바다(아껴 쓰고 나눠 쓰고 바꿔 쓰고 다시 쓰기) 운동

이 밖에 다음과 같이 꼬리글자를 따거나 머리글자와 꼬리글자를 섞어서 새로운 단어를 만들기도 한다.

(20) ㄱ. 꼬리글자+꼬리글자

여요(고려가요), 한국(대한민국)

ㄴ. 머리글자+꼬리글자

교생(교육 실습생), 간작(간접 소작)

ㄷ. 꼬리글자+머리글자

구마(대구 마산)고속도로, 맹휴(동맹 휴업, 동맹 휴학)

혼성 두 단어의 일부를 서로 결합하여 새로운 단어를 만들기도 하는데 이와 같은 단어 형성법을 혼성(混成, blending)이라고 한다. 그리고 이렇게 만들어진 단어를 혼성어(混成語, blend)라고 한다.[14]

(21) 혼성

라볶이(라면+떡볶이), 막배기(막걸리+탁배기), 아점(아침+점심), 무추(무+배추), 토감(토마토+감자), 가감(가지+감자), 고가(고추+가지), 연개(연기+안개)

6.3. 단어 형성의 기제

6.3.1. 규칙과 유추

단어 형성의 심리적 과정 단어 형성 이론은 단어를 만드는 우리의

---

14) 혼성어의 예 가운데 '연개'는 smog(smoke+fog), '토감'은 pomato(potato+tomato)의 우리말 형식이다.

심리적 과정을 형식화한 것이다. 따라서 단어 형성을 이해하는 것은 다름 아닌 우리가 단어를 만드는 심리적 과정을 이해하는 것이라고 할 수 있다. '옥수수빵'을 예로 들어 단어 형성의 심리적 과정을 생각해 보자.

> (22) 옥수수로 만든 빵을 앞에 두고 …
> ㄱ. 이 빵은 옥수수로 만들었으니까 '옥수수빵'이라고 하자.
> ㄴ. 보리로 만든 빵을 '보리빵'이라고 하니까 옥수수로 만든 이 빵은 '옥수수빵'이라고 하자.

(22ㄱ)은 문제의 빵에 대한, '옥수수로 만든 빵'이라는 인식(혹은 의미)으로부터 직접 '옥수수'와 '빵'이라는 단어를 선택하고 이들을 결합하여 '옥수수빵'이라는 단어를 만드는 심리적 과정을 가정한 것이다. 이와 같이 단어를 만들 수 있는 것은 명사(N)와 명사가 결합하면 명사가 된다는, 우리말의 통합 관계에 내재한 질서('N+N=N')를 우리가 알기 때문에 가능한 일이다. 이때 통합 관계에 내재한 질서를 규칙(規則, rule)이라고 한다. 규칙에 의한 단어 형성은 다음과 같이 형식화할 수 있다.

> (23) 규칙에 의한 단어 형성

$$
\boxed{\text{옥수수로 만든 빵}}
$$
$$
\downarrow \qquad \downarrow
$$
$$
\boxed{\text{옥수수}} \ + \ \boxed{\text{빵}} \ = \ \boxed{\text{옥수수빵}}
$$
$$
\text{(N)} \qquad\quad \text{(N)} \qquad\quad \text{(N)}
$$

한편 (22ㄴ)은 문제의 빵과 유사한 속성을 갖는 기존의 단어 '보리빵'을 먼저 떠올리고 이를 기반으로 '옥수수빵'이라는 단어를 만드는 심리적 과정을 가정한 것이다. 이와 같이 의미적으로 유사한 속성을 갖는(혹은 계열 관계에 있는) 기존의 단어를 기반으로 하여 새로운 단어를 만드는 것을 유추(類推, analogy)라고 한다. 유추에 의한 단어 형성은 다음과 같은 비례식으로 형식화할 수 있다.

(24) 유추에 의한 단어 형성

보리로 만든 빵 : 보리빵 = 옥수수로 만든 빵 : X

⇒ X=옥수수빵

단어는 전통적으로 규칙에 의해 만들어지는 것으로 인식되어 왔다. 그러나 단어 형성을 규칙이 아닌 유추로 설명하려는 논의가 비교적 최근에 들어 활발하게 이어졌다. 본서에서는 (22), 그리고 (23), (24)와 같이 단어를 만드는 심리적 과정은 사람에 따라 다를 수도 있고, 또 같은 사람이라고 하더라도 때에 따라 다를 수 있다고 본다. 다만 단어에 따라 규칙에 의해 만들어졌을 가능성이 큰 것도 있고 유추에 의해 만들어졌을 가능성이 큰 것도 있다고 본다.

유추에 의한 단어 형성 단어가 만들어질 때 형태와 의미가 유사한 일군의 단어들이 유행적으로 만들어지는 일이 있다. 예를 들어 'ㅇㅇㅇ를 사랑하는 사람들의 모임'의 뜻을 갖는 'ㅇ사모'라는 단어들을 살펴보자. 이들 단어들은 '노사모(노무현을 사랑하는 사람들의 모임)'라는, 특정 정치인을 지지하는 사람들의 모임을 지칭하는 단어를 시작으로 하여 다른 정치인, 연예인 등에서부터 동물, 사물, 장소 등에 이르기까지 다양한 대상에 그 적용이 확대되면서 만들어진 것들이다.

> (25) 'ㅇ사모'
>
> 노사모, 핑(핑클)사모, 강(강아지)사모, 삼(삼겹살)사모, 광(광안리)사모

구성 요소의 머리글자를 따서 단어를 만드는 방식 그 자체는 새로울 것이 없다. 그러나 이들 단어들은 형태가 유사한 것은 물론이고 형태의 기반이 되는 의미까지 유사하다. 이런 점을 고려하면 이들 단어들은 다음과 같이 최초의 단어로 볼 수 있는 '노사모'에서 의미와 형태를 유추하는 방식으로 만들어졌을 가능성이 크다.[15]

> (26) 노무현 : 노무현을 사랑하는 사람들의 모임 : 노사모 = 핑클 : X : Y
>
> ⇒ X=핑클을 사랑하는 사람들의 모임, Y=핑사모

구성 요소의 어느 하나가 비유적으로 쓰인 단어들 가운데에도 유추를 기반으로 만들어졌다고 보는 것이 자연스러운 것들이 있다. 예를 들어 '총알택시, 총알배송, 총알택배, 총알대리(운전)' 등의 단어들은 대략 '(총알처럼) 빠른 ㅇ'의 공통된 의미를 갖는 단어들로서 다음과 같이 최초의 단어 '총알택시'로부터 유추하여 만들어진 것으로 볼 수 있다.

---

15) 특정 인물을 지지하거나 응원하는 사람들의 모임을 지칭하기 위해 'ㅇㅇㅇ지지자 모임, ㅇㅇㅇ팬클럽' 등이 여전히 쓰이고 있다는 점을 고려하면 이들 단어가 유추에 의해 만들어졌을 가능성은 더욱 더 커진다.

(27) 빠른 택시 : 총알택시 = 빠른 배송 : X

⇒ X=총알배송

'총알택시'는 '빨리 달리는 것'을 '총알'에 비유하는, 특별한 방식의
비유를 통해 만들어진 단어이다. 이후에 만들어진 '총알배송, 총알택
배, 총알대리(운전)' 등도 이와 똑같은 비유의 과정을 거친 것으로 볼
수도 있다. 그러나 이 특별한 비유가 우연히 똑같이 일어났을 가능성
은 그리 많지 않아 보인다.

'목찌'도 다음과 같은 유추의 과정을 거쳐서 만들어졌을 가능성이
높다.(채현식 2000:77)

(28) 팔 : 팔찌 = 목 : X

적어도 현대 국어에서는 '찌'의 문법적 지위와 의미가 분명하지 않
아서[16] 우리말 화자들이 '팔찌, 발찌, 귀찌'와 별개로 '찌'를 인식할 가
능성은 거의 없다. 따라서 '목찌'라는 단어를 만드는 과정에서 '팔찌,
발찌, 귀찌'와 같은 단어들을 먼저 떠올렸을 가능성이 크다.

규칙에 의한 단어 형성 앞서 살펴본 '스님짜장'은 유추보다는 규칙
에 의해 만들어졌을 가능성이 높다. '스님짜장'은 문제의 짜장면이 '스
님들이 먹을 수 있도록' 만든 것 혹은 '스님들이 자주 먹는' 것이라는
점에 착안하여 만들어진 것으로 볼 수 있는데 구성 요소 사이에 이와
유사한 의미 관계가 성립하는 다른 단어를 떠올리기가 쉽지 않기 때

---

16) 〈훈몽자회〉에서 '팔찌'의 이전 형태인 '풀지'를 확인할 수 있는데 김민수 편
   (1997:1106)에서는 '지'를 접사로 보았다.

문이다.[17]

> (29) … "스님짜장카는기 쫌 부담시럽네예. 우리 부부가 불자아입니꺼.
> 스님짜장말고 사찰짜장, 버섯짜장카는기 안좋겠습니꺼." … 고기
> 빼고 오신채 빼고 만드는 이 집 짜장 짬뽕 맛의 핵심은 버섯이다.
> 표고버섯을 중심으로 양송이 새송이 느타리 등 버섯으로 국물 내
> 고 버섯으로 맛을 내고 버섯을 곁들여, 직접 뽑은 면발을 담아낸다.
> (2010년 3월 4일, 한겨레신문 〈청도 강남반점 '스님짜장'〉 중에서)

이 밖에도 꼭 어떤 기반이 되는 단어에서 유추하여 만들어졌다고
보기 어려운 단어들이 적지 않다. '다람쥐가 쳇바퀴를 도는 것처럼 일
정 구간만 왕복하는 택시'를 뜻하는 '다람쥐택시', '개구리가 땅과 물
에서 사는 것처럼 땅에서의 관광과 물에서의 관광을 함께 하는 관광'
을 뜻하는 '개구리관광'은 규칙에 의해 만들어졌을 가능성이 높은 단
어들이다.

> (30) ㄱ. '다람쥐택시'
> … 택시를 이용할 때 택시운전사가 차에 태운 손님들이 모두
> 같은 방향의 손님들로 채워질 때까지 기다렸다 출발하고, 손님
> 을 내려준 후엔 또다시 강남역으로 되돌아가는 걸 반복했다.
> 그래서 사람들은 그 모습이 마치 다람쥐가 쳇바퀴 도는 것과

---

17) (29)에서 '버섯짜장'은 '버섯전골, 버섯국' 등과 같은 단어들에서, '사찰짜장'은 '사
찰음식'에서 유추하여 만들어진 것일 수도 있다. 그러나 이들 또한 '버섯을 주재료
로 하여 만든 짜장', '사찰에서 먹을 수 있도록 만든 짜장' 등과 같이 문제의 짜장
(면)에 대한 인식(혹은 의미)에 기초해서 만든 것일 수도 있다.

같다고 해서 일명 '다람쥐택시'라고까지 부르고 있다고 한다.
… (2002년 2월 13일, 동아일보 〈'다람쥐택시' 불법 신고해야〉
중에서)

ㄴ. '개구리관광'

… 런던시내에 새로운 관광명물이 등장했습니다. 차를 타고
시내를 관광하다가 차에 탄 채 템즈강으로 뛰어드는 겁니다.
런던 이장석 특파원이 일명 '개구리관광'을 소개해 드립니다.
(2002년 8월 18일, MBC 뉴스테스크 〈'개구리관광'을 아십니
까?〉 중에서)

모든 단어 형성을 유추만으로 설명하기 어려운 또 다른 이유는 단어
의미가 유사하다고 해서 꼭 단어 형태가 유사한 것은 아니라는 점이다.
유추는 의미의 유사성에 기초하여 기존의 단어와 유사한 형태의 단어
가 만들어지는 과정을 설명하는 데 유용하다. 그러나 새로 만들어지는
단어 가운데에는 기존의 단어와 의미가 유사하지만 형태가 다른 것들
도 있다. 예를 들어 우리말의 고유어 척도 명사는 크게 'X이' 계열과 'X
기' 계열의 두 가지 형태가 존재한다. 따라서 이들 단어 가운데 적어도
어떤 한 단어는 논리적으로 유추에 의해 만들어진 것일 수 없다.[18]

(31) 고유어 척도 명사의 형태

---

18) 송철의(1989/1992:131-133)에 따르면 '높이, 길이, 깊이'는 이전 형태인 '노픠,
기릐, 기픠' 등으로부터의 통시적인 발달형일 가능성이 많으며, 김성규(1987:37-
38)에 따르면 'X기' 형태의 척도 명사는 현대 국어에서 만들어진 것들이다. 이에
따르면 적어도 'X기' 형태의 척도 명사 가운데 최초로 만들어진 어떤 한 단어는 유
추에 의해 만들어진 것일 수 없다.

ㄱ. 'X이' 계열: 높이, 길이, 넓이, 깊이

ㄴ. 'X기' 계열: 크기, 밝기, 기울기

단어는 기존의 것과 유사한 형식(형태)으로 만들어지는 것이 보통이지만 기존의 것과는 다른 새로운 형식의 단어도 언제든지 만들어질 수 있다. 흔히 '알리미, 땡기미, 돌보미' 등 'X(으)ㅁ이'형 단어의 형성 과정에서 유추의 기반이 된다고 보는 '도우미'도 이러한 예 가운데 하나이다. 이 새로운 형식의 단어(유추의 기반이 되는, 이른바 '최초의 단어')는 기존의 단어와는 다르게 만들어진 것이므로 유추로는 그 형성 과정을 설명할 수 있는 방법이 없다.

합성어의 경우에도 이와 다를 것이 없다. 예를 들어 합성 명사 가운데에는 '늦은씨(만생종), 작은집' 등 'V+은+N' 형태의 것들도 있고 '늦품종(만생종), 묵나물' 등 'V+N' 형태의 것들도 있다. 합성 동사 가운데에도 '걸어가다, 뛰어들다' 등 'V+어+V' 형태의 것들도 있고 '돌보다, 뛰놀다' 등 'V+V' 형태의 것들도 있다. 이 단어들은 만들어진 시기의 차이는 있겠지만 이 가운데 적어도 어느 한 단어가 기존의 단어와 다른 방식으로 만들어졌다는 것은 분명한 사실이다.

6.3.2. 단어화

단어가 아닌 것이 단어로 재분석(再分析, reanalysis)되는 것을 단어화(單語化)라고 한다. 이를 테면 (32ㄱ)의 '입때'는 명사구 '이 째'가 문장에서 부사어로 쓰여 오다가 통시적(通時的, diachronic)으로 하나의 단어(부사)로 재분석된 것이다. 이 밖에 단어화의 예로는 접사의 단어화, 활용형의 단어화, 단어 일부의 단어화 등이 있다(김창섭 1994/1996:25-26).

(32) ㄱ. 구의 통시적 단어화

   $[[\text{이 때}]_{NP}]_{Advp} \rangle [\text{입때}]_{ADV}$

ㄴ. 접사의 단어화('꾼')

   그 사람도 이제 꾼이 되었다.

ㄷ. 활용형의 단어화

   있다가〉이따가

ㄹ. 단어 일부의 단어화

   손잡이〉잡이('손잡이'의 뜻)

한편 '굳은살, 가는체, 날짐승'과 같은 단어들도 (구의) 단어화에 의해 만들어진 것으로 보기도 한다. 이를 테면 '날짐승'이라는 단어는 (33)과 같은 문장에서 관형사형('날')과 명사('짐승')가 결합된 통사적 구성이 단어화한[19] 것으로 보는 것이다(송원용 1998:72).[20]

---

19) 송원용(1998)에서는 어휘화(語彙化)라는 용어를 썼다. 송원용(1998:52)에 따르면 어휘화는 '통사적 구성이던 것이 빈번하게 사용되어 높은 빈도(token frequency)를 획득하여 어휘부에 등재되는 현상'이다.

20) 그러나 문장에서라면 '(하늘을) 날 짐승'보다는 '(하늘을) 나는 짐승'이 더 자주 쓰인다는 점이 문제다. 이러한 문제는 '솟을대문'에서 보다 뚜렷하게 드러난다. 이를 테면 '저기 우뚝 솟은 대문이 있다.'는 자연스럽지만 '저기 우뚝 솟을 대문이 있다.'와 같은 문장은 거의 쓰이기 어려워 보이는데 '솟은대문'이 아닌 '솟을대문'이 만들어졌기 때문이다(황화상 2009ㄷ 참조). 참고로 송원용(2002/2005:144-149)에서는 'V은/을 N'형 단어는 '통사적 구성의 단어화'를 통해 만들어지기도 하고('굳은살, 쥘부채'), 유추에 의해 만들어지기도 하는 것('굳은어깨, 솟을대문')으로 보았다.

(33) 하늘을 <u>날 짐승</u>이 있는가?

이 밖에 '스승의 날, 생명의 전화'와 같이 구의 형식을 갖는 단어들도 구의 단어화에 의해 만들어진 것으로 볼 가능성이 있다. 다만 이 단어들이 만들어지기 이전에 문장에서 '스승의 날, 생명의 전화'와 같은 명사구가 만들어져 쓰일 수 있는 것인지는 분명하지 않다.[21]

---

21) 김창섭(1994/1996:26)에서는 이 단어들은 '처음부터 구 구조를 가진 채 하나의 어휘항목이 되도록' 만들어진 것으로 보고, 이를 '구의 공시적 단어화'라고 했다. 이에 따르면 이들이 단어가 된 것([스승의 날]$_{NP}$ → [[스승의 날]$_{NP}$]$_N$)은 '어떤 성분으로서 문장 속에서 쓰임'에 의한 것도 아니고 '통시적 과정'을 거친 것도 아니다. 그러나 (명사)구는 본질적으로 문장을 전제하는 개념이라는 점이 문제다.

참조	규칙(론)과 유추(론) / 단어 형성과 단어 분석

(1)단어는 전통적으로 규칙(規則, rule)에 의해 만들어지는 것으로 인식되어 왔다. 그러나 단어 형성의 공시성(단어 형성은 공시적인 과정인가?), 단어 형성 규칙의 심리적 실재성(단어 형성 규칙은 심리적으로 실재하는가?), 단어의 과생성(過生成, overgenerating, 3장의 [참조]에서 기술) 등과 관련하여 규칙의 문제점을 지적하면서 단어 형성을 규칙이 아닌 유추(類推, analogy)로 설명하려는 논의('유추론', 채현식 1994, 1999, 2000, 구본관 1998, 송원용 1998, 2002/2005, 최형용 2002/2003, 2003, 이광호 2005 등)가 비교적 최근에 들어 활발하게 이어졌다. 그리고 단어 형성의 주된 기제는 규칙이라는 관점('규칙론', 시정곤 1999, 황화상 2010, 2013ㄱ, ㄴ 등)에서 이에 대한 반론과 유추의 문제점(단어를 만드는 화자의 심리적 과정이 단일하지 않다는 점, 의미가 유사하다고 해서 꼭 형태가 유사한 것은 아니라는 점, 유추로는 유추의 기반이 되는 최초 단어의 형성을 설명할 수 없다는 점 등)이 다시 지적되기도 하였다.

(2)단어 형성 연구는 이미 만들어진 단어를 대상으로 하는 것이 보통이다. 그러나 단어 형성 연구는 어떤 단어가 만들어질 때를 전제로 그 단어가 만들어지는 원리, 과정, 방법 등을 설명하고자 하는 연구라는 점에서 단어의 분석을 다루는 연구와는 다르다. 단어 형성 규칙도 이와 마찬가지이다. 유추론에서는 규칙론에서 제시하는 규칙은 단어를 형성하는 규칙이 아니라 기존의 단어를 분석하는 규칙일 뿐이라고 지적하지만 기존의 단어를 대상으로 한다고 해서 그것이 꼭 단어를 분석하기 위한 규칙일 수는 없다. 규칙론에서 제시하는 규칙은 어떤 단어가 만들어질 때를 전제로 해서 그 단어가 만들어지는 방법과 과정을 설명하기 위한 것으로 이해하는 것이 옳으며, 따라서 그것은 단어를 '분석'하는 규칙이 아니라 '형성'하는 규칙이다.(황화상 2001, 2010 참조)

연습

1 다음의 외래어(혹은 한자어)를 고유어로 다듬어 보고, 왜 그렇게 다듬었는지 이야기해 보자.

1) 비하인드 컷(behind cut)

 * 특정한 목적으로 사진을 찍거나 영상을 찍을 때, 최종 선정되어 공개된 것이 아니라 공식적으로 공개되지 않은 사진이나 영상.

2) 바리케이드(barricade)

 * 흙이나 통, 철망 따위로 길 위에 임시로 쌓은 방어 시설. 시가전에서 적의 침입을 막거나 반대 세력의 진입을 물리적으로 저지하기 위하여 설치한다.

3) 사이드 메뉴(side menu)

4) 오구(烏口)

 * 제도할 때에 쓰는 기구의 하나. 두 갈래로 된 쇠붙이로, 끝을 까마귀 부리 모양으로 만들어 먹물이나 물감을 찍어 줄을 긋는 데에 쓴다.

5) 암거수로

 * 참고: 암거수로

 유난히 더웠던 올 여름 휴가길에서 고속도로 변에 '암거수로'란 표지판이 있는 걸 보았다. 암거수로. 슬쩍 아내에게 물어 보았더니 모른단다. '암거(暗渠)'는 일본식 한자어인데 땅속에

묻은 도랑이라는 어려운 말이다. 명색이 문학박사라도 이런
말을 알기 쉽지 않다. … 〈허철구, '우리말이 흔들린다 14 - 문
학박사도 잘 모르는 단어들'(경향신문, 2004.8.18) 중에서〉

2 다음의 각 단어에서 의미 요소와 형태 요소의 대응 관계를 분석해 보
자. 그리고 이와 같은 대응 관계가 성립하는 것을 어떻게 설명할 수
있는지 생각해 보자.

1) 구두닦이(〈구두를 직업적으로 닦는 사람〉)
2) 집돼지(〈집에서 기르는 돼지〉)
3) 먹이(〈동물이 살아가기 위하여 먹어야 할 거리〉)
4) 먹거리(〈사람이 살아가기 위하여 먹는 온갖 것〉)

3 다음 각 단어의 구조를 분석 구조와 형성 구조로 나누어 그려 보자.

〈다음〉
말먹이/젖먹이, 헛손질/끝손질, 코웃음/비웃음/끝맺음, 호박찜, 김
치볶음밥

4 다음 예를 참조하여 (음절) 축약, 두자어 형성, 혼성의 공통점과 차이점이 무엇인지 생각해 보자. 그리고 혼성은 합성과도 그 특성을 비교해 보자.

* 형식(형태)적인 측면과 내용(의미)적인 측면으로 나누어 생각할 것.

〈다음〉

(음절) 축약: 마음→맘, 서투르다→서툴다

두자어 형성: 노동조합→노조, 남한과 북한→남북

혼성: 라면과 떡볶이→라볶이, 치킨과 맥주→치맥

5 다음 외래어의 단어 형성법에 대해 설명해 보자.

〈다음〉

ㄱ. 파마(permanent), 샤프(sharp pencil)

슈퍼마켓(supermarket)→슈퍼, 내비게이션(navigation)→내비

ㄴ. 컨디션(condition)→몸디션/맘디션 (몸/마음의 컨디션)

6 다음 밑줄 친 말들은 국어사전에 정식으로 등재된 것은 아니지만 일반 언중들 사이에서 단어처럼 쓰이는 것들이다. 이들이 어떻게 만들어졌을지 생각해 보자.

1) 두 사람은 소파에 나란히 앉아 신혼집에서 어떤 생활을 하게 될지 머릿속으로 그려보는 등 <u>므훗한</u> 상상을 하며 ~. (매일신문, 2017.1.15.)

2) 선생이 약간 <u>속상스러운</u> 말투로 다시 나에게 묻는다.

3) 이런 주제들에 대해 자신의 견해를 표현하는 것이 허용되지 않는다면 이는 매우 <u>부끄스러운</u> 일이다. (연합뉴스, 2015.1.14.)

4) <u>삼귀는</u> 사이가 더 힘들더라.

　*삼귀다: 아직 사귀는 사이는 아니지만 서로 친하게 지내다. 두 사람이 본격적인 연애를 시작하기 전 친밀하게 지내는 상태를 뜻하는 신조어.

7. 파생

미리보기

다음의 두 단어류 사이에 형태론적으로 어떤 공통점과 차이점이 있는지 생각해 보자. 그리고 파생어의 품사는 어떻게 설명할 수 있을지 생각해 보자.

다음   1) 술꾼, 덜렁꾼, 낚꾼(=낚시꾼), 노는꾼(=마을꾼), 한산꾼

          2) 짓고생, 짓망신, 짓밟다, 짓누르다

파생(派生, derivation)은 단어 형성 요소 가운데 어느 하나가 파생 접사인 단어 형성법(접두사+어근, 어근+접미사)을 말하며, 파생에 의해 만들어진 단어를 파생어(派生語, derived word)라고 한다. 파생은 합성과 더불어 단어를 형성하는 대표적인 방법 가운데 하나이다. 이 절에서는 먼저 파생의 유형, 접두사와 관형사의 구별, 접두사와 부사의 구별, 파생의 제약, 파생어의 어휘화, 파생 접사의 생산성 등에 대해 살펴보고, 구체적인 파생법에 대해서는 접두사에 의한 파생과 접미사에 의한 파생으로 나누어 차례대로 살펴보기로 한다.[1] 아울러 접사의 형태론적 기능에 대해서도 유형적으로 살펴본다.

---

1) 『표준국어대사전』에 등재된 파생 접사의 목록을 그 뜻풀이, 대표적인 파생어 예와 함께 [부록2]에 제시한다.

7.1. 개관

파생의 유형 파생은 접사에 따라 접두사에 의한 파생(접두사+어근)과 접미사에 의한 파생(어근+접미사)으로 나뉜다.

(1) 파생의 유형(1): 접사에 따라
  ㄱ. 접두 파생
    맏-(맏형, 맏며느리), 헛-(헛살다, 헛수고), 시-(시퍼렇다, 시뻘겋다)
  ㄴ. 접미 파생
    -이(먹이, 놀이), -하다(일하다, 건강하다), -스럽다(어른스럽다, 자랑스럽다)

그리고 파생은 파생어의 품사에 따라 명사 파생, 동사 파생, 형용사 파생, 부사 파생 등으로 나뉜다.

(2) 파생의 유형(2): 파생어의 품사에 따라
  ㄱ. 명사 파생
    맏-(맏형, 맏며느리), -이(먹이, 놀이)
  ㄴ. 동사 파생
    헛-(헛살다), -하다(일하다)
  ㄷ. 형용사 파생
    시-(시퍼렇다, 시뻘겋다), -하다(건강하다), -스럽다(어른스럽다, 자랑스럽다)
  ㄹ. 부사 파생

-이(높이, 길이), -히(열심히, 부지런히)

접두사와 관형사, 접두사와 부사의 구별 명사에 결합하여 새로운 명사를 파생하는 접두사는 관형사와 문법적 성질이 비슷하다. 접두사와 관형사 모두 후행하는 명사의 뜻을 한정하기 때문이다. 예를 들어 (3ㄱ)의 접두사 '맨-'은 명사 앞에 붙어 '아무것이 없는 X'의 뜻을 갖는 파생 명사를 만들고, (3ㄴ)의 관형사 '새'는 체언 앞에 붙어 '새로~한 X'의 뜻을 갖는 합성 명사를 만든다.

(3) ㄱ. 맨-: 맨손, 맨발, 맨주먹, 맨다리, 맨눈, 맨땅

ㄴ. 새: 새신랑, 새색시, 새것, 새날, 새댁, 새말

그러나 접두사와 관형사는 분포(分布, distribution)에서 차이를 보인다. 접두사는 분포가 좁아서 특정 명사와만 같이 쓰이는 것이 보통이지만, 관형사는 분포가 넓어서 같이 쓰이는 명사에 특별한 제약이 없다. 예를 들어 접두사 '맨-'은 (4ㄱ)과 같이 '책, 수건, 건물, 차' 등의 명사와는 같이 쓰이지 못하지만,[2] 관형사 '새'는 (4ㄴ)과 같이 이들 명사와도 같이 쓰인다.[3]

(4) ㄱ. 맨: *맨책, *맨수건, *맨건물, *맨차

---

[2] 물론 접두사라고 해서 새로운 명사와 전혀 결합할 수 없는 것은 아니다. 접두사 '맨-'도 아직 단어로서 사전에 등재된 것은 아니지만 '맨얼굴'과 같이 필요성이 생기면 언제든지 새로운 말을 만들 수 있다.

[3] (4ㄴ)의 예들은 언중들 사이에서는 '새책, 새차'와 같이 단어 형태로 쓰이기도 하지만 적어도 규범적으로는 아직 단어로 인정되지 않는 것들이므로 띄어 썼다.

ㄴ. 새: 새 책, 새 수건, 새 건물, 새 차

접두사와 관형사는 후행 명사와의 분리성(分離性, separability)에서도 차이를 보인다. 곧 접두사는 분리성이 없어서 후행 명사와의 사이에 다른 말이 끼어들기 어렵지만 관형사는 분리성이 있어서 후행 명사와의 사이에 다른 말이 끼어들 수도 있다.[4] 접두사가 붙은 말에 다른 말을 덧붙이려면 '노랑 덧저고리'와 같이 단어 앞에 써야 한다.

(5) ㄱ. 맨손:*맨오른손, 맨눈:*맨한쪽눈, 맨땅:*맨기름진땅

　　　　덧저고리:*덧노랑저고리

　　　cf) 노랑 덧저고리

　　ㄴ. 새신랑:새 외국인 신랑, 새 수건:새 노랑 수건

한편 용언에 결합하여 새로운 용언을 파생하는 접두사는 부사와 문법적 성질이 비슷하다. 접두사와 부사 모두 후행하는 용언의 뜻을 한정하기 때문이다. 예를 들어 (6ㄱ)의 접두사 '헛-'은 동사 앞에 붙어 '잘못(혹은 보람 없이) X'의 뜻을 갖는 파생 동사를 만들고, 이와 비슷한 뜻을 갖는 (6ㄴ)의 부사 '잘못'은 동사 앞에 붙어 합성 동사를 만든다.

(6) ㄱ. 헛디디다, 헛먹다, 헛살다, 헛보다, 헛잡다

---

4) 접두사와 관형사는 어느 정도 문법적 차이가 있는 것은 분명하지만 그 구별은 여전히 쉽지 않아서 한 형태의 문법 범주에 대해 이견이 있을 수 있다. 예를 들어 남기심·고영근(1985/1993:173)에서는 '고물가'의 '고(高)', '헛고생'의 '헛'을 관형사로 보았으나, 『표준국어대사전』에서는 '고(高)'와 '헛'을 모두 접두사로 본다.

ㄴ. 잘못되다, 잘못하다, 잘못짚다

그러나 접두사와 부사는 분포에서 차이를 보인다. 곧 접두사는 분포가 좁아서 같이 쓰이는 용언에 제약이 있는 것이 보통이지만, 부사는 분포가 넓어서 같이 쓰이는 용언에 특별한 제약이 없다. 예를 들어 접두사 '헛-'은 '가다, 던지다, 건드리다, 꿰매다' 등의 동사와는 같이 쓰이지 못하지만, 부사는 이들 동사와도 같이 쓰인다.

(7) ㄱ. *헛가다, *헛던지다, *헛건드리다, *헛꿰매다
　　 ㄴ. 잘못 가다, 잘못 던지다, 잘못 건드리다, 잘못 꿰매다

접두사와 부사는 후행 용언과의 분리성에서도 차이를 보인다. 곧 접두사는 분리성이 없어서 후행 용언과의 사이에 다른 말이 끼어들기 어렵지만('*헛 발을 디디다') 부사는 분리성이 있어서 후행 명사와의 사이에 다른 말이 끼어들 수도 있다('잘못 셈을 하다').

파생의 제약　파생 접사가 어근에 결합하여 파생어를 형성할 때에는 일정한 제약이 있다.[5] 예를 들어 동사에 결합하여 명사를 파생하는 접미사 '-이'는 모음으로 끝나는 동사에는 결합하지 못하는 음운론적 제약(音韻論的 制約, phonological constraint)이 있고,[6] 한자어 접미사 '-적(的)'은 한자어 어근에는 결합하지만 고유어 어근에는 결합하

---

5) '파생의 제약'과 후술할 '파생어의 어휘화' 부분에서 제시한 예는 송철의(1977, 1992)를 주로 참조했음을 밝힌다.
6) '다림이(다리-음-이), 도움이, 지킴이'와 같이 '-음'이 먼저 결합하고 그 뒤에 '-이' 가 다시 결합하는 것은 가능하다.

지 못하는 형태론적 제약(形態論的 制約, morphological constraint)
이 있고,[7] 형용사에 결합하여 척도 명사를 파생하는 접미사 '-이, -기'
는 긍정적 가치를 갖는 형용사에만 결합하는 의미론적 제약(意味論的
制約, semantic constraint)이 있다.

   (8) ㄱ. 음운론적 제약

       구두닦이, 젖먹이, 때밀이 / *양치이(양치기), *책상물리이(책상
       물림)

    ㄴ. 형태론적 제약

       심적, 신체적, 사무적, 과학적, 합리적 / *마음적, *몸적, *일적

    ㄷ. 의미론적 제약

       높이, 길이, 넓이 / *낮이, *짧이, *좁이
       밝기, 굵기, 크기, 세기 / *어둡기, *가늘기, *작기, *여리기

   한편 이론적으로는 만들어질 법한 파생어가 이미 만들어져서 존재
하는 다른 단어 때문에 만들어지지 못하는 때도 있는데 이를 저지(沮
止, blocking)라고 한다. 예를 들어 동사에 결합하여 도구 명사를 파생
하는 접미사 '-개'는 '빗다, 신다, 띠다, 되다'에 결합하여 '빗개, 신개,
띠개, 되개' 등을 만들지 못하는데 이는 이들 파생어의 의미를 갖는 도
구 명사 '빗, 신, 띠, 되' 등이 이미 존재하기 때문이다.[8]

---

7) 문법적으로 옳은 표현이라고 보기는 어렵지만 최근 인터넷 상에서는 '마음적, 몸적,
   일적'과 같이 '-적'을 고유어에 결합하여 사용하기도 하고 '플라톤적, 소크라테스
   적, 칸트적'과 같이 '-적'을 서구 외래어에 결합하여 사용하기도 한다.

8) 이미 존재하는 단어와 의미가 같은 또 다른 단어를 만들 필요는 없다. 물론 이들 파
   생어도 '띠개'(주로 아이를 업을 때 쓰는, 너비가 좁고 기다란 천)와 같이 기존의 단

(9) ㄱ. 가리(다)-개, 깔(다)-개, 덮(다)-개, 지우(다)-개

    ㄴ. 빗(다)-*빗개, 신(다)-*신개, 띠(다)-*띠개, 되(다)-*되개

      cf) 빗, 신, 띠, 되

파생어의 어휘화 형성된 파생어가 어근과 다른 독자적인 변화를 겪게 되면 어근과 파생어 사이의 파생 관계가 분명하게 드러나지 않아서 공시적인 분석이 어려워진다. 예를 들어 '아프다, 고프다'는 어근 '앓-, 곯-'이 'ㄹ' 탈락의 음운 변화를 겪게 되어(그리고 '으'으'의 음운 변화를 겪은 접사 'ㅂ〉브'도 사라져서) 공시적인 분석이 어렵고, '부끄럽다, 슬프다'는 어근 '붓그리-, 슳-'이 소멸하여 공시적인 분석이 어렵다. 그리고 '도박'을 뜻하는 명사 '노름', '하던 일을 마물러서 끝냄. 또는 그런 때' 혹은 '정해진 기한의 끝'을 뜻하는 명사 '마감'은 그 의미가 각각 어근 '놀(다), 막(다)'의 의미로부터 멀어져서 공시적인 분석이 어렵다. 이와 같이 파생어가 어근과 다른 독자적인 변화를 겪으면서 공시적인 분석이 어려워지는 현상을 어휘화(語彙化, lexicalization)라고 한다.[9]

    (10) ㄱ. 음운론적 어휘화

어와 의미의 폭이 다른 단어로는 만들어져서 쓰일 수도 있다. 참고로 '띠'는 '띠개'의 의미 외에 '①옷 위로 허리를 둘러매는 끈, ②너비가 좁고 기다랗게 생긴 물건을 통틀어 이르는 말, ③청색, 홍색의 다섯 끗짜리 길쭉한 사각형이 덧그려진 화투 패' 등의 의미를 갖는다.

9) 본래 단일어는 아니지만 공시적으로는 단일어와 다름이 없게 되는 것이므로 이를 단일어화(單一語化)라고도 한다. 한편 파생어는 아니지만 '귀찮다(←귀[〈 貴]+하-+-지+아니+하다), 점잖다(←*점-[〈 겸]+-지+아니+하-)' 등도 현대 국어 화자들에게는 공시적인 분석이 어려워서 단일어화한 것으로 볼 수 있다.

아프(다)〈앓+브, 고프(다)〈곯+브
　ㄴ. 형태론적 어휘화
　　부끄럽(다)〈붓그리+얼, 슬프(다)〈슳+브
　ㄷ. 의미론적 어휘화
　　노름(〈놀+옴), 마감(〈막+암)

파생 접사의 생산성　파생 접사 가운데에는 상대적으로 다른 파생 접사보다 많은 수의 파생어를 만드는 것도 있고 적은 수의 파생어를 만드는 것도 있다. 이렇게 파생 접사가 새로운 단어를 파생하는 정도는 접사에 따라 다른데 이를 파생 접사의 생산성(生産性, productivity)이라고 한다.

파생 접사 가운데 생산성이 아주 높은 것들로는 '-들, -님, -쯤, -께, -답-' 등이 있다.[10] '-들'은 셀 수 있는 대부분의 명사나 대명사에 결합하며, '-님'은 지위나 신분을 나타내는 대부분의 명사에 결합하며, '-쯤'과 '-께'는 시간이나 장소를 나타내는 대부분의 명사, 혹은 명사구에 결합한다. 그리고 '-답-'은 보통 명사는 물론 고유 명사에도 결합한다. 이렇게 생산성이 높은 접사가 결합하여 만들어지는 파생어는, 일부 예외가 없는 것은 아니지만, 대체로 사전에 표제어로 올리지 않는 것이 보통이다.

---

10) 이 가운데 '-쯤, -께, -답-' 등은 그 (의미) 기능이 명사구에 관련된다는 점([[두 시]쯤], [[이달 말]께], [[용감한 군인]답-])에서 보통의 파생 접사와는 다르다. 이러한 점을 고려하여 이들을 구에 결합하는 접사, 곧 통사적 접사로 보기도 한다. '그곳에 모인 사람들, 내가 존경하는 선생님'에서 '-들, -님'도 그 기능이 명사구에 관련된 것([[그곳에 모인 사람]들], [[내가 존경하는 선생]님])으로 보기도 하지만 '-들, -님'의 기능은 명사에 관련된 것([그곳에 모인 [사람들]], [내가 존경하는 [선생님]])일 가능성이 크다.

(11) ㄱ. 사람들, 우리들, 너희들

　　ㄴ. 선생님, 사장님, 총장님

　　ㄷ. 내일쯤, 두 시쯤, 중간쯤

　　　　이달 말께, 서울역께

　　ㄹ. 군인답다, 부자답다, 철수답다

파생 접사 가운데에는 생산성이 아주 낮아서 더 이상 새로운 단어를 파생하지 못하는 것들도 있다. 예를 들어 '-엄, -얼-, -악서니, -애-' 등은 (12)와 같이 본래 새로운 단어를 만드는 접사들이었다. 그러나 이들은 더 이상 새로운 단어를 만들지 못하여 현대 국어에서는 파생 접사로 보기 어려운 것들이다.

(12) 무덤(묻-엄), 미덥다(〈믿-얼-다), 꼬락서니(꼴-악서니), 없애다

7.2. 접두사에 의한 파생

국어의 접두사(接頭辭, prefix)는 파생어의 품사에 아무런 영향을 끼치지 못한다. 곧 접두사가 결합하여 만들어진 파생어의 품사는 어근의 품사와 같다. 예를 들어 접두사 '개-'는 명사에 결합하여 새로운 뜻을 갖는 명사를 파생하며, '되-'는 동사에 결합하여 새로운 뜻을 갖는 동사를 파생한다.

(13) ㄱ. '개-' + 명사 → 명사

　　　개죽음, 개살구, 개망나니

　ㄴ. '되-' + 동사 → 동사

　　　되찾다, 되새기다, 되잡다

　접두사가 파생어의 품사에 영향을 끼치지 못한다는 것은 '헛-'과 같이 서로 다른 품사를 갖는 어근에 결합하는 예에서 분명하게 드러난다. 곧 접두사 '헛-'은 명사 '고생, 수고, 걸음, 소문' 등에 결합하여 새로운 명사를 파생하며, 동사 '살다, 보다, 디디다, 먹다' 등에 결합하여 새로운 동사를 파생한다.

　(14) '헛-' 파생어의 품사

　　ㄱ. '헛-' + 명사 → 명사

　　　　헛고생, 헛수고, 헛걸음, 헛소문

　　ㄴ. '헛-' + 동사 → 동사

　　　　헛살다, 헛보다, 헛디디다, 헛먹다

　명사 파생　접두사 가운데 일부를 예로 들어 명사 파생의 예를 살펴보면 다음과 같다. 같은 접두사가 붙은 파생 명사(派生名詞, derived noun) 가운데 얼마간 의미가 다른 것은 '/'로 구별하여 제시하기로 한다.

　(15) 명사 파생(파생 명사 형성)

　　ㄱ. 개-:[11] 개살구 / 개꿈 / 개고생

　　ㄴ. 노(老)-: 노총각, 노처녀, 노부부, 노신사

---

11) 각각 '야생 상태의' 또는 '질이 떨어지는', '헛된' 또는 '쓸데없는', '정도가 심한'의 뜻.

ㄷ. 덧-: 덧니, 덧버선, 덧신, 덧저고리

ㄹ. 돌-:[12] 돌배, 돌미역, 돌조개

ㅁ. 맏-:[13] 맏며느리, 맏사위 / 맏나물, 맏배

ㅂ. 부(不)-: 부도덕, 부자유, 부정확

ㅅ. 수(ㅎ)-:[14] 수꿩, 수탉 / 수나사, 수키와, 수무지개

　　숫-: 숫양, 숫염소, 숫쥐

ㅇ. 알-:[15] 알몸, 알밤 / 알바가지 / 알거지, 알부자

ㅈ. 잡(雜)-:[16] 잡것, 잡생각 / 잡놈, 잡년

ㅊ. 차(ㅂ)-: 차조, 차좁쌀, 찹쌀

　　찰-:[17] 찰떡, 찰옥수수 / 찰거머리 / 찰개화 / 찰복숭아

ㅋ. 참-:[18] 참사랑, 참뜻 / 참숯, 참먹

ㅌ. 탈(脫)-: 탈냉전, 탈공해, 탈대중화

ㅍ. 풋-:[19] 풋나물, 풋사과 / 풋사랑, 풋잠

ㅎ. 한-:[20] 한시름 / 한가운데, 한밤중 / 한집안

　(15ㅅ)의 '수(ㅎ)-, 숫-'은 뒤에 결합하는 명사에 따라 선택된다. 곧 '양, 염소, 쥐'에는 '숫-'이 결합하고 그 밖의 명사에는 '수(ㅎ)-'

---

12) '품질이 떨어지는' 또는 '야생으로 자라는'의 뜻.

13) 각각 '맏이', '그해에 처음 나온'의 뜻.

14) 각각 '새끼를 배지 않거나 열매를 맺지 않는', '길게 튀어나온 모양의' 또는 '안쪽에 들어가는' 또는 '잘 보이는'의 뜻.

15) 각각 '겉을 덮어 싼 것이나 딸린 것을 다 제거한', '작은', '진짜, 알짜'의 뜻.

16) 각각 '여러 가지가 뒤섞인' 또는 '자질구레한, 막된'의 뜻.

17) 각각 '끈기가 있고 차진', '매우 심한' 또는 '지독한', '제대로 된' 또는 '충실한', '품질이 좋은'의 뜻.

18) 각각 '진짜' 또는 '진실하고 올바른', '품질이 우수한'의 뜻.

19) 각각 '처음 나온' 또는 '덜 익은', '미숙한' 또는 '깊지 않은'의 뜻.

20) 각각 '큰', '정확한' 또는 '한창인', '같은'의 뜻.

이 결합한다. '수'와 '수ㅎ'[21] 또한 뒤에 결합하는 명사에 따라 선택된다. '수ㅎ'이 결합하여 만들어진 것으로는 '수캉아지, 수캐, 수컷, 수키와, 수탉, 수탕나귀, 수톨쩌귀, 수퇘지, 수평아리'가 있다. 이 외에는 모두 '수'가 결합하여 만들어진 것들이다. '수/수ㅎ-'과 짝을 이루는 '암/암ㅎ-'도 이와 같다.

(15ㅊ)에서 '끈기가 있고 차진'의 뜻을 갖는 '차(ㅂ)-, 찰-'은 뒤에 결합하는 명사의 첫소리에 따라 선택된다. 곧 첫소리가 'ㅈ'인 명사에는 '차-'가 결합하고, 그 밖의 소리가 첫소리인 명사에는 '찰-'이 결합한다. 그리고 '찹-'은 '쌀'에만 결합하는데[22] 이는 '쌀'의 중세 국어 형태가 'ㅂ'을 가진 '쌀'이었기 때문이다.[23]

동사 파생 접두사 가운데 일부를 예로 들어 동사 파생의 예를 살펴보면 다음과 같다. 같은 접두사가 붙은 파생 동사(派生動詞, derived verb) 가운데 얼마간 의미가 다른 것은 '/'로 구별하여 제시하기로 한다.

(16) 동사 파생(파생 동사 형성)

　ㄱ. 겉-:[24] 겉잡다 / 겉늙다 / 겉돌다

　ㄴ. 늦-: 늦되다, 늦심다, 늦들다

　ㄷ. 덧-: 덧대다, 덧붙이다

---

21) 중세 국어에서 '수'는 'ㅎ' 종성을 가진 체언('ㅎ' 종성 체언, 혹은 'ㅎ' 곡용 체언)이었으며, '수ㅎ'의 'ㅎ'은 그 흔적이다. 이는 '암(ㅎ)'도 마찬가지이다.

22) '햅쌀, 멥쌀'에서도 '쌀'은 'ㅂ'을 가진 '햅-, 멥-'에 결합한다.

23) 『표준국어대사전』에 올라 있는 명사 파생 접두사는 149개인데 그 수가 많아 따로 제시하지 않는다.

24) 각각 '겉으로만 보아 대강', '실속과는 달리 겉으로만 그러함', '어울리거나 섞이지 않고 따로'의 뜻.

ㄹ. 맞-: 맞들다, 맞바꾸다, 맞서다, 맞부딪치다

ㅁ. 설-: 설익다, 설보다, 설듣다

ㅂ. 짓-: 짓누르다, 짓밟다, 짓이기다

ㅅ. 헛-: 헛먹다, 헛살다, 헛디디다, 헛보다

(16)에서 살펴본 것을 포함하여 『표준국어대사전』에 등재된, 동사를 파생하는 접두사 27개의 목록을 제시하면 다음과 같다. 대부분이 고유어 접두사이고, 한자어 접두사로는 '공, 농, 연'이 있다.

(17) 동사 파생 접두사(27개)[25]

겉(겉익다), 공空(공치다), 농濃(농익다), 늦(늦심다), 덧(덧대다), 데(데삼다),[26] 되(되씹다), 뒤(뒤바꾸다), 드(드날리다), 들(들볶다), 들이(들이꽂다), 막(막가다), 맞(맞들다), 몰(몰몰다),[27] 빗(빗대다), 설(설익다), 얼(얼버무리다), 엇(엇나가다), 연連(연잇다), 엿(엿듣다), 올(올되다), 외(외떨어지다), 짓(짓밟다), 처(처먹다), 치(치솟다), 헛(헛디디다), 휘(휘젓다)

형용사 파생 형용사를 파생하는 접두사로는 다음의 12개가 있다. 같은 접두사가 붙은 파생 형용사(派生形容詞, derived adjective) 가운데 얼마간 의미가 다른 것은 '/'로 구별하여 제시한다.

---

25) 앞서 살펴보았듯이 접두사는 파생어의 품사에 아무런 영향을 끼치지 않으며, 또 '헛-'과 같이 하나의 접두사가 여러 품사의 어근에 결합하기도 한다. 따라서 접두사를 명사 파생 접두사, 동사 파생 접두사 등으로 구분하는 것은 편의를 위한 것일 뿐이지 특별한 문법적 의의가 있는 것은 아니다.

26) '불완전하게' 또는 '불충분하게'의 뜻.

27) '모두 한곳으로' 또는 '모두 한곳에'의 뜻.

(18) 형용사 파생(파생 형용사 형성)

　　ㄱ. 강-:[28] 강마르다, 강밭다

　　ㄴ. 겉-: 겉약다

　　ㄷ. 얄-:[29] 얄밉다, 얄궂다

　　ㄹ. 데-:[30] 데거칠다, 데바쁘다

　　ㅁ. 드-: 드넓다, 드높다, 드세다, 드날리다

　　ㅂ. 새/샛- : 새파랗다, 새까맣다, 새하얗다 / 샛노랗다, 샛말갛다

　　ㅅ. 시/싯- : 시퍼렇다, 시커멓다, 시허옇다 / 싯누렇다, 싯멀겋다

　　ㅇ. 엇-: 엇비슷하다, 엇구수하다

　　ㅈ. 연(軟)-: 연노랗다, 연붉다, 연푸르다

　　ㅊ. 휘-: 휘넓다, 휘둥그렇다, 휘둥글다

　형용사 파생 접두사는 그 수가 많지 않을 뿐만 아니라 파생에 의해 만들어진 파생어도 그 수가 많지 않다. 명사 파생이나 동사 파생에 비해 형용사 파생은 그만큼 활발하지 않은 셈이다.

　접두사 '강-'이 결합하여 만들어진 파생어는 다른 접두 파생어와는 다른 문법적 특이성을 보인다. 우리말에서 접두 파생어의 품사는 어근에 의해 결정되지만 '강-' 파생어 가운데 '강마르다'는 형용사로서 동사 어근 '마르다'의 품사와 다르다. 두 단어의 품사가 각각 동사와 형용사로서 서로 다르다는 것은 다음과 같이 활용의 양상이 다르다는

---

28) '호된' 또는 '심한'의 뜻.

29) 『표준국어대사전』에 '얄밉다, 얄궂다'는 파생어로 등재되어 있지만 '얄-'은 표제어로 올라 있지 않다.

30) '몹시' 또는 '매우'의 뜻.

데에서 어느 정도 확인된다.[31]

(19) ㄱ. 가뭄에 논이 {[?]마르다, 마른다}.

ㄴ. 가뭄으로 논이 {강마르다, *강마른다}.

색채 형용사에 붙어 얼마간 강조된 의미를 덧붙이는 접두사 '새-, 샛-, 시-, 싯-'은 결합하는 어근의 음운론적 조건에 따라 선택된다. 먼저 '새-, 샛-'과 '시-, 싯-'은 어근의 첫음절의 모음에 따라 선택된다. 곧 첫음절의 모음이 양성 모음일 때에는 '새-, 샛-'이 결합하고, 음성 모음일 때에는 '시-, 싯-'이 결합한다. 그리고 '새-'와 '샛-', '시-'와 '싯-'은 각각 어근의 첫음절의 자음에 따라 선택된다. 곧 '새-, 시-'는 자음이 격음(거센소리), 경음(된소리), 'ㅎ'인 것에 결합하고, '샛-, 싯-'은 자음이 유성음(울림소리)인 것에 결합한다.[32]

(20) '새-, 샛-, 시-, 싯-' 선택의 음운론적 조건

ㄱ. 새-: 모음 조건(양성 모음), 자음 조건(거센소리, 된소리, 'ㅎ')

ㄴ. 샛-: 모음 조건(양성 모음 'ㅏ, ㅗ'), 자음조건(울림소리)

ㄷ. 시-: 모음 조건(음성 모음), 자음 조건(거센소리, 된소리, 'ㅎ')

ㄹ. 싯-: 모음 조건(음성 모음 'ㅓ, ㅜ'), 자음 조건(울림소리)

---

31) 『표준국어대사전』에 '마르다'는 '뜨거운 태양 아래서 달리기를 했더니 목이 몹시 마른다.'와 같이 쓰이는 동사로 등재되어 있다. 그러나 '~ 목이 몹시 마르다.'도 충분히 가능한 듯하다. '마르다'가 때에 따라 형용사 활용을 하기도 한다고 보면 '강마르다'가 형용사인 것은 보통의 접두 파생어와 마찬가지로 자연스럽게 설명된다.

32) '샛-'과 '싯-'의 선택에는 색채어의 첫음절의 모음이 각각 'ㅏ, ㅗ', 'ㅓ, ㅜ'라는 조건도 포함된다.

부사 파생 부사 파생 접두사는 다음의 2개가 있을 뿐이다. 더욱이 이들 접두사는 명사('연비레', '외고집')와 동사('연달다', '외떨어지다')를 파생하는 기능도 가지고 있어서 오로지 파생 부사(派生副詞, derived adverb)만 만드는 접두사는 하나도 없는 셈이다.

(21) 부사 파생(파생 부사 형성)

ㄱ. 연(連)-: 연거푸

ㄴ. 외-: 외따로

7.3. 접미사에 의한 파생

접미사(接尾辭, suffix)는 접두사보다 수가 훨씬 많을 뿐만 아니라 파생어의 수도 많다. 파생어의 품사에 따라 명사 파생, 동사 파생, 형용사 파생, 부사 파생, 관형사 파생으로 나누어 간략하게 살펴보기로 한다.[33]

명사 파생 어근에 명사 파생 접미사가 결합하여 파생 명사(派生名詞, derived noun)를 만드는 것을 명사 파생이라고 한다. 어근의 종류에 따라 명사 파생의 예를 제시하면 다음과 같다.

---

33) 참고로 '밖에, 조차, 부터' 등은 조사 파생어의 예로 다루어지기도 한다. 그러나 남기심·고영근(1985/1993:207)에서 지적했듯이 '밖에'는 명사에 조사가 붙어서, '조차, 부터'는 동사 '붙다()붙다), 좇다'에 어미 '-어/아'가 붙어서 굳어진 것들이므로, 곧 파생 접사가 붙어서 만들어진 것들이 아니므로 파생어로 보기 어렵다.

(22) 명사 파생(파생 명사 형성)

ㄱ. 명사 + 접미사

애꾸눈-이, 밥-보, 욕심-꾸러기, 톱-질

ㄴ. 동사 + 접미사

먹-이, 울-보, 덮-개, 울-음, 달리-기

ㄷ. 형용사 + 접미사

높-이, 길-이, 크-기, 슬프-ㅁ(음)

ㄹ. 용언의 활용형 + 접미사[34]

참을-성, 붙임-성, 생김-새, 지킴-이

ㅁ. 부사 + 접미사

부엉-이, 뻐꾸기(〈뻐꿈-이〉), 오뚝-이

ㅂ. 불규칙적 어근 + 접미사

똘똘-이, 똑똑-이, 멍청-이

파생 명사 가운데에는 형식적 유사성이 있으나 그 구조에 얼마간 차이가 있는 것들도 있다. 예를 들어 (23)의 파생 명사들을 비교해 보자.

(23) ㄱ. 박음-질, 지짐-이, 지킴-이

ㄴ. 싸움-질, 울음-보, 믿음-성

---

34) 남기심·고영근(1993:195)에서는 '앉은뱅이', '달음질', '떨어뜨리다' 등은 어근과 접사가 관형사형 어미, 명사형 어미, 보조적 연결 어미를 매개로 결합한 것으로 설명했다. 그리고 이러한 결합을 간접적 통합이라고 하여 어근과 접사가 직접 통합하는 것('가난뱅이, 가위질')과 구별했다. 본서에서는 이들을 용언의 활용형으로 보지 않는다. '-은, -음, -어' 등은 어미가 아니라고 보기 때문이다. 다만 지칭의 편의를 위해 '활용형'이라는 용어를 그대로 쓰기로 한다. '-은, -음, -어' 등의 문법 범주에 대해서는 [참조]에서 살펴본다.

(23)의 파생 명사들에서 선행 어근 '박음, 지짐, 지킴'과 '싸움, 울음, 믿음'은 모두 어근과 접사로 다시 분석되는 것들이므로 단어 분석의 관점에서 보면 이들은 모두 동일한 구조(이를테면 '[[박[음]]질], [[싸우[음]]질]')를 갖는다. 그러나 단어 형성의 관점에서 보면 (23ㄱ)의 단어들과 (23ㄴ)의 단어들은 그 구조가 같지 않다. 먼저 (23ㄱ)의 파생 명사들은 (24ㄱ)과 같은 형성 구조를 갖는다. 이들 파생 명사들의 선행 어근 '박음, 지짐, 지킴'은 이미 존재하는 단어들이 아니라 전체 단어를 만드는 과정에서 어근과 접사가 결합한 것들이기 때문이다. 이와 달리 (23ㄴ)의 파생 명사들은 (24ㄴ)과 같은 형성 구조를 갖는다. 이들 파생 명사들의 선행 어근 '싸움, 울음, 믿음'은 이미 만들어져서 존재하는 단어들이기 때문이다.

(24) '박음질', '싸움질'의 형성 구조

ㄱ. '박음질'(파생→파생)　　　　ㄴ. '싸움질'(파생)

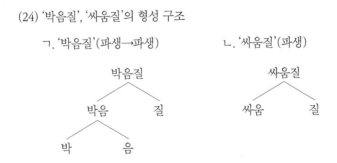

(25)의 복합 명사들도 '어근-어근-접사'로 분석되는 공통점이 있지만 형성 구조에는 일정한 차이가 있다. 그리고 이에 따라 파생 명사와 합성 명사가 구별된다.

(25) ㄱ. 젖-먹-이, 멀리-뛰-기, 코-흘리-개

ㄴ. 감옥-살-이, 더덕-무치-음, 오래-달리-기

먼저 (25ㄱ)의 복합 명사들에서는 예를 들어 '젖, 먹-, -이' 가운데 어느 두 요소의 결합형('젖먹-'과 '먹이')도 존재하는 단어(혹은 접사)가 아니므로,[35] 이들 세 요소는 (26ㄱ)과 같이 '젖먹이'를 만드는 과정에서 결합했다고 볼 수밖에 없다. 그러나 (25ㄴ)의 복합 명사들에서는 뒤의 두 요소가 결합한 '-살이, 무침, 달리기'가 이미 존재하는 단어(혹은 접사)들이므로, 각 단어를 만드는 과정에서 세 개의 요소가 결합했다고 보기 어렵다. (26ㄴ, ㄷ)과 같이 이미 존재하는 '-살이, 무침, 달리기'에 각각 '감옥, 더덕, 오래'만 결합하면 되기 때문이다.[36]

  (26) '젖먹이', '감옥살이', '더덕무침'의 형성 구조
    ㄱ. '젖먹이'(합성→파생)[37]

---

35) '먹이'는 단어로 존재하지만 이 '먹이'를 '젖먹이'의 '먹이'로 볼 수 없다. '젖먹이'의 '먹이'는 '(젖을) 먹는 아이'를 뜻하지만 단어 '먹이'는 '(동물의) 먹을거리'를 뜻하기 때문이다.

36) (25ㄴ)과 같은 유형의 단어에서 뒤의 두 요소의 결합형은 본래부터 단어(혹은 접사)로 만들어진 것일 수도 있고, (25ㄴ)과 같은 단어가 만들어진 이후에 이로부터 독립하여 단어(혹은 접사)로 발달한 것일 수도 있다. 따라서 어떤 단어의 형성 구조를 '그 단어가 만들어질 당시의 구조'라고 엄격하게 정의하면, (25ㄴ)과 같은 유형의 단어 가운데 뒤의 두 요소의 결합형이 독립하여 단어(혹은 접사)로 발달하기 이전에 만들어진 단어는 (26ㄱ)과 같은 형성 구조를 갖는다고 봐야한다.

37) '젖먹이'를 '먹-'과 '-이'가 먼저 결합하여 '먹이'를 만들고 여기에 '젖'이 결합했다고 볼 수도 있다. 그러나 '먹-'과 '-이'가 먼저 결합했다고 볼 이유가 없고, '((젖을) 먹는) 아이)'와 같이 의미적으로 '젖'과 '먹다'가 한 단위이므로 본서에서는 '젖먹이'가 (26ㄱ)과 같은 과정을 거쳐서 만들어진 것으로 본다.

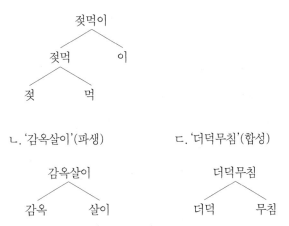

ㄴ. '감옥살이'(파생)   ㄷ. '더덕무침'(합성)

동사 파생 어근에 동사 파생 접미사가 결합하여 파생 동사(派生動詞, derived verb)를 만드는 것을 동사 파생이라고 한다. 동사 파생 접미사는 23개가 있는데 이에 결합하는 어근의 종류에 따라 동사 파생의 예를 제시하면 다음과 같다.[38]

(27) 동사 파생(파생 동사 형성)

ㄱ. 명사 + 접미사

공부-하(다), 사용-되(다), 말씀-드리(다), 버림-받(다), 거절-당하(다), 교육-시키(다), 학자-연하(다)[39]

ㄴ. 동사 + 접미사

먹-이(다), 돋-구(다), 안-기(다), 울-리(다), 일-으키(다),

---

38) 『표준국어대사전』에서는 '구, 으키'와 같이 대체로 용언에 결합하는 접미사는 어미 '-다'를 제외한 형태를, '하다, 되다, 거리다'와 같이 다른 품사에 결합하는 접미사는 어미 '-다'를 포함한 형태를 표제어로 삼았다. 다만 '뜨리'는 '-다'가 결합한 '뜨리다'를 표제어로 삼았다.

39) '연하(다)'는 '…인 체하다', '…인 것처럼 뽐내다'의 뜻을 갖는다.

타-이우(다), 돌-이키(다), 밀-치(다), 읽-히(다)

ㄷ. 동사의 활용형 + 접미사

밀어-뜨리(다), 떨어-트리(다)

ㄹ. 형용사 + 접미사

없-애(다), 낮-추(다), 붉-히(다)

ㅁ. 불규칙적 어근 + 접미사

출렁-거리(다), 까불-대(다), 끄덕-이(다)

파생 동사 가운데에는 피동사(被動詞)와 사동사(使動詞)가 있다. 피동사는 동사에 '이, 히, 리, 기' 등이 붙어서 만들어지며, 사동사는 동사나 형용사에 '이, 히, 리, 기, 우, 구, 추, 이우(태우다)' 등이 결합하여 만들어진다.[40)]

형용사 파생 어근에 형용사 파생 접미사가 결합하여 파생 형용사(派生形容詞, derived adjective)를 만드는 것을 형용사 파생이라고 한다. 형용사 파생 접미사는 19개가 있는데 이에 결합하는 어근의 종류에 따라 형용사 파생의 예를 제시하면 다음과 같다.

(28) 형용사 파생(파생 형용사 형성)

ㄱ. 명사 + 접미사

건강-하(다), 맛-나(다), 꽃-답(다), 참-되(다), 자유-롭(다), 궁상-맞(다), 복-스럽(다), 값-지(다), 의심-쩍(다)

---

40) 이 밖에 '피동'의 뜻을 더하는 접미사에는 명사에 결합하는 '-당하다, -되다, -받다'가 있고, '사동'의 뜻을 더하는 접미사에는 동사에 결합하는 '-으키/이키-(일으키다/돌이키다)', 명사에 결합하는 '-시키다'가 있다.

ㄴ. 동사 + 접미사[41]

먹-음직스럽(다), 먹-음직하(다)

ㄷ. 형용사 + 접미사

굵-다랗(다), 곱-닿(다), 거무-스레하(다), 둥그-스름하(다),

높-직하(다), 길-찍하(다)

ㄹ. 부사 + 접미사

엄청-나(다), 못-되(다), 미끌미끌-하(다)

ㅁ. 불규칙적 어근 + 접미사

별-나(다), 숫-되(다), 쌀쌀-맞(다), 착-하(다)

이 가운데 '-답-'은 대부분의 명사에 결합하여 형용사를 파생하는
데 '-답-'이 결합하여 만들어진 파생 형용사 가운데 『표준국어대사
전』에 등재된 것은 '정답다, 실답다, 시답다, 꽃답다, 아름답다, 정답다,
예모답다(예답다), 참답다' 등이 있을 뿐이다.[42]

부사 파생 어근에 부사 파생 접미사가 결합하여 파생 부사(派生副
詞, derived adverb)를 만드는 것을 부사 파생이라고 한다. 부사 파생
접미사는 7개가 있는데 이에 결합하는 어근의 종류에 따라 부사 파생
의 예를 제시하면 다음과 같다.

(29) 부사 파생(파생 부사 형성)

ㄱ. 명사 + 접미사

---

41) 『표준국어대사전』에서는 '-음직스럽-, -음직하-'를 접사로 등재했으나 그 파생어
는 '먹음직-스럽다, 먹음직-하다'와 같이 분석한다. 접사의 등재와 파생어의 분석
이 서로 불일치하는 것이다.

42) '-답-'에 대해서는 [참조]에서 추가로 기술한다.

마음-껏, 봄-내, 조금-씩, 집집-이, 결단-코, 비교-적

ㄴ. 형용사 + 접미사

많-이, 다르-이(달리), 없-이, 같-이

ㄷ. 부사 + 접미사

여태-껏, 아직-껏

ㄹ. 불규칙적 어근 + 접미사

조용-히, 기어-코[43]

이 가운데 형용사 '다르-, 없-, 같-' 등에 '-이'가 결합하여 만들어진 파생 부사 '달리, 없이, 같이'는 다음과 같이 때에 따라 형용사의 성격을 유지한 채 주어, 부사어 등과 함께 쓰여 서술 기능을 하는 문법적 특이성을 보인다.

(30) ㄱ. 그의 목소리는 <u>아침과는 달리</u> 밝았다.

cf) <u>달리</u> 생각하다

ㄴ. 특정한 <u>징후도 없이</u> 우리 사회가 병들고 있다.

cf) <u>없이</u> 사는 설움은 겪어 보지 않으면 모른다.

ㄷ. 예상한 <u>바와 같이</u> 주가가 크게 떨어졌다.

cf) 모두 <u>같이</u> 갑시다.

관형사 파생 어근에 관형사 파생 접미사가 결합하여 파생 관형사(派生冠形詞, derived adnoun)를 만드는 것을 관형사 파생이라고 하

---

43) 『표준국어대사전』에 '기어코'는 '기어(期於)-코'로 분석되어 있으나 '기어'는 표제어로 올라 있지 않다.

는데 다음의 두 가지가 있다.

> (31) 관형사 파생(파생 관형사 형성)
> ㄱ. 대명사 + '-까짓'
> 이-까짓, 그-까짓, 저-까짓, 요-까짓, 고-까짓, 조-까짓,
> 네-까짓, 제-까짓
> ㄴ. 명사 + '-적'
> 과학-적, 심리-적, 합리-적, 문화-적

'-까짓'은 '이, 그, 저, 요, 고, 조' 등의 대명사에 결합하는 것이 보통이지만, 대명사 '너, 저'에 관형격 조사 '의'가 결합하여 줄어든 형태인 '네, 제'에도 결합한다. 관형 성분에 후행한다는 점에서 보면 기원적으로 명사(의존 명사)였을 가능성이 있지만 분명하지 않다.

'-적' 파생어는 명사와 관형사로 같이 쓰이는 것이 보통이다. 곧 '-적' 파생어는 '과학적으로'에서처럼 조사와 같이 쓰일 때에는 명사이며, '과학적 (근거)'과 같이 조사 없이 쓰일 때에는 관형사이다. 그리고 '-적' 파생어 가운데에는 '비교적'과 같이 명사와 관형사 외에 부사의 자격을 갖는 것도 있다.[44]

---

44) '비교적'은 '비교적 쉽다'에서는 부사의 자격을, '비교적 연구'에서는 관형사의 자격을, '비교적인 관점'에서는 명사의 자격을 갖는다.

7.4. 접사의 형태론적 기능

이 절에서는 접미사를 중심으로 접사의 지배적 기능(파생어의 품사 문제)과 형식적 기능(두 어근 혹은 어근과 접사 사이에 결합하는 접사의 형태론적 기능 문제)을 유형적으로 살펴본다.[45]

접사의 지배적 기능 파생어 가운데에는 그 품사가 어근의 품사와 같은 것도 있고 다른 것도 있는데 이를 접사의 기능적 차이로 설명하는 것이 보통이다. 곧 접사를 어근의 품사를 바꾸는 지배적 접사(支配的 接辭, governing affix)와 어근의 품사를 바꾸지 못하는 한정적 접사(限定的 接辭, restrictive affix) 혹은 가의적 접사(加意的 接辭)로 구분하여 파생어의 품사를 설명하는 것이다. 이에 따르면 (32)에서 '-이'는 동사에 붙어 명사를 파생하므로 지배적 접사이며, '-질'은 명사에 붙어 명사를 파생하므로 한정적 접사이다.

(32) ㄱ. 먹(동사) + 이 → 먹이(명사)

ㄴ. 가위(명사) + 질 → 가위질(명사)

그러나 접미사의 문법적 기능은 어근의 품사를 바꾸느냐 바꾸지 못하느냐의 측면에서 파악할 수 있는 것이 아니다. 우리말은 (단어든 구든 문장이든) 어떤 구성의 문법적 지위를 결정하는 요소, 곧 그 구성의 핵(核, head)이 뒤(오른쪽)에 오는 언어, 이른바 후핵(後核) 언어(head-final language)이다. 따라서 (33)과 같이 파생어 '먹이'와 '가

---

45) 개별 파생 접사의 의미(기능)는 따로 살펴보지 않고 [부록2]로 대신한다. 참고로 '접사의 형식적 기능'은 황화상(2002)를 주로 참조하여 기술한 것이다.

위질'의 품사를 결정하는 것은 각각 접사 '-이'와 '-질'이다. '-이'와 '-질'을 단순히 접미사가 아니라 명사를 파생하는 접미사(곧 명사 파생 접미사)라고[46] 하는 것은 이런 까닭에서이다.

(33) 접사의 문법 범주와 파생어의 문법 범주

ㄱ. $[먹]_V + [이]_N \rightarrow [먹이]_N$

ㄴ. $[가위]_N + [질]_N \rightarrow [가위질]_N$

접두사가 파생어의 품사에 아무런 영향을 끼치지 못하는 것도 이런 까닭에서이다. 곧 접두사는 어근의 뒤에 결합하므로[47] 파생어의 품사는 뒤에 오는 어근에 의해 결정되는 것이다.[48] 예를 들어 앞서 살펴보았듯이 '헛-' 파생어는 어근이 명사이면 그 또한 명사이고, 어근이 동사이면 그 또한 동사이다. 따라서 우리말에서는 지배적 접두사를 설

---

46) 본서에서는 이를 (33)과 같이 접미사 '-이, -질'이 품사 자질(品詞資質, 혹은 품사 속성)을 갖는 것으로 나타낸다. 결국 '-이'는 어근의 품사를 바꾸고 '-질'은 어근의 품사를 바꾸지 못하는 것이 아니라, '-이, -질'은 모두 자신의 품사 자질을 파생어에 반영하는 셈이다. 사실 '먹이'에서 '-이'가 '먹-'의 품사를 바꾸는 것(동사→명사)도 아니다. '먹-'의 품사는 '먹이'의 품사 결정에 아무런 역할을 하지 못할 뿐이다.

47) 따라서 접두사는 품사 자질을 갖지 못한다.

48) 왕문용·민현식(1993)에서는 '메마르다, 숫되다'의 예를 들어 접두사 가운데에도 지배적 접사가 있는 것으로 보았다. 그러나 『표준국어대사전』에 따르면 이들 단어는 이전 형태 '마ᄆᆞᄅ다, 숫도외다'가 변화한 것이므로 적어도 현대 국어에서는 지배적 접두사를 설정하기 어렵다. 참고로 의미의 유사성에 주목하면 '숫되다(순진하고 어수룩하다)'의 경우에는 '숫하다(순박하고 어수룩하다)'의 어근 '숫'에 접사 '되다'가 결합한 것으로 분석할 수도 있을 듯하다. 유일한 예외는 '강마르다'로서 앞서 살펴보았듯이 접두사 '강-'은 동사 어근에 붙어 형용사를 파생한다. 그러나 이때에도 '강-'이 '마르다'의 품사를 바꾼 것으로 볼 수는 없다.

정하기 어렵다.[49]

> (34) 접두 파생어의 품사
>
> ㄱ. '헛-'+명사 → 명사
>
> 헛고생, 헛수고, 헛걸음, 헛소문
>
> ㄴ. '헛-'+동사 → 동사
>
> 헛살다, 헛보다, 헛디디다, 헛먹다
>
> (35) [헛] + [⋯]$_X$ → [헛⋯]$_X$ (X=N, V)

접사의 문법적 기능을 (33), (35)와 같이 이해함으로써 생기는 이점은 '-보'와 같이 다양한 성격의 어근에 결합하는 접사를 일률적으로 다룰 수 있다는 데 있다. (36)에서처럼 '-보'는 동사(형용사)에 결합하기도 하고, 명사에 결합하기도 하고, 부사에 결합하기도 하고, 불규칙적 어근에 결합하기도 한다. 접사의 기능을 어근의 품사를 바꾸느냐 바꾸지 않느냐를 기준으로 설명한다면, '-보'는 지배적 기능을 갖기도 하고(ㄱ, ㄴ), 한정적 기능을 갖기도 하며(ㄴ), 더욱이 그 기능이 모호하기도 한(ㄹ) 셈이다.[50] 그러나 본서의 관점에서는 '-보'는 명사를 파

---

49) 다만 이는 고유어 접두사에만 해당한다. 한자어 접두사 가운데에는 '무無(기력), 불不(규칙)' 등의 부정 접두사들과 '유有(의미), 주駐(일본), 탈脫(냉전)' 등 지배적 접두사로 볼 수 있는 것들이 있다. 이들 접두사들은 어근의 앞에 결합하지만 그 기능은 '기력이 없음(무기력), 주일본(일본에 머물러 있는)'과 같이 어근의 뒤에서 실현된다. 형식적으로는 접두사이지만 기능적으로는 접미사와 다름이 없는 셈이다. 이들을 지배적 접두사로 보는 것은 바로 이런 까닭에서이다.(황화상 2018 참조)

50) 불규칙적 어근은 단어가 아니므로 어떤 품사에 속하지 않는다. 따라서 그 품사를 바꾼다고 하는 것은 논리적으로 성립할 수 없다.

생하는 기능의 공통성을 갖는다. 따라서 그 기능은 '-보'의 품사 자질
이 파생어에 반영되는, (37)과 같은 규칙으로 포착해야 한다.

(36) 접미 파생어의 품사

ㄱ. 동사/형용사(V)+'-보' → 명사

먹-보, 울-보, 약-보(약은 사람)

ㄴ. 명사(N) + '-보' → 명사

잠-보, 옷-보, 겁-보

ㄷ. 부사(Adv) + '-보' → 명사

뚱뚱-보, 쫄딱-보

ㄹ. 불규칙적 어근(IR) + '-보' → 명사

쩔뚝-보, 뚱-보

(37) $[\cdots]_X + [보]_N \rightarrow [\cdots보]_N$ (X=V, N, Adv, IR)

결국 접사의 지배적 기능은 '어근의 품사를 바꾸는' 속성이 아니라
'파생어의 품사를 결정하는' 속성으로 이해해야 한다. 아울러 접미사
는 모두 파생어의 핵으로서 (자신의 품사 자질에 따라) 파생어의 품사
를 결정하는 기능의 공통성을 갖는다. 따라서 지배적 접사라는 용어
를 쓴다면 접미사는 모두 그 범주 안에 포함해야 한다.[51]

접사의 형식적 기능 접미사의 주된 기능은 어근과는 다른 새로운
단어(파생어)를 만드는 것이다. 그런데 접미사 가운데에는 그 문법적
기능이 보통의 접미사들과는 다른 것들이 있다. 예를 들어 (38)에서

---

51) 한정적(혹은 가의적) 기능은 접두사는 물론 접미사도 가지므로 접사를 구분하는
기준으로 삼기는 어렵다.

어근과 어근, 혹은 어근과 접사 사이에 결합한 접사 '-은, -음, -을, -어(아)'는[52] 새로운 단어를 만들지 못한다. 곧 이들과 어근의 결합형 '묵은, 다림, 참을, 뛰어, 돌아' 등은 '묵다, 다리다, 참다, 뛰다, 돌다'와 다른 새로운 단어가 아니다. 아울러 이들 접사들은 어떤 뜻을 갖는다고 보기도 어렵다. '묵은밭, 뛰어놀다'는 '묵밭, 뛰놀다'와 뜻이 같다. '-음'이 있고 없고의 차이는 있지만 '다리미, 덮개'는 '-음'의 유무와 관계없이 동일한 유형적 의미('~는 도구')를 갖는다. '돌아보다'와 '돌보다'도 뜻은 다르지만 이를 '-어'의 있고 없는 차이로 보기 어렵다. 그리고 '참을성'에서도 '덮개'에서와 같이 그 뜻은 어근('참-')과 접사('-성')만으로도 충분히 표현될 수 있다.

(38) 묵은밭, 다리미(다리+음+이), 참을성, 뛰어놀다, 돌아보다
    cf) 묵밭, 덮개, 뛰놀다, 돌보다

먼저 '묵은밭, 참을성, 뛰어놀다, 돌아보다'에서 두 어근 사이에 결합한 '-은, -을, -어'는 형태 구성인 단어가 통사 구성인 구의 형식을 닮아가려는 경향을 띠면서 두 어근 사이에 결합한 것으로 볼 수 있다. 물론 '묵밭, 뛰놀다'와 같이 통사 구성과 다른 형식을 갖는 단어 예는 적지 않다. 그러나 국어에서 동사와 명사가 연결될 때는 '동사의 관형사형+명사'의 형식이, 두 동사가 연결될 때에는 '동사의 부사형+동사'의 형식이 자연스럽다.[53] '돌아보다'에서 '-어'는 이 외에 '돌보다'와의 동

---

52) 이들을 접사로 볼 수 있을지에 대해서는 이견이 있다. 이에 대해서는 [참조]에서 살펴본다.

53) 이때의 '-은, -을'과 '-어'가 각각 관형사형 어미, 부사형 어미라는 뜻은 아니다. 통

음이의(同音異義) 관계를 피하기 위한 목적도 있는 것으로 보인다.[54]

　다음으로 '다리미'에서 선행 어근과 후행 접사 사이에 결합한 '-음'은 접사 '-이'의 음운론적 제약을 고려하여 쓰인 것으로 볼 수 있다. 앞서 살펴보았듯이 '-이'는 모음으로 끝나는 동사에는 결합하지 못하는 음운론적 제약이 있다. 따라서 '다리이'와 같은 파생 명사는 만들어지기 어렵다. 그러나 동사에 '-음'을 결합하여 '다림'을 만들고 나면 이와 같은 제약에서 자유로워진다.

　사 구성에서의 관형사형, 부사형과 형식적으로 같다는 것을 뜻할 뿐이다.

54) 물론 'X어Y' 형태의 단어가 먼저 존재하는 경우라면 나중에 만들어지는 단어가 'XY' 형태를 띠게 될 것이다.

참조 개재(介在) 접사의 문법 범주 / '-답-'과 통사적 단어 형성

(1)'묵은밭, 노는꾼, 참을성, 다리미(다리+음+이), 뛰어놀다' 등에서 어근과 어근, 혹은 어근과 접사 사이에 개재하는 '-은, -는, -을, -음, -어' 등의 문법 범주에 대해서는 이견이 있다. 이들은 어미로 보는 것이 보통이다. 이를테면 고영근·구본관(2008:203)에서는 '작은집, 길짐승, 건널목'에서 '작은, 길, 건널'을 '용언 어간+관형사형 어미'로 분석한다. 이와 달리 황화상(2014:103-104)에서는 이들을 접사로 본다. 이들은 어미와 달리 문장의 형성과 관련된 것이 아니며, 또 그 문법적 기능이 문장에 미치는 것도 아니라고 보기 때문이다(어미의 문법적 기능에 대해서는 1장의 [참조]를 볼 것). 곧 이들은 복합어를 분석하거나 형성하는 과정에서 나타나는 것으로서 활용형에 나타나는 어미와는 본질적으로 다르다고 본 것이다. 참고로 황화상(2001, 2002, 2014)에서는 이들을 파생 접사와 함께 '어휘적 단어(복합어)의 형성 과정에서 나타나는 접사'로서의 '어휘적 접사'라고 본다.

이들의 문법 범주 문제는 '묵은, 노는, 참을, 다림, 뛰어'의 문법 범주 문제와도 관련된다. 이들을 어미로 보면 그 결합형들은 형태 단위(어근)가 되지 못한다. 아울러 선행 요소가 형태 단위가 아니므로 전체 단어도 합성어(어근+어근)나 파생어(어근+접사)라고 말하기 어렵다. 그러나 이들을 접사로 보면 이들 또한 형태론적 단위로서 어근의 자격을 갖는다. 물론 전체 단어도 후행 요소에 따라 합성어('묵은밭, 뛰어놀다')와 파생어('노는꾼, 참을성, 다리미')로 구별된다.

한편 이들이 문법의 어떤 부문에서 결합하는지에 대해서도 이견이 있다. 시정곤(1994), 송원용(1998), 최형용(2003) 등에서는 이들이 통사부에서 선행 요소(통사적 구성)에 결합하는 것으로 보았다. 이와 달리 송철의(1989/1992), 김창섭(1994/1996), 황화상(2001, 2002) 등에서

는 이들이 어휘부에서 선행 요소(어근)에 결합하는 것으로 보았다. 김창섭 (1994/1996), 황화상(2001, 2002)에서는 이들이 나타나는 복합어 가운데 에는 '참을성, 달아매다'와 같이 통사적 구성으로 환원할 수 없는 것들도 있다 는 점을 들어 이들은 통사부에서 선행 요소에 결합한 것일 수 없다고 보았다. 예를 들어 '참을성, 앉은뱅이, 밀어뜨리다' 등은 후행 요소 '-성, -뱅이, -뜨리 다'가 통사부에 쓰일 수 없는 접사이므로 통사적 구성으로 환원할 수 없으며, '달아매다'는 실제 동작의 순서와는 반대 어순으로 결합한 것이어서 통사적 구 성으로 환원할 수 없다(통사적 구성으로는 '매어(서) 달다'가 가능할 뿐이다).

(2) '-답-'은 통사적 단어 형성을 가정하는 논의가 비롯되고 확장되는 데 중 심적인 역할을 한 문법 형태이다. 김창섭(1984)는, 비록 통사적 단어 형성이 라는 용어를 쓰지는 않았지만, '-답-'을 어휘적 기능을 갖는 것('꽃답다')과 통사적 기능을 갖는 것('군인답다')으로 구분함으로써 처음으로 통사적 단어 형성 논의의 가능성을 제시했다는 점에서 의의가 있다. 예를 들어 '꽃답다'는 '*그 예쁜 꽃다운 나이에 입대했다.'와 같이 관형어('예쁜')의 수식이 불가능 하지만, '군인답다'는 '그는 용감한 군인답게 선봉에 섰다.'와 같이 관형어('용 감한')의 수식이 가능하다는 차이가 있다. 김창섭(1984)에서는 '꽃답다'의 '- 답-'은 명사 어근 '꽃'에 결합하여 형용사를 파생하는 것(어휘적인 기능)으로, '군인답다'의 '-답-'은 명사구 '용감한 군인'에 결합하여 형용사구를 만드는 것 (통사적 기능)으로 서로 다르게 봄으로써 이러한 차이를 설명했다.

이후 구체적인 내용에 있어서는 얼마간 차이가 있지만 통사적 단어 형성(혹 은 통사적 파생)은 고창수(1986, 1992ㄴ), 임홍빈(1989), 김원경(1993), 시 정곤(1994), 황화상(1996, 2001), 유혜원(1997) 등에서 폭넓게 받아들여 졌다. 고창수(1986, 1992ㄴ), 임홍빈(1989), 시정곤(1994) 등에서는 통사 적 단어가 통사부에서 통사 규칙에 의해서 만들어지는 것으로 보았다. 이는 Chomsky(1970)의 어휘론 가설 이후 단어는 어휘부에서 형태 규칙(단어 형성 규칙)에 의해 만들어진다고 본 생성 형태론의 전통에 대한 반론의 성격을 갖는다는 점에서 국어 단어 형성 연구에서 적지 않은 반향을 불러일으켰다. 이후 단어는 어휘부에서 만들어진다는 전통적인 입장과 통사부에서 만들어질 수도 있다는 입장이 대립하는 가운데 통사적 단어 형성을 가정하되 통사적 단어도 어휘부에서 만들어진다고 보는 새로운 관점(김양진 1995, 황화상 1996, 2001 등)이 제시되기도 했다.

연습

1 '큰, 작은'은 『표준국어대사전』(1999)에 접두사로서 등재되었다가 이후 인터넷판 사전에서는 접두사에서 제외되었다. 『표준국어대사전』(1999)의 뜻풀이를 참조하여 아래의 질문에 답해 보자.

〈다음〉

큰고모, 큰이모, 큰동생

작은고모, 작은이모, 작은동생

* '큰/작은': (주로 친족 관계를 나타내는 명사 앞에 붙어) '맏이/맏 이가 아닌'의 뜻을 더하는 접두사.

1) '큰, 작은'을 접두사로 볼 수 있는 이유는 무엇인가?
2) '큰, 작은'을 접두사로 보기 어려운 이유는 무엇인가?
3) '큰계집(본처本妻)/작은계집(첩妾), 큰달/작은달(한 달이 31일 이 되는/안 되는 달)'의 '큰, 작은'은 접두사로 볼 수 있을까?

2 다음 파생어에서 '-개, -이'의 문법적 기능이 무엇인지 생각해 보고, 참조 예의 '-개, -이'와 그 문법적 기능을 비교해 보자.

〈다음〉 훔치개질, 닦이장이

　　　　cf) 지우개, 놀이

3 『표준국어대사전』에 따르면 '맏이, 풋내기, 치뜨리(다)'는 각각 '맏+
이, 풋+내기, 치+뜨리(다)'로 분석된다. 각 단어를 구성하는 요소들
의 형태 범주를 중심으로 이러한 분석에 어떤 문제가 있는지, 그리고
이를 문법적으로 어떻게 설명할 수 있을지 생각해 보자.

4 다음의 각 명사구에 나타나는 '자(者), 권(券), 비(費)'는 접미사로 보
는 것이 보통이다. 각 명사구의 구조를 분석해 보고 이들 접미사가 보
통의 접미사와 어떻게 다른지 생각해 보자.

〈다음〉집회 참석자(者), 구두 교환권(券), 차량 유지비(費)

8. 합성

미리보기

다음 단어들의 품사가 무엇인지, 그 구성 요소들의 품사는 무엇인지 생각해 보자. 그리고 참조의 단어들과 비교할 때 품사의 측면에서 이들 단어들은 어떤 특이성을 보이는지 생각해 보자.

다음 속상하다, 힘들다

　　　　cf) 힘세다, 잘살다

합성(合成, compounding)은 단어 형성 요소가 모두 어근인 단어 형성법(어근+어근)을 말하며, 합성에 의해 만들어진 단어를 합성어(合成語, compound word)라고 한다. 이 장에서는 합성을 어떻게 유형적으로 구분할 수 있는지 살펴보고, 합성어와 구의 구별, 품사별 합성법 등을 살펴본다.

8.1. 합성의 유형

합성은 어근이 결합하는 방식에 따라 통사적 합성과 비통사적 합성으로 나뉜다. 그리고 합성은 어근들 사이의 의미적 관계, 어근과 합성어 사이의 의미적 관계에 따라 대등 합성, 종속 합성, 융합 합성으로 나뉜다.

통사적 합성과 비통사적 합성 합성은 문장에서 단어들이 결합하는 일반적인 방식과 똑같은 방식으로 두 어근이 결합하는 통사적 합성과 그렇지 않은 비통사적 합성으로 나뉜다. 그리고 이렇게 만들어진 합성어를 각각 통사적 합성어, 비통사적 합성어라고 한다. 예를 들어 (1 ㄱ)의 단어들은 '명사+명사, 관형사+명사, 용언의 관형사형+명사, 용언의 부사형+용언'과 같이 우리말 문장에서 단어들이 결합하는 일반적인 방식과 똑같이 두 어근이 결합한 통사적 합성어(統辭的 合成語, syntactic compound)들이다. 그리고 (1ㄴ)의 단어들은 '용언+명사, 부사+명사, 용언+용언'과 같이 우리말 문장에서 단어들이 결합하는 일반적인 방식과 다르게 두 어근이 결합한 비통사적 합성어(非統辭的 合成語, asyntactic compound)들이다.

(1) 통사적 합성어와 비통사적 합성어
   ㄱ. 통사적 합성어
      밤낮, 새신랑, 묵은밭, 뛰어놀다
   ㄴ. 비통사적 합성어
      묵밭, 뾰족구두, 오가다, 뛰놀다

대등 합성, 종속 합성, 융합 합성 합성은 두 어근이 의미적으로 대등하게 결합하는 대등 합성과 두 어근 가운데 어느 하나(후행 어근)가 의미의 중심이 되고 다른 하나(선행 어근)는 그 의미를 한정하는 방식으로 결합하는 종속 합성으로 나뉜다. 그리고 이렇게 만들어진 합성어를 각각 대등 합성어, 종속 합성어라고 한다. 예를 들어 '밤낮'은 두 어근의 의미적 역할이 대등한 '밤과 낮'의 의미를 가지므로 대등 합성어(對等合成語)이고 '돌다리'는 '돌로 만든'이 '다리'를 수식하는 '돌로 만든 다리'의 의미를 가지므로 종속 합성어(從屬合成語)이다.

    (2) 대등 합성어와 종속 합성어
      ㄱ. 대등 합성어
        밤낮, 오가다, 한두
      ㄴ. 종속 합성어
        돌다리, 뛰(어)놀다

한편 합성에는 두 어근의 의미와는 다른 제3의 의미를 갖는 합성어를 만드는 융합 합성이 있다. 그리고 융합 합성에 의해 만들어진 합성어를 융합 합성어(融合合成語)라고 한다. 예를 들어 '늘'의 뜻을 갖는 '밤낮', '조금'의 뜻을 갖는 '한둘', '죽다'의 뜻을 갖는 '돌아가다', '보살피다'의 뜻을 갖는 '돌보다' 등은 모두 융합 합성어들이다.[1]

    (3) 융합 합성어
      밤낮('늘'), 한둘('조금'), 돌아가다('죽다'), 돌보다('보살피다')

---

1) 융합 합성어를 구별하는 것은 구성 요소인 어근과 전체 합성어 사이의 의미 관계에 따른 것으로서 어근들 사이의 의미 관계에 따라 대등 합성어와 종속 합성어를 구분하는 것과는 차원이 다르다. 따라서 융합 합성어도 다시 어근들 사이의 의미 관계에 따라 대등 합성어('밤낮, 한둘')와 종속 합성어('돌아가다, 돌보다')로 나눌 수 있다.

8.2. 합성어와 구의 구별

합성어 가운데 통사적 합성어는 구와 형식이 같아서 그 구별이 쉽지 않다. 다만 통사적 합성어 가운데에도 형식은 구와 같지만 구 구성으로 나타날 수 없는 것들은 구와의 구별이 문제되지 않는다. 이를테면 (4)의 '덤벼들다'는 '덤벼(서) 들다'와 같은 구 구성이 불가능하므로 합성어로 볼 수밖에 없다.

> (4) 개가 덤벼들었다.
>
> cf) *개가 덤벼(서) 들었다.

(5)의 합성어들도 구 구성이 불가능하여 구와의 구별이 문제되지 않는 것들이다. 이들은 실제 동작의 순서와 반대로 어근이 배열되어 구로는 환원이 불가능하다. 예를 들어 '알아듣다'는 '남의 말을 듣고 그 뜻을 알다'는 뜻에서 드러나듯이 실제 동작으로는 '듣는' 것이 '아는' 것에 앞선다. 그리고 '건너뛰다'도 '뛰는' 행위의 결과 '건너는' 것이므로 실제 동작으로는 '뛰다'가 '건너다'보다 앞이다. 따라서 '알아듣다'와 '건너뛰다'에 대응하는 구 구성은 '듣고 알다'와 '뛰어(서) 건너다'이다.

> (5) 알아듣다(*알아서 듣다), 건너뛰다(*건너서 뛰다), 달아매다(*달아서 매다), 알아보다(*알아서 보다), 깨물다(*깨서 물다)

합성어와 구를 구별하는 일반적인 기준은 의미이다. 특히 합성어는 구와 달리 어근의 의미를 합한 것으로는 설명할 수 없는 의미를 갖기도 한다. 이를테면 (6ㄱ)의 '작은집'은 '(크기가) 작은 집'이 아니라 '작은아버지의 집'을 뜻하며, (6ㄴ)의 '떡값'은 '떡의 값'이 아니라 '명절 때 주는 특별 수당'을 뜻하며, (6ㄷ)의 '돌아가다'는 '죽다'를 뜻한다.

(6) ㄱ. 이번 방학에 시골에 있는 <u>작은집</u>에 가기로 했다.
　　ㄴ. 이번 설에는 <u>떡값</u>이 얼마나 될까?
　　ㄷ. 지난해에 할아버지께서 <u>돌아가셨다</u>.

구성 요소의 의미를 합한 것에서 크게 벗어나지 않는 의미를 갖는 때에도 합성어는 단일한 의미를 갖는다는 점에서 구와 구별된다. 이를테면 (7ㄱ)에서 합성 동사 '뛰어가다'는 '뛰다'와 '가다'의 두 동작을 나타내는 것이 아니라 단일한 동작을 나타낸다. '높이 뛰어가다'가 성립하지 않는 것은 '뛰다'가 독립된 동작으로 인식되지 못하여 '높이'와 호응할 수 없기 때문이다. 이와 달리 (7ㄴ)의 통사적 구성 '뛰어(서) 가다'는 '뛰다'와 '가다'의 두 동작을 나타내며, 따라서 '높이'가 '뛰다'와 호응할 수 있으므로 '높이 뛰어(서) 가다'가 성립한다.

(7) ㄱ. 그가 <u>뛰어갔다</u>.
　　cf) *그가 높이 <u>뛰어갔다</u>.
　　ㄴ. 그가 <u>뛰어(서) 갔다</u>.
　　cf) 그가 높이 <u>뛰어(서) 갔다</u>.

합성어와 구를 구별하는 일반적인 기준으로 의미를 들었지만 이것만으로 합성어와 구를 구별하는 것은 현실적으로 쉽지 않다. 합성어로 사전에도 올라 있는 (8ㄱ)의 단어들과 그렇지 않은 (8ㄴ)의 구 구성 사이에 의미론적으로 어떤 유형적인 차이를 발견하기는 어렵다.[2]

> (8) ㄱ. 책값, 새벽하늘, 잡아넣다
>
>   ㄴ. 공책 값, 저녁 하늘, 잡아 빼다

(8)의 차이는 어떤 개념(혹은 의미)이 우리말 화자들이 하나의 단어로 삼을 만큼 중요하게 생각하는 것인지 그렇지 않은지의 차이로 설명할 수밖에 없다. 이를테면 '책의 값'은 우리가 하나의 단어로 삼을 만큼 중요하게 생각하는 개념이므로 '책값'과 같은 하나의 단어가 만들어졌고, '공책의 값'은 그렇지 않아서 '공책값'과 같은 단어가 만들어지지 않았다고 보는 것이다.[3]

8.3. 품사별 합성

합성은 만들어진 단어의 품사에 따라 명사 합성, 동사 합성, 형용사

---

2) 물론 사전에 등재되고 등재되지 않은 차이만으로 단어 여부를 판단할 수는 없다. 단어 여부의 판단은 사람에 따라 다를 수 있기 때문이다. 사실 어떤 사전에 등재된 단어들은 그 사전의 편찬자(들)가 단어로 보는 것들의 목록일 뿐이다.

3) '중요한 개념'으로 인식되면 (2ㄴ)도 언제든지 단어의 자격을 가질 수 있을 것이다. 다만 '중요한 개념'이라는 기준도 단어를 설명하는 완전한 기준은 되지 못한다. '벽해(碧海)'와 '푸른 바다'는 뜻이 같지만 전자는 단어이고 후자는 단어가 아니라 구(句)이다.

합성, 관형사 합성, 부사 합성 등으로 나뉜다.

명사 합성 두 개의 어근이 결합하여 합성 명사(合成名詞, compound noun)를 만드는 단어 형성법을 명사 합성이라고 한다.[4] 이때 후행 어근은 명사인 것이 보통이지만 '잘못'과 같이 부사인 것도 있다. 그리고 선행 어근은 명사, 관형사, 용언의 활용형, 용언, 부사(혹은 부사성 어근) 등으로 다양하다.

(9)는 두 개의 명사에 의한 명사 합성의 예이다. 두 개의 명사가 합성 명사를 형성할 때에는 '논밭, 밤낮, 봄가을'처럼 서로 대등하게 합성되기도 하고, '물고기, 김칫국, 불고기, 유리병'처럼 종속적으로 합성되기도 한다. 그리고 '집집, 나날, 구석구석'과 같이 동일한 명사가 반복되어 합성 명사를 형성하기도 한다.

(9) 명사+명사

　　ㄱ. 논-밭, 밤-낮, 봄-가을

　　ㄴ. 물-고기, 김칫-국, 불-고기, 유리-병

　　ㄷ. 집-집, 나-날, 구석-구석

(10)은 관형사와 명사(수사)가 결합하여 명사(대명사, 수사)를 합성한 예이다. (10ㄱ)은 성상 관형사와 명사, (10ㄴ)은 지시 관형사와 의존 명사가 결합한 종속 합성어들이다. (10ㄷ)은 수사인 대등 합성어들인데 형태적으로 특이성을 보인다. 특히 앞말이 수 관형사와 형태가 같은 것들이 있어서 눈에 띈다. '한, 두, 서, 네'가 수 관형사라면 이

---

4) '이것, 그것, 저것' 등의 대명사와 '한둘, 두셋, 서넛' 등의 수사도 같이 살펴보기로 한다.

들은 두 어근이 의미적으로는 대등하지만 형태적으로는 종속적이라는 특이성을 보인다.[5] 다만 '한둘'은 '하나둘'의 준말로 볼 수 있고 '두, 네' 등은 수사인 '둘, 넷'의 받침이 탈락한 것으로 볼 수도 있다.[6]

(10) 관형사+명사(수사)

　　ㄱ. 새-신랑, 헌-책, 첫-사랑

　　ㄴ. 이-것, 그-것, 저-것

　　ㄷ. 한-둘(하나-둘), 두-셋, 서-넛, 네-다섯/네-댓

(11)은 용언과 명사가 결합하여 명사를 합성하는 예이다. 용언은 (11ㄱ)의 '작은집,[7] 갈림길, 섞어찌개'와 같이 활용형이 명사와 결합하기도 하고, (11ㄴ)의 '덮밥, 묵밭, 접문'과 같이 어간이 직접 명사와 결합하기도 한다. 용언의 부사형이 명사에 결합한 것 가운데 '섞어찌개, 이어달리기'는 '섞어찌-개, 이어달리-기'와 같이 용언에 명사 파생 접미사가 결합하여 만들어진 것으로 볼 수도 있지만, '찌개, 달리기'가

---

5) '관형사+명사'에서 관형사는 후행하는 명사를 꾸며주는 것이 보통이다.

6) '일고여덟'과 같이 수사가 합성될 때에는 앞말의 받침이 탈락하기도 한다. 다만 '서 넛'의 '서', '예닐곱'의 '예' 등은 수사의 받침이 탈락한 것으로 보기 어렵다. 한편 '대 여섯'의 '대'는 수 관형사로 볼 수도 있고 수사('댓')의 받침이 탈락한 것으로 볼 수 도 있다. 참고로 '대, 예'는 '대 자(尺), 예 자(尺)'에서처럼 '자(尺)' 앞에서 수 관형사 로 쓰인다.

7) 관형사 '헌(〈헐+은)'과 같이 용언의 활용형은 다른 말로 발달하기도 한다. 따라서 '헌책'은 '용언의 활용형+명사'의 구조를 갖는 것이 아니라 '관형사+명사'의 구조를 갖는다. 한편 '작은집, 큰아버지'의 '작은, 큰'도 용언(활용형)의 의미에서 멀어졌다 고 보아 접두사로 처리하기도 한다. 이렇게 보면 이들은 합성 명사가 아니라 접두 파생어가 된다. 참고로 『표준국어대사전』에서는 그동안 '작은, 큰'을 접두사로 등재 했다가 최근 인터넷판에서는 이를 표제어에서 제외했다.

이미 만들어져 존재하는 단어이므로 '섞어-찌개, 이어-달리기'와 같
이 만들어진 것으로 본다.

    (11) 용언+명사

        ㄱ. 용언의 활용형 + 명사

          (관형사형) 작은-집, 가는-체, 솟을-대문, 열-쇠

          (명사형) 갈림-길, 구름-판, 비빔-밥, 깎기끌

          (부사형) 섞어-찌개, 살아-생전, 이어-달리기

        ㄴ. 용언 어간 + 명사[8]

          덮-밥, 묵-밭(묵은밭), 접-문

    이 밖에 명사 합성에는 다음과 같은 것들이 있다. (12ㄱ)은 부사(혹
은 부사성 어근)에 명사가 결합하여 명사를 합성한 예인데 부사가 명
사를 수식하는 문법적 특이성을 보인다. 그리고 (12ㄴ)은 부사와 부사
가 결합하여 명사를 합성하는 문법적 특이성을 보인다.

    (12) ㄱ. 부사(혹은 부사성 어근)+명사

          뾰족-구두, 부슬-비, 곱슬-머리

        ㄴ. 부사+부사

          잘-못

    한편 명사가 합성될 때에는 사잇소리 현상이 나타나기도 한다. 사

---

8) '늦'을 어간으로 보면 '늦더위, 늦봄, 늦공부' 등도 이에 포함된다. 그러나 『표준국어
   대사전』에는 이때의 '늦'이 접두사로 등재되어 있다. '늦되다, 늦심다' 등 용언 앞에
   도 결합하는 분포상의 특성을 고려한 것으로 보인다.

잇소리 현상은 종속 합성어에 국한되는데 종속 합성어 가운데에도 차이가 있다. 곧 '물고기, 김칫국, 겨울비, 기름병'에서는 사잇소리 현상이 일어나지만, '불고기, 이슬비, 유리병'에서는 사잇소리 현상이 일어나지 않는다.[9) 선행 어근이 시간('겨울비'), 장소('물고기'), 용도('기름병') 등의 의미로 후행 어근을 한정할 때에는 사잇소리 현상이 일어나고, 선행 어근이 재료('유리병'), 형상('이슬비'), 수단이나 방법('불고기') 등의 의미로 후행 어근을 한정할 때에는 사잇소리 현상이 일어나지 않는 것이 보통이다. 그러나 '들국화/들장미, 너와집/판잣집'과 같이 선행 어근이 동일한 의미로 후행 어근을 한정할 때에도 사잇소리 현상의 유무에 차이가 있는 것들도 있다.[10)

---

9) 사잇소리 현상이 나타나는 합성어 가운데 다음의 세 가지 조건을 충족하는 합성어들은 사이시옷을 붙여 표기한다. ①사잇소리 현상이 있고, ②두 어근 가운데 하나 이상이 고유어이고, ③선행 어근의 끝음절이 모음으로 끝날 때. 다만 두 어근이 모두 한자어인 2음절 한자어 가운데 '횟수(回數), 숫자(數字), 곳간(庫間), 찻간(車間), 툇간(退間), 셋방(貰房)' 등의 여섯 개 단어는 예외적으로 사이시옷을 붙인다. 한편 '찻잔(茶盞), 찻종(茶鍾), 찻방(茶房), 찻상(茶床), 찻장(茶欌), 찻주전자(茶酒煎子)' 등에서 사이시옷을 적는 것은 '차'를 고유어로 본 데 따른 것인데, 이는 예로부터 '茶'자의 새김(訓)이 '차'로서 한자어 '다(茶)'와 구별되기 때문이다. 최근 인터넷판 『표준국어대사전』에서 이 단어들을 '찻잔(-盞), 찻종(-鍾)'과 같이 '茶'를 쓰지 않는 것으로 수정한 것은 이런 사정을 반영한 것이다.
10) 사잇소리 현상에 대한 문법적 설명은 크게 음운론적 접근(최현배 1937/ 1961, 허웅 1975, 정국 1980), 통사·의미론적 접근(임홍빈 1981, 오정란 1987), 국어사적 접근(김창섭 1994/1996)으로 나눌 수 있다. 최현배(1937/1961)에서는 사잇소리 현상을 유성음화를 방지하기 위한 수단으로 보았고, 임홍빈(1981)에서는 사잇소리 현상을 통사적 구성의 파격, 곧 통사적 연결의 부자연성이나 불가해성을 극복하는 수단으로 보았고, 김창섭(1996)에서는 사잇소리 현상이 통사·의미적 관계 외에 중세 국어에서 '-ㅅ'의 통사적 속격 구성을 결정하던 요인과 직접적으로 관련된다고 보았다.

동사 합성 두 개의 어근이 결합하여 합성 동사(合成動詞, compound verb)를 만드는 단어 형성법을 동사 합성이라고 한다. 이때 후행 어근은 모두 동사이며, 선행 어근은 명사, 부사, 용언의 활용형, 동사(형용사) 등이다.

(13) 동사 합성(합성 동사 형성)
　　ㄱ. 명사+동사
　　　　빛-나다, 힘-내다, 본-받다, 앞-서다
　　ㄴ. 부사+동사
　　　　잘-하다, 못-하다, 바로-잡다
　　ㄷ. 용언의 활용형+동사
　　　　('-어/아' 형) 뛰어-가다, 올라-오다, 막아-서다, 돌아(다)-보다
　　　　　　　　　　좋아-하다, 슬퍼-하다, 기뻐-하다
　　　　　　　　　　찢어-지다, 끊어-지다, 붉어-지다
　　　　('-고' 형) 싸고-돌다, 파고-들다, 차고-앉다
　　　　('-어다' 형) 올려다보다, 돌아다보다, 넘겨다보다
　　ㄹ. 동사/형용사 어간+동사
　　　　오-가다, 돌-보다, 뛰-놀다 / 높-뛰다, 낮-잡다

(13ㄱ)은 통사 구성에서라면 선행 어근인 명사가 주어('빛나다/빛이 나다'), 목적어('힘내다/힘을 내다', '본받다/본을 받다'), 부사어('앞서다/앞에 서다') 등으로 해석되는 합성 동사들이다. (13ㄷ)에서 '좋아하다, 슬퍼하다, 기뻐하다'의 '하다'는 보조 동사로서 형용사의 활용형에 결합하여 합성 동사를 형성한다. '찢어지다, 끊어지다, 붉어지다'의 '지다' 또한 보조 동사인데 동사와 형용사의 활용형에 결합하

여 '피동' 혹은 '상태 변화'의 뜻을 갖는 합성 동사를 형성한다. (13ㄹ)
은 용언 어간이 동사와 직접 통합한 비통사적 합성 동사들이다.

형용사 합성 두 개의 어근이 결합하여 합성 형용사(合成形容詞,
compound adjective)를 만드는 단어 형성법을 형용사 합성이라고
한다. 이때 후행 어근은 형용사인 것이 보통이지만, '(힘)들다, (속)상
하다, (잘)생기다, (깎아)지르다'와 같이 동사인 것들도 있다.[11] 선행
어근으로는 명사, 부사, 용언 어간, 용언의 활용형 등이 쓰인다.

(14) 형용사 합성(합성 형용사 형성)

　　ㄱ. 명사+형용사/동사

　　　　멋-있다, 관계-없다, 꼴-좋다, 남-다르다 / 힘-들다, 속-상하다

　　ㄴ. 부사+형용사/동사

　　　　다시-없다, 더-없다 / 잘-생기다, 못-생기다, 잘-나다, 못-나다

　　ㄷ. 형용사 어간+형용사

　　　　검-푸르다, 높-푸르다

　　ㄹ. 용언의 활용형+형용사/동사

　　　　('-어/아' 형) 닳아-빠지다, 늘어지다 / 깎아-지르다,

　　　　　　　　늘어-지다(〈북한어〉)[12]

　　　　('-고' 형) 하고-많다, 하고-하다

　　　　('-디, 나' 형) 쓰디-쓰다, 다디-달다, 머나-멀다, 기나-길다

---

11) 2017년 12월, 국립국어원에서는 '잘생기다, 못생기다, 잘나다, 못나다' 등을
　　형용사에서 동사로 품사를 수정한 바 있으나 이들의 품사에 대해서는 이견이 있
　　다. (14ㄹ)의 '빠지다' 또한 '생기다, 터지다'와 함께 보조 형용사에서 보조 동사로
　　품사를 수정했다.
12) '팔팔한 맛이 없고 느리다.'의 뜻. 참고로 남한에서는 '늘어지다'가 동사로만
　　쓰이고 북한에서는 동사와 형용사로 같이 쓰인다.

(14ㄱ)은 통사 구성에서라면 선행 어근인 명사가 주어('멋있다/멋이 있다'), 부사어('남다르다/남과 다르다')로 해석되는 합성 동사들이다. (14ㄷ)은 형용사 어간이 형용사와 직접 통합한 비통사적 합성어들이다. (14ㄹ)에서 '닳아빠지다'의 '빠지다'는 보조 형용사이고 '늘어지다'의 '지다'는 보조 동사이다. '하고많다, 하고하다'는 '많고 많다'의 뜻을 갖는데 '하다'의 옛 뜻('많다')이 남은 것으로 볼 수 있다. '쓰디쓰다, 다디달다, 머나멀다, 기나길다'는 동일한 어근이 연결 어미 '-디, -나'를 매개로 반복되어 만들어진 합성 형용사들이다.

관형사 합성 두 개의 어근이 결합하여 합성 관형사(合成冠形詞, compound adnoun)를 만드는 단어 형성법을 관형사 합성이라고 한다. 이때 선행 어근과 후행 어근은 대부분 수 관형사이다. 이 밖에 '여남은'은 기원적으로 수사 '열'에 동사의 활용형 '남은'이 결합한 것이다.

　(15) 관형사 합성(합성 관형사 형성)
　　ㄱ. 관형사+관형사
　　　한-두, 두-세, 서-너, 두-서-너, 네-다섯/네-댓, 대-여섯,
　　　몇몇
　　ㄴ. 명사(수사)+동사의 활용형
　　　여남은(〈옇+남+은)

이 가운데 수사와 수 관형사의 형태가 같은, '다섯' 이상이 후행 요소인 것들과 '몇몇'은 수사로도 쓰인다.

부사 합성 두 개의 어근이 결합하여 합성 부사(合成副詞, compound adverb)를 만드는 단어 형성법을 부사 합성이라고 한다.

부사 합성은 어근의 품사에 따라 다음과 같이 나눌 수 있다.

(16) 부사 합성(합성 부사 형성)

ㄱ. 명사(+조사)+명사(+조사)

밤-낮('늘'), 하나-하나, 송이-송이, 일-일

너도-나도, 도나-캐나('아무나')

ㄴ. 관형사+명사

한-층, 온-종일, 어느-새, 요-즈음

ㄷ. 용언의 활용형+명사

이른-바, 된-통, 불현((불+혀+ㄴ)-듯(이)

ㄹ. 용언의 활용형+용언의 활용형

오나-가나, 드나-나나, 지나-새나[13]

오다-가다

ㅁ. 부사+부사

잘-못, 곧-잘, 너무-너무, 비틀-비틀, 콩닥-콩닥

ㅂ. 불규칙적 어근+불규칙적 어근

미끈-미끈, 흔들-흔들, 미끌-미끌, 들락-날락

합성 부사는 위와 같이 선행 어근과 후행 어근이 다양하다는 특징이 있다. 특히 후행 어근의 경우 부사인 것들이 없는 것은 아니지만 명사(+조사), 불규칙적 어근, 용언의 활용형 등 여러 문법 형태들이 쓰

---

13) 이들은 각각 '오거나 가거나', '들어가거나 나오거나', '해가 지거나 날이 새거나'를 기본 의미로 하여 '늘'을 뜻하는 단어라는 공통점이 있다. 한편 '자나 깨나, 앉으나 서나' 등도 사전에 하나의 표제어로 올라 있지는 않지만 이들과 마찬가지로 '늘'의 뜻을 갖는 한 단어로 볼 수도 있다. 『표준국어대사전』에는 '자나 깨나, 앉으나 서나'가 관용구로 올라 있다.

인다. 이 밖에 합성 부사에는 '너무너무, 비틀비틀' 등 부사가 반복되거나 '미끈미끈, 흔들흔들' 등 불규칙적 어근이 반복되어 만들어진 의성어(擬聲語), 의태어(擬態語)들이 많다.

(1)김규선(1970)에서는 복합어(합성어)를 통사적(統辭的) 복합어, 반통사적(半統辭的) 복합어, 비통사적(非統辭的複) 복합어로 구분했다. 유목상(1974), 이석주(1989) 등에서는 비통사적 복합어는 비통사적이라기보다는 반통사적이라고 보고, 이에 따라 형태론적 복합어라는 용어를 제안했다. 한편 김창섭(1994/1996)에서도 형태적 합성 명사와 통사적 합성 명사를 구분했다. Bloomfield(1933), Hockett(1958), Nida(1978) 등의 복합어 구분에 대해서는 이석주(1989, 1995)를 참조할 수 있다.

한편 통사적 합성어는 통사 구성(곧 '구')과 형식적으로 유사하여 이를 통사부에서 형성되는 것으로 보기도 한다. 이에는 어휘화(혹은 단어화)로 설명하는 견해(남기심 1970, 김기혁 1981, 이선영 1992, 박진호 1994, 송원용 1998, 2002/2005)와 통사부에서의 핵 이동으로 설명하는 견해(시정곤 1994)가 있다. 그러나 통사적 합성어 가운데에는 '달아매다, 솟을대문'과 같이 통사 구성으로 환원되기 어려운 것들도 있고('달아매다'의 경우 통사 구성으로는 두 단어의 순서가 바뀐 '매어(서) 달다'가 가능하며, '솟을대문'의 경우에도 통사 구성에서는 '솟은 대문'이 자연스럽다.), 또 통사적 합성어와 형식적으로 유사하지만 후행 요소가 접사라서 통사 구성이 성립하지 않는 '밀어뜨리다, 참을성' 등의 파생어들도 있다는 점을 고려하면, 형식적 유사성을 통사적 합성어가 통사부에서 형성된다고 보는 근거로 삼기는 어렵다. 이에 따라 김창섭(1994/1996), 황화상(2001), 최형용(2002/2003) 등에서는 통사적 합성어도 어휘부에서 형성된다고 본다.

(2)한자어는 고유어에 비해 매우 생산적으로 단어 형성에 참여하며, 하나의 형태가 '인간(人間), 거인(巨人)'의 '인(人)'과 같이 선행 어근과 후행 어근으로 모두 나타날 수 있고, '한국인(韓國人)'의 '인(人)'과 같이 접미사로 쓰이기도 한다. 그

리고 한자어의 반복 합성어는 '순간순간(瞬間瞬間), 조목조목(條目條目)'과 같은 예외가 없는 것은 아니나 '사사건건(事事件件), 명명백백(明明白白)'과 같이 단어(혹은 어근)가 반복되는 고유어의 반복 합성어('반들반들, 보슬보슬')와는 다른 구성 방식으로 만들어진다. 한편 한자어 합성어 가운데에는 '독서(讀書), 문병(問病), 하산(下山), 낙하(落下)'와 같이 우리말의 어순(語順, word order)이 아니라 중국어(혹은 한문)의 어순을 보이는 것들도 있다. 그리고 한자어에서는 '한은(한국은행, 韓國銀行), 밀서(비밀문서, 秘密文書)'와 같이 머리 음절이나 꼬리 음절을 따는 단어 형성법이 아주 생산적이다. (고영근·구본관 2008 참조)

  (3)파생과 합성은 새로운 단어를 만드는 형태론적 과정이므로 그 결과로서 만들어진 단어(파생어, 합성어)는 복합어라는 것을 형식적으로 표시하여 사전에 표제어로 올리는 것이 보통이다. 다만 사전에 따라 이를 표시하는 방식에는 차이가 있다. 『표준국어대사전』, 『금성판 국어대사전』, 『우리말큰사전』에서는 '달-맞이'와 같이 표제어에 붙임표(-)를 써서 복합어를 형식적으로 표시하며, 『고려대 한국어대사전』에서는 '달맞이 [+달+맞-이]'와 같이 표제어와 그 옆에 형태 정보를 함께 제시하여 복합어를 형식적으로 표시한다. 『고려대 한국어대사전』은 '눌리다 [+눌ㄹ(누르)-이_다]'와 같이 구성 요소가 음절 단위로 나뉘지 않는 복합어도 똑같은 방식으로 표시할 수 있으며, '덧붙이다 [=덧+붙-이_다]'와 같이 구성 요소가 여럿인 복합어도 그 구성 요소를 모두 보일 수 있다는 장점이 있다. 참고로 『표준국어대사전』에서는 '눌리다'와 같이 음절 단위로 나뉘지 않는 복합어는 붙임표 없이 제시하였으며, '덧붙-이다'와 같이 구성 요소가 여럿인 복합어는 가장 나중에 결합한 구성 요소를 판단하여 그 사이에 한 번만 붙임표를 표시하여 제시하였다.

> ## 연습

1 'X왕, 왕X' 형태의 복합어는 파생어로 보는 것이 보통이다. 1)과 2)를 참조하여 이들 복합어를 합성어로 볼 수는 없을지 생각해 보자.

〈다음〉

발명왕, 저축왕, 판매왕, 싸움왕

왕개미, 왕소금, 왕고집

1) 사자는 동물의 왕이다.

2) 먹는 데는 내가 왕이다.

2 '잘생기다, 못생기다'는 『표준국어대사전』에 그동안 형용사로 등재되어 있다가 2017년 12월에 동사로 품사가 바뀌었다. 품사 수정의 근거 가운데 하나는 합성어의 품사와 그 핵이 되는 구성 성분의 품사는 일치하는 것이 보통이라는 점이다. 다음 예를 참조하여 ('잘생기다, 못생기다'의 품사를 본래대로 형용사로 보고) '생기다'를 형용사로 보아 그 둘의 품사가 일치하는 것으로 볼 수는 없을지 생각해 보자.

* '생기다'의 의미, 각 활용형의 형태와 기능 등을 고려할 것.

1) 산적처럼 생긴 얼굴

2) 이렇게 계속 문제가 생기는 이유

3) 그녀의 얼굴은 달걀 모양으로 생겼다.

4) 그는 아주 남자답게 생겼다.

5) 당장 굶어 죽게 생긴 모양이다.

3 '명사+명사'는 문장에서도 가능한 결합이므로 '불고기, 돌다리, 눈물' 등의 합성 명사는 통사적 합성어에 포함된다. 그런데 '명사+명사'형 합성 명사 가운데는 '물고[꼬]기, 밤길[낄], 전셋집, 콧물'과 같이 사잇소리 현상이 일어나는 것들도 있다. 이들이 통사적 합성어인지 비통사적 합성어인지 생각해 보자.

4 '잘못'은 부사와 부사가 결합하여 만들어진 합성 명사라는 특이성이 있다. 아울러 '잘못'은 부사 '잘'과 결합하여 또 다른 합성 명사 '잘잘못'을 만들기도 한다. 합성 명사 '잘잘못'의 형성과 관련된 이와 같은 특이성을 문법적으로 어떻게 설명할 수 있을지 생각해 보자. 참고로 '잘못'은 부사로 쓰이기도 한다.

제Ⅳ부

국어 단어의 품사

9. 품사와 품사 분류

미리보기

다음 문장에서 밑줄 친 단어들은 모두 '빠르–'를 포함하는 단어들이다. 이들을 모두 하나의 단어 '빠르–'의 활용형으로 볼 수 있을지 생각해 보자.

다음   1) 그는 발이 <u>빠르다</u>.

           2) 술기운이 온몸으로 <u>빠르게</u> 퍼졌다.

           3) 일을 <u>빨리</u> 끝내자.

           4) 경기가 <u>빠른</u> 속도로 회복되고 있다.

9.1. 품사란?

다시 집에 대해 생각해 보자. 세상에는 수많은 집들이 있다. 때에 따라 우리는 그 많은 집들을 하나하나 낱낱으로 바라보기도 하지만 때에 따라서는 여럿씩 묶어 몇 개의 부류(혹은 유형)로 나누어 바라보기도 한다. 예를 들어 우리는 집을 그것(혹은 그것의 부분)의 '주요 재료'가 무엇인지에 따라 벽돌집, 통나무집, 기와집 등으로 나누기도 하고, 그것의 '전체적인 형체나 모습'이 어떠한지에 따라 ㄱ자집, 다각집, 팔각집 등으로 나누기도 하고, 그것이 '위치한 곳'이 어디인지에 따라 골목집, 산집, 주각집 등으로 나누기도 하고 , 그곳에서 '주로 하는 일'이 무엇인지에 따라 꽃집, 가정집, 요릿집 등으로 나누기도 한다. 이렇게 집들을 몇 개의 부류로 나누어 바라봄으로써 우리는 집의 다양한 속성을 체계적으로 이해할 수 있다. 이를테면 우리는 어릴 때 살던 집을 '벽돌집, ㄱ자집, 골목집, 가정집'과 같이 이해할 수 있다. 여기에서 체계적으로 이해한다는 것은 어떤 집(들)을 다른 집(들)과의 공통점과 차이점을 바탕으로 이해한다는 것을 뜻한다. 이를테면 내가 어릴 때 살던 집은 벽돌집이라는 점에서 다른 모든 벽돌집들과 같고 어떤 통나무집과도 다르다고 이해하는 것이다.

품사 어떤 대상을 몇 개의 부류로 나누어 바라보는 것은 단어를 이해하는 데에도 유용하다. 예를 들어 '책, 닭, 의자, 옷걸이' 등의 단어들과 '많(다), 울(다), 편하(다), 있(다)' 등의 단어들을 각각 묶어 유형적으로 나눔으로써 우리는 (1)에서 전자가 (가)의 자리에 쓰이는 문법적 성질을, 후자가 (나)의 자리에 쓰이는 문법적 성질을 공유한다는 것을 이해할 수 있다.

(1) [(가)] 이/가 [(나)] 다/는다.
    (가) 책, 닭, 의자, 옷걸이
    (나) 많다, 울다, 편하다, 있다

이와 같이 '단어들을 문법적 성질(文法的 性質)의 공통성에 따라 묶어 몇 개의 부류(部類)(혹은 유형類型, 혹은 갈래)로 나눈 것'을 품사(品詞, word class, 혹은 parts of speech)라고 한다. 어느 언어에나 수많은 단어가 있지만 품사로 보면 열 개 전후의 유형으로 나뉘는 것이 보통인데 이렇게 단어를 품사로 나눔으로써 우리는 어떤 언어의 단어를 체계적으로 이해할 수 있다. 이를테면 '책'은 (가)의 자리에 쓰일 수 있다는 점에서 '닭'과 같으며, 또 이런 점에서 '많다'와 다르다는 것 등.

품사와 문장 성분 어떤 단어의 품사는 그 단어에 고유한 문법적 성질에 따라 결정된다. 여기에서 '고유(固有)한 문법적 성질'은 '때에 따라 일시적(一時的)으로 갖는 문법적 성질'과 구별된다. 예를 들어 (2)의 각 문장에서 '사과'라는 단어는 다른 단어와 일정한 문법적 관계를 가지며, 이에 따라 각 문장에서 다른 단어와 구별되는 특정한 문법적 성질을 갖는다. 그런데 쓰이는 위치가 다른 만큼 '사과'라는 단어가 갖는 문법적 성질은 문장에 따라 다르다. 곧 (2ㄱ)의 '사과'는 '맛있는' 성질을 갖는 대상으로서 주어라는 문법적 성질을, (2ㄴ)의 '사과'는 '산' 행위의 대상으로서 목적어라는 문법적 성질을, (3ㄷ)의 '사과'는 '향기'를 꾸며주는 수식어로서 관형어라는 문법적 성질을 갖는다. 이와 같이 어떤 문장에 쓰인 단어를 다른 단어와의 문법적 관계에 주목하여 주어, 목적어, 관형어 등으로 지칭할 때 이를 문장 성분(文章成分, constituent of sentence)이라고 한다.[1]

> (2) ㄱ. 사과가 맛있다. [주어]
>
> ㄴ. 나는 사과를 샀다. [목적어]
>
> ㄷ. 사과의 향기가 은은하다. [관형어]

그런데 이와 같은 문장 성분으로서의 성질은 '사과'라는 단어가 각 문장에서만 일시적으로(혹은 임시로) 갖게 되는 것일 뿐이다. 곧 (2ㄱ)에서 '사과'의 주어로서의 성질은 (2ㄴ~ㄷ)에서는 유지되지 않는

---

1) 어떤 단어를 '품사'로서 지칭할 때에는 '-사(詞)'를 붙이고, '문장 성분'으로 지칭할 때에는 '-어(語)'를 붙여서 구별한다.

다. (2ㄴ~ㄷ)에서 '사과'가 갖는 문장 성분으로서의 성질도 각 문장을 떠나서는 유지되지 않는다. '사과'는 본래부터 (2)의 모든 자리에 쓰일 수 있는 고유한 문법적 성질을 가진 하나의 단어이다. 말하자면 (2)의 각 문장은 주어, 목적어, 관형어 등 다양한 문장 성분으로 쓰일 수 있는 고유한 성질을 가진 '사과'가 그 가운데 어느 하나의 성질을 구체적으로 드러낸 문장인 셈이다. (2)의 각 문장에 쓰인 '사과'가 서로 다른 문법적 성질을 갖는다고 해서 서로 다른 단어라고 말하지 않고 하나의 단어로서 '명사'라고 말하는 것은 바로 이런 까닭에서이다.

9.2. 품사 분류

품사는 형태(形態, form), 기능(機能, function), 의미(意味, meaning)의 세 가지 문법적 성질을 기준으로 분류하는 것이 보통이다.

형태 우리말의 단어는 문장에 쓰일 때 어떤 형태(혹은 형식)로 쓰이는지에 따라 두 부류로 나뉜다. 예를 들어 (3)에서 '그, 꽃, 이, 활짝'은 문장에 쓰일 때 그 모습(곧 형태)이 변하지 않지만, '예쁘(다), 피(다)'는 각각 어미 '-ㄴ(은)'과 '-었-, -다'가 결합하여 모습이 변한다. 이때 '그, 꽃, 이, 활짝'과 같이 형태가 변하지 않는 단어들을 불변어(不變語)라고 하고, '예쁘(다), 피(다)'와 같이 형태가 변하는 단어들을 변화어(變化語) 혹은 가변어(可變語)라고 한다.

(3) 그 예쁜 꽃이 활짝 피었다.

변화어인 '예쁘(다), 피(다)'는 문장에서의 위치에 따라 다양한 모습으로 변하는데 그 일부를 보이면 다음과 같다. 서술격 조사 '이(다)'도 '예쁘(다), 피(다)'와 같은 변화어이므로 그 예를 같이 제시하기로 한다.

(4) ㄱ. 예쁘-{ㄴ, 다, 고, 니, 었다, 겠고, …}

ㄴ. 피-{ㄴ, ㄴ다, 고, 니, 었다, 겠고, …}

(5) (학생)이-{ㄴ, 다, 고, 니, 었다, 겠고, …}

기능 우리말의 단어는 문장에서 하는 역할(혹은 기능)에 따라 크게 다섯 개의 부류로 나뉜다. 예를 들어 (6)과 (7)에서 '꽃, 소나무, 달, 저(제)'는 (1)의 (가)의 자리에, 그리고 (2)의 '사과' 자리에 쓰일 수 있는 공통점을 갖는데, 특히 (1)의 (가)의 자리나 (2ㄱ)의 '사과' 자리와 같이 주어로 쓰일 수 있다는 점에 주목하여 체언(體言)이라고 한다. '지다, 흔들리다, 밝다, 가다'는 (1)의 (나)의 자리에 쓰이는 공통점을 갖는데 주어의 행위나 상태, 성질 등을 서술하는 문장 성분(곧 서술어)으로 쓰인다는 점에 주목하여 용언(用言)이라고 한다. '그, 이미, 저, 살짝, 참'은 뒤에 오는 단어를 꾸며주므로 수식언(修飾言)이라고 한다. '이, 가'는 앞에 오는 체언이 다른 단어와 갖는 문법적 관계(주어, 목적어, 관형어, 서술어 등)를 표시해 준다고 하여 관계언(關係言)이라고 한다. 이 밖에 (7)의 '아, 예'는 다른 단어와 특별한 문법적 관계를 가지지 않으면서 문장에서 홀로 쓰여서 독립언(獨立言)이라고 한다.

(6) ㄱ. 그래, 그 꽃이 이미 졌다.

ㄴ. 저 소나무가 살짝 흔들렸다.

(7) ㄱ. 아, 달이 참 밝다.

ㄴ. 예, 제가 가겠습니다.

의미 체언과 용언은 다시 의미에 따라 몇 개의 부류로 나뉜다. 먼저 체언은 (8ㄱ)의 '꽃'과 같이 어떤 대상의 이름을 나타내는 명사(名詞), (8ㄴ)의 '그'와 같이 어떤 대상의 이름을 대신하는 대명사(代名詞), (8ㄷ)의 '하나, 둘'과 같이 사물의 수량을 나타내는 수사(數詞)의 셋으로 나뉜다.

(8) ㄱ. 꽃이 피었다.

ㄴ. 그가 왔다.

ㄷ. 하나가 둘보다 작다.

용언은 (9ㄱ)의 '가다'와 같이 사물의 움직임(곧 동작)을 나타내는 동사(動詞), (9ㄴ)의 '크다'와 같이 사물의 성질이나 상태를 나타내는 형용사(形容詞)로 나뉜다.

(9) ㄱ. 철수가 학교에 간다.

ㄴ. 이 나무가 저 나무보다 크다.

수식언은 꾸며주는 성질을 가지므로 꾸밈을 받는 단어의 성질에 따라 다시 관형사와 부사로 나뉜다. 관형사(冠形詞)는 (6)의 '그, 저'와

같이 체언을 꾸며주며, 부사(副詞)는 (6)의 '이미, 살짝', (7)의 '참'과
같이 주로 용언을 꾸며준다.

이 밖에 관계언과 독립언에 속한 단어들 사이에는 의미나 구체적인
기능의 차이가 없어서 다시 나누지 않는데, 관계언에는 조사(助詞)가
있고 독립언에는 감탄사(感歎詞)가 있다.

이와 같이 품사는 형태, 기능, 의미의 세 가지 문법적 성질을 기준으
로 분류하는데 이를 요약하면 다음과 같다.

(10) 우리말 단어의 품사 분류

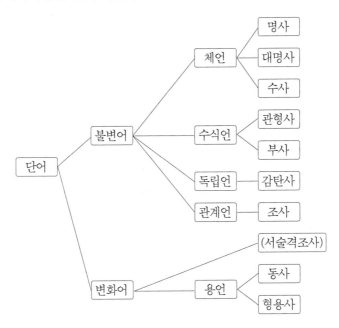

9.3. 품사 통용

품사의 통용 현상 하나의 단어는 하나의 품사를 갖는 것이 보통이
지만 때에 따라서는 한 단어가 둘 이상의 품사를 갖기도 한다. 예를 들
어 '크다'는 (11ㄱ)에서는 형용사로, (11ㄴ)에서는 동사로 쓰인다. 이
와 같이 한 단어가 둘 이상의 품사를 갖는 현상을 품사 통용(品詞通
用)이라고 한다.

    (11) 〈형용사-동사〉
        ㄱ. 이 나무가 저 나무보다 더 크다. (↔작다)
        ㄴ. 이 나무가 저 나무보다 잘 큰다. (=자란다)

    수사와 수 관형사를 구별하면 '다섯' 이상의 수를 나타내는 단어들
은 수사와 관형사로 통용된다. 예를 들어 '다섯'은 (12ㄱ)과 같이 수사
로 쓰이기도 하고 (12ㄴ)과 같이 (수) 관형사로 쓰이기도 한다.

    (12) 〈수사-관형사〉
        ㄱ. 다섯은 넷에 하나를 더한 수이다.
        ㄴ. 다섯 손가락 깨물어서 아프지 않은 손가락이 없다.

    접미 파생어 가운데 품사 통용 현상을 보이는 것들도 있다. 예를 들
어 '-적' 파생어는 (13ㄱ)의 '합리적'과 같이 명사와 관형사로 통용되
기도 하고, (13ㄴ)의 '비교적'과 같이 명사와 관형사와 부사로 통용되

기도 한다.[2]

(13) ㄱ. 〈명사-관형사〉

합리적으로 사고하다./합리적 사고

ㄴ. 〈명사-관형사-부사〉

비교적인 관점/비교적 연구/비교적 쉬운 문제

이 밖에도 품사의 통용 현상은 여러 품사에 걸쳐 두루 나타난다. 품사 통용 현상을 보이는 단어들 가운데 주요 예를 제시하면 다음과 같다.

(14) ㄱ. 〈명사-부사〉

오늘은 화요일이다./비가 오늘 왔다.

ㄴ. 〈명사-감탄사〉

3월 1일에 만세를 불렀다./만세!

ㄷ. 〈명사-조사〉

나는 먹을 만큼 먹었다./그도 나만큼 먹었다.

ㄹ. 〈명사-부사-감탄사〉

이건 정말이야./널 정말 사랑해./큰일 났네, 정말!

ㅁ. 〈대명사-관형사〉

그는 집에 갔다./그 사람은 집에 갔다.

ㅂ. 〈부사-감탄사〉

아차 잘못하여 눈에 띄면 …/아차, 약속을 잊었구나.

---

2) '-적' 파생어는 조사가 결합할 때에는 명사, 조사 없이 명사를 수식할 때에는 관형사, 용언이나 다른 부사를 수식할 때에는 부사이다.

ㅅ. 〈부사-조사〉

<u>보다</u> 나은 삶을 살고자 한다./그는 나<u>보다</u> 나은 삶을 산다.

품사 통용은 품사는 다르지만 단어는 하나라는 것을 전제한다. 따라서 사전에서도 하나의 표제어 아래에서 각각의 품사로 나누어 기술하는 것이 보통이다. 예를 들어 『표준국어대사전』에서는 명사, 부사, 감탄사로 통용되는 '정말'을 다음과 같은 방식으로 기술한다.[3]

(15) 품사 통용어의 사전 기술

정-말01(正-)[정: -]

[I]「명사」

「1」거짓이 없이 말 그대로임. 또는 그런 말.

「2」(('정말은' 꼴로 쓰여)) 겉으로 드러나지 아니한 사실을 말할 때 쓰는 말.

「3」(('정말이지' 꼴로 쓰여)) 자신의 말을 강하게 긍정할 때 쓰는 말.

「4」『북한어』함부로 입 밖에 내서는 안 될, 마음속 깊이 품고 있는 말.

[II]「부사」

=정말로.

[III]「감탄사」

「1」어떤 일을 심각하게 여기거나 동의할 때 쓰는 말.

「2」어떤 일에 대하여 다짐할 때 쓰는 말.

---

3) 이는 형식적으로 다의어(多義語)를 기술하는 방식과 유사하다. 참고로 품사가 통용되는 단어들을 다품사어(多品詞語)라고도 한다.

「3」((사람이나 물건 따위를 나타내는 말 뒤에 쓰여)) 어떤 사람이
나 물건 따위에 대하여 화가 나거나 기가 막힘을 나타내는 말.

다만 명사와 동사로 통용되는 단어들은 사전에서 각각을 표제어로
삼는다. 동사는 어미 '-다'를 붙인 형태를 대표형으로 삼아서 표제어
로 올리므로 명사와는 그 형태가 다르기 때문이다.

(16) 〈명사-동사(어간)〉
　　　가물:가물(다), 신:신(다), 빗:빗(다), 품:품(다)

한편 한 품사 안에서 서로 다른 하위 유형으로 같이 쓰이는 단어들
도 있다. 예를 들어 명사 '놈'은 (17ㄱ)에서처럼 자립 명사로 쓰이기도
하고 (17ㄴ)에서처럼 의존 명사로 쓰이기도 한다. 그리고 동사 '버리
다'는 (18)에서처럼 (앞의) 본동사와 (뒤의) 보조 동사로 같이 쓰인다.

(17) ㄱ. 우리는 목을 지키고 있다가 <u>놈</u>들을 덮쳤다.
　　　ㄴ. 여자는 하나도 없고 시커먼 <u>놈</u>들만 앉아 있다.
(18) 모든 희망을 다 <u>버려</u> <u>버렸다</u>.

이는 한 품사 안에서 나타나는 현상이기는 하지만 이 또한 넓게 보
아 품사 통용으로 다룰 수 있는 것들이다.

품사 통용에 대한 문법적 설명　품사 통용이 말 그대로 하나의 단
어가 둘 이상의 품사로 두루 쓰이는 현상 그 자체에 주목한 것이라
면, 이와 같은 현상이 일어나게 된 형태론적 과정에 주목하여 이를

바라볼 수도 있다. 곧 품사 통용을 어떤 한 품사에서 다른 품사가 만들어진 결과로 바라보는 것이다. 이에는 크게 영 파생(零派生, zero derivation)과 품사 전성(品詞轉成, conversion)의 두 가지 관점이 있다. 영 파생은 한 품사에 영 접사가 결합하여 새로운 품사가 만들어진다고 보는 것이며, 품사 전성은 접사의 결합 없이 한 품사에서 새로운 품사가 만들어진다고 보는 것이다.

영 파생이든 품사 전성이든 형태론적 과정에 주목하면 어느 품사에서 다른 품사가 파생된(혹은 전성된) 것인지의 문제가 생긴다. 명사와 동사의 통용어들은 명사에서 동사가 파생되었을 가능성이 크다. 예를 들어 '신'은 명사 '신'에서 동사 '신(다)'이 파생되었을 가능성이 크다. 논리적으로 '신는' 행위는 '신'을 전제하기 때문이다. 다른 품사와 조사의 통용어들은 다른 품사에서 조사가 발달했다고 보는 것이 보통이다. 언어는 어휘적인(혹은 덜 문법적인) 것에서 문법적인 것(혹은 더 문법적인 것)으로 발달하는 것이[4] 일반적이기 때문이다. 그러나 품사 통용어 가운데에는 두 품사의 선후 관계가 분명하지 않은 것들도 많다.

접사가 붙어서 만들어진 파생어의 품사 통용 현상은 접사의 다의성(多義性, 혹은 다기능성)으로 설명이 가능하다. 이를테면 '합리적, 비교적' 등의 '-적' 파생어는 명사와 관형사(그리고 때에 따라 부사)로

---

4) 이와 같이 어휘적인 것에서 문법적인 것으로 발달하는 것을 문법화(文法化, grammaticalization)라고 한다. 예를 들어 조사 '부터, 조차'는 용언의 활용형 '좇아, 붙어'로부터 문법화한 것이다. 한편 문법적인 것에서 어휘적인 것으로 발달하기도 하는데 이를 역문법화(逆文法化, degrammaticalization)라고 한다. 예를 들어 '어떤 일, 특히 즐기는 방면의 일에 능숙한 사람을 낮잡아 이르는 말'을 뜻하는 명사 '꾼'은 '사냥꾼, 노름꾼' 등에 결합한 접미사 '-꾼'에서 단어로 발달한 것이다.

통용되는데, 이를 어느 한 품사에서 다른 품사로 발달한 것으로 설명할 수는 없다. '-적' 파생어의 통용 현상은 모든 파생어에서 일률적으로 일어나는 현상이기 때문이다. 따라서 '-적' 파생어의 품사 통용은 파생 접사 '-적'이 명사와 관형사(그리고 부사)를 파생하는 다의적 기능을 갖는 것으로 설명하는 것이 합리적이다.

참조	품사 분류의 기준

　품사 분류의 기준으로 형태(형식), 기능, 의미의 세 가지를 들었지만 '형태(形態, form)'가 우리말 단어의 품사를 분류하는 기준이 될 수 있는지에 대해서는 이견이 있다. 우리말은 교착어로서 굴절어에서 나타나는 것과 같은 전형적인, 단어의 형태 변화는 없기 때문이다. 우리말에서 '형태'를 품사 분류의 기준으로 삼기 위해서는 어미의 결합에 의해 단어의 문법적 기능이 표시되는 것까지를 포함하여 형태 변화를 넓게 이해해야 한다.

　품사 분류의 기준으로 형태를 제외하고 분포(分布, distribution)를 제시하기도 한다. 최형용(2012:258)에서는 어미와 결합한다는 분포의 측면에서 용언은 다른 품사의 단어들과 구별되며, 따라서 기존에 '형식'으로 포착했던 것은 '분포'로도 얼마든지 포착할 수 있다고 보았다. 물론 체언도 이와 마찬가지로 조사와 결합한다는 분포의 측면에서 다른 품사의 단어들과 구별된다고 본다. 참고로 최형용(2012)에서는 품사 분류의 대상이 되는 단어는 문법적 단어(文法的 單語, grammatical word)이며, 문법적 단어에는 조사와 어미가 포함되는 것으로 본다.

연습

1 다음 문장에서 1)의 '다르다', 2)의 '다른', 3)의 '다른', 4)의 '다르게'
는 서로 같은 단어인지 다른 단어인지 생각해 보자.

1) 쌍둥이도 서로 성격이 <u>다르다</u>.
2) 철수는 <u>다른</u> 사람보다 키가 훨씬 크다.
3) 그는 나와 <u>다른</u> 생각을 한다.
4) 병원마다 검사 결과가 <u>다르게</u> 나온다.

2 『표준국어대사전』에서는 '뿐'을 다음과 같이 기술한다. 본문에서 살
펴본 '정말'의 기술 방식과 비교하면 '뿐'을 품사 통용어가 아니라 두
개의 서로 다른 단어로 본다는 것을 알 수 있다. 뜻풀이와 예문을 참
조하여 '뿐'을 의존 명사와 조사로 통용되는 한 단어로 볼 수는 없을
지 생각해 보자.

〈'뿐'의 사전 기술〉
뿐01
　「의존명사」
　「1」((어미 '-을' 뒤에 쓰여)) 다만 어떠하거나 어찌할 따름이라
　는 뜻을 나타내는 말.
　¶ 소문으로만 들었을 뿐이네.

「2」(('-다 뿐이지' 구성으로 쓰여)) 오직 그렇게 하거나 그러하다는 것을 나타내는 말.

¶ 이름이 나지 않았다 뿐이지 참 성실한 사람이다.

뿐02

「조사」

((체언이나 부사어 뒤에 붙어))

'그것만이고 더는 없음' 또는 '오직 그렇게 하거나 그러하다는 것'을 나타내는 보조사.

¶ 이제 믿을 것은 오직 실력뿐이다.

3 1)의 '있다', 2)의 '어제', 3)의 '다섯'을 각각 한 품사의 단어로 볼 수 있을지 생각해 보자. 품사 분류 기준으로서의 형태, 기능, 의미를 고려할 것.

1) ㄱ. 철수가 집에 <u>있다</u>.

ㄴ. 철수야! 집에 <u>있어라</u>.

2) ㄱ. <u>어제</u>는 일요일이다.

ㄴ. <u>어제</u> 비가 내렸다.

ㄷ. 그를 <u>어제</u> 만났어야 했다.

3) ㄱ. <u>다섯</u>은 여섯보다 작다.

ㄴ. <u>다섯</u> 사람이 이리로 오고 있다.

10. 체언

미리보기

다음의 세 문장에서 '우리'의 용법에 어떤 공통점과 차이점이 있는지 생각해
보자.

다음 1) 우리 영화 보러 가자.

2) 수업 끝나고 우리 집에 가서 영화 보자.

3) 우리 영화 보러 가는데 너도 같이 갈래?

체언(體言)은 다음과 같이 주어, 목적어, 보어, 서술어, 관형어, 부사
어, 독립어 등 여러 문장 성분으로 두루 쓰이는 단어를 말한다.[1]

(1) ㄱ. 철수가 그곳에 갔다.

ㄴ. 그가 철수를 만났다.

ㄷ. 철수가 의사가 되었다.

ㄹ. 이 아이가 철수이다.

ㅁ. 철수의 친구가 너를 찾아왔다.

ㅂ. 이 책을 철수에게 주어라.

ㅅ. 철수야, 너 언제 왔니?

---

1) 사실 문장 성분으로 쓰이는 것은 체언이 아니라 체언이 중심(혹은 핵)이 되는 명사
구이다.

체언에는 조사가 결합하는 것이 보통이지만 체언만으로도 문법적 관계가 분명히 드러날 때에는 조사가 쓰이지 않을 수도 있다. 특히 구어(口語, spoken language)에서는 조사가 쓰이지 않는 일이 흔하다.

체언은 의미에 따라 다시 명사, 대명사, 수사의 셋으로 나뉜다. 이 가운데 명사가 중심이 된다고 할 수 있는데 이에 따라 명사로서 체언 전체를 대신하기도 한다. 특히 체언이 문장에 쓰여 구를 이룰 때에는 명사구(名詞句, NP, noun phrase)라는 용어를 사용하는 것이 보통이다.

10.1. 명사

명사(名詞, noun)는 '어떤 대상(對象, object)의 이름을 나타내는 품사'이다. 예를 들어 '삼촌'은 특정한 사람을 가리키는 이름(명칭)이며, '돌'은 특정한 사물을 가리키는 이름이며, '바람'은 특정한 현상을 가리키는 이름이며, '민주주의'는 추상적 개념을 가리키는 이름이다.

(2) ㄱ. <u>삼촌</u>이 내일 오신다.
　　ㄴ. <u>돌</u>이 구른다.
　　ㄷ. <u>바람</u>이 분다.
　　ㄹ. <u>민주주의</u>를 실현하다.

유정 명사와 무정 명사　감정이 있어서 이를 표현할 수 있는 대상을 가리키는 명사를 유정 명사(有情名詞)라고 한다. '삼촌, 이모, 철수' 등 사람을 가리키는 명사와 '개, 소, 닭' 등 동물을 가리키는 명사가 이에 속한다. 이와 달리 감정을 갖지 못하는 대상을 가리키는 명사를 무정 명사(無情名詞)라고 한다. '돌, 풀, 책' 등의 명사가 이에 속한다. 처격 (혹은 여격)의 문장 성분으로 쓰일 때 유정 명사에는 조사 '에게'가 결 합하고 무정 명사에는 조사 '에'가 결합한다는 문법적 차이가 있다.

  (3) ㄱ. 내가 철수에게 책을 주었다.
     ㄴ. 내가 화분에 물을 주었다.

  서술성 명사 명사 가운데에는 (4)와 같이 특정한 동작의 의미를 갖 거나 어떤 상태나 성질의 의미를 갖는 것들도 있다. 예를 들어 '출입' 은 '나가고 들어옴'이라는 동작의 의미를, '건강'은 '육체적으로 정신 적으로 튼튼함'이라는 상태의 의미를 갖는다.

  (4) ㄱ. 출입(出入), 성공(成功), 입학(入學)
     ㄴ. 건강(健康), 민감(敏感), 성실(誠實)

  (4ㄱ)과 같이 동작의 의미를 갖는 명사를 동작성 명사(動作性名詞), (4ㄴ)과 같이 상태나 성질의 의미를 갖는 명사를 상태성 명사(狀態性 名詞)라고 한다. 그리고 이 둘을 묶어 서술성 명사(敍述性名詞)라고 한다. 서술성 명사들은 접사 '하다'와 결합하여 각각 동사와 형용사로 자주 쓰이는 공통성을 갖는다.

  (5) ㄱ. 그는 늘 정문으로 출입한다.
     ㄴ. 철수는 아주 건강하다.

이들 명사들은 동작이나 상태(혹은 성질)를 뜻한다는 점에서 어떤 대상의 이름을 나타내는 다른 명사들과는 얼마간 다른 속성을 갖는다. 그러나 품사로는 명사이므로 (6)에서처럼 문장에서 쓰이는 자리, 혹은 문장에서의 역할은 다른 명사들과 다름이 없다.

(6) ㄱ. 경찰은 고속도로 나들목의 출입을 통제했다.
ㄴ. 뭐니 뭐니 해도 건강이 제일이다.

보통 명사와 고유 명사 명사는 같은 성질을 가진 여러 대상을 두루 가리키는 보통 명사(普通名詞, common noun)와 같은 성질을 가진 여러 대상 가운데 하나하나를 다른 것과 구별하여 가리키는 고유 명사(固有名詞, proper noun)로 나뉜다. 예를 들어 (7ㄱ)에서 '사람'은 '철수, 영희, 민호' 등 같은 성질을 가진 여러 대상을 두루 가리키는 보통 명사이며, '철수, 영희, 민호'는 모두 사람 가운데 특정한 한 사람을 다른 사람과 구별하여 가리키는 고유 명사이다. (7ㄴ-ㄷ)에서도 붙임표 왼쪽은 보통 명사이고 오른쪽의 낱낱은 모두 고유 명사이다.

(7) ㄱ. 사람 - 철수, 영희, 민호
ㄴ. 강 - 한강, 낙동강, 영산강
ㄷ. 산 - 금강산, 백두산, 한라산

고유 명사 가운데에는 사람의 이름과 같이 그 표현이 지시하는 대상이 여럿인 것도 있을 수 있다. 그러나 '철수'라는 이름을 가진 사람이 아무리 많더라도 '철수'는 보통 명사가 아니라 고유 명사이다. 그 사람들이 같은 성질을 가져서 '철수'라는 똑같은 이름을 갖게 된 것은 아니기 때문이다. 곧 '철수'는 그 수에 관계없이 고유한 성질을 가진 어떤 특정한 사람을 다른 사람들과 구별하기 위하여 사용하는 이름이므로 고유 명사이다.

보통 명사는 여러 대상을 두루 가리키므로 (8ㄱ)과 같이 '이, 그, 저' 등의 지시 관형사를 써서 그 대상 가운데 특정한 것을 다른 것과 구별할 수 있다. 그러나 고유 명사는 그 자체가 특정한 것을 가리키므로 (8ㄴ)과 같이 '이, 그, 저' 등의 지시 관형사와 같이 쓰이기 어렵다. 물론 (9ㄴ)과 같이 고유 명사도 지시 관형사와 같이 쓰일 수는 있다. 그러나 (9ㄴ)은 같은 이름을 가진 사람이 둘 이상이어서 특별히 구별할 필요가 있을 때가 아니라면 쓰이기 어려운 표현이다.[2]

(8) ㄱ. <u>그</u> 책 읽었니?

ㄴ. *<u>그</u> 철수 만났니?

(9) 창원에 사는 <u>그</u> 철수 말이니?

자립 명사와 의존 명사 명사는 문장에 쓰일 때 다른 말(문장 성분으로서의 관형어)의 도움 없이 쓰일 수 있는 자립 명사(自立名詞, free noun)와 다른 말의 도움이 있어야만[3] 쓰일 수 있는 의존 명사(依存名

---

2) 이 밖에 고유 명사는 특별한 경우가 아니면 '한, 두, 여러, 몇, 모든' 등의 수 관형사와 같이 쓰이기도 어렵고('*나는 어제 여러 철수를 만났다.'), 복수의 대상을 전제하는 '어느, 어떤, 다른, 많은, -들, -마다, -끼리' 등과 함께 쓰이기도 어렵다('*어느 북한산에 갈까?).

3) 의존 명사는 문장 성분으로서의 관형어에 의존적이라는 점에서 그 의존성은 통사론적인 것이다. 이런 점에서 의존 명사의 의존성은 어근에 의존적인, 곧 그 의존성이 형태론적인 접사의 의존성과는 본질적으로 그 성격이 다르다.

詞, bound noun)로[4] 나뉜다. 예를 들어 (10)에서 '책'은 자립 명사이므로 '내가 어제 산'이 없이도 쓰일 수 있지만, (11)에서처럼 의존 명사 '것'은 관형어 '내가 어제 산'이 없이는 쓰일 수 없다.

> (10) 내가 어제 산 책이 비싸다.
>   cf) 책이 비싸다.
> (11) 내가 어제 산 것이 비싸다.
>   cf) *것이 비싸다.

의존 명사를 꾸미는 관형어로는[5] 관형사, 체언, 관형사형 어미 '-은, -는, -을'이 결합한 관형사절 3개 유형, 명사형 어미 '-기'가 결합한 명사절, 체언에 관형격 조사 '-의'가 결합한 것 등 7개 유형이 있는데, 의존 명사에 따라 쓰일 수 있는 관형어가 다르다. '것, 놈, 분, 지경, 쪽'은 가장 많은 유형의 관형어와 함께 쓰이는 의존 명사들로서 '-기' 명사절을 제외한 6개 유형의 관형어가 이들에 선행한다. '등, 따위, 나름, 녀석' 등도 비교적 많은 5개 유형의 관형어와 함께 쓰인다.

> (12) ㄱ. 6개 유형의 관형어와 쓰이는 의존 명사
>   것, 놈, 분, 지경, 쪽
>   ㄴ. 5개 유형의 관형어와 쓰이는 의존 명사
>   등, 따위, 나름, 녀석, 년, 때문, 마당, 만큼, 무렵, 바, 셈, 식, 줄,

---

4) 의존 명사는 형식적인 의미(혹은 기능)를 갖는다고 하여 형식 명사(形式名詞), 명사로서의 쓰임이 불완전하다고 하여 불완전 명사(不完全名詞)라고도 한다.
5) 개별 의존 명사와 관형어의 구체적인 결합 관계에 대해서는 황화상(2004:64-68)를 참조할 수 있다.

즈음, 투

의존 명사 가운데에는 관형사절에만 결합하거나, 관형사에만 결합하거나, 체언에만 결합하는 등 비교적 결합이 제약되는 것들도 있다. 특히 관형사절에만 결합하는 의존 명사 가운데에는 다시 '-은' 관형사절, '-는' 관형사절, '-을' 관형사절에 두루 결합하는 것들도 있고, 특정 형태의 관형사절에만 주로 결합하는 것들도 있다.

(13) 특정 관형어와만 함께 쓰이는 의존 명사

   ㄱ. 관형사절과만 함께 쓰이는 의존 명사

      ① 두루 결합 : 대로, 둥, 듯, 듯이, 만치

      ② '-은' 관형사절과만 함께 쓰이는 것 : 지

      ③ '-는' 관형사절과만 함께 쓰이는 것 : 족족

      ④ '-을' 관형사절과만 함께 쓰이는 것 : 나위, 따름, 뻔

   ㄴ. 관형사와만 함께 쓰이는 의존 명사

     가지, 그루, 돈, 모, 모금, 벌, 손, 아름, 움큼, 줌, 톨, …

   ㄷ. 명사와만 함께 쓰이는 의존 명사

     공, 남짓, 내, 들, 등속, 등지, 씨, 옹, …

의존 명사는 (14)의 '것'과 같이 다양한 격 조사와 결합하여 여러 문장 성분으로 두루 쓰이는 것이 없지는 않지만 격 조사의 결합에 일정한 제약이 있는 것들이 많다. (15)에서처럼 '때문'은 부사격 조사 '에'나 서술격 조사와 자주 결합하고, '지'는 주격 조사와, '체'는 목적격 조사와, '바람'은 부사격 조사 '에'와, '뿐'은 서술격 조사와 주로 결합한

다.[6] 그리고 '만큼'은 어떤 격 조사와도 결합하기 어렵다.[7]

> (14) ㄱ. 내가 산 <u>것</u>이 비싸다.
>
> ㄴ. 내가 산 <u>것</u>의 가격이 비싸다.
>
> ㄷ. 철수가 내가 산 <u>것</u>을 가져갔다.
>
> ㄹ. 철수는 내가 산 <u>것</u>에 관심이 있다.
>
> ㅁ. 이것이 내가 산 <u>것</u>이다.
>
> (15) ㄱ. 비가 왔기 <u>때문</u>에 운동회가 취소되었다.
>
> 운동회가 취소된 것은 비가 왔기 <u>때문</u>이다.
>
> ㄴ. 이곳에 온 <u>지</u>(가) 벌써 10년이 다 되어 간다.
>
> ㄷ. 그가 먼저 아는 <u>체</u>(를) 했다.
>
> ㄹ. 철수가 안 오는 <u>바람</u>에 우리가 졌다.
>
> ㅁ. 조금 피곤할 <u>뿐</u>이다.
>
> ㅂ. 나도 먹을 <u>만큼</u> 먹었다.

한편 의존 명사 가운데는 (16)과 같이 사물의 수량을 표시할 때 그 단위(單位)로 쓰이는 것들이 있는데 이를 단위성 의존 명사라고 한다.[8] 단위성 의존 명사에는 '개'와 같이 여러 사물을 세는 단위로 두

---

6) 이에 따라 의존 명사를 보편성 의존 명사(여러 문장 성분으로 두루 쓰이는 것), 주어성 의존 명사, 부사성 의존 명사, 서술성 의존 명사 등으로 나누기도 한다.(남기심·고영근 1985/1993)

7) '만큼'은 보조사와는 결합할 수 있다. 참고로 의존 명사 가운데 '겸, 듯이, 뻔, 족족' 등은 어떤 조사와도 결합하지 않는다. 의존 명사와 조사의 결합 관계에 대해서는 고영근(1989), 임홍빈·이홍식(2000), 황화상(2004:54-63) 등을 참조할 수 있다.

8) 단위성 의존 명사는 분류사(分類詞, classifier)라고도 한다. 분류사란 셀 수 있는 대상을 셀 수 있게 단위화해 주거나, 셈의 대상이 되는 명사의 의미론적 특성을 명시해 주는 기능을 하는 단어들을 일컫는데, 국어의 단위성 의존 명사는 수량의 단위

루 쓰이는 것도 있고, '권, 켤레, 척, 톨'과 같이 특정 사물(혹은 특정한 속성을 공유하는 사물)을 세는 단위에 한정하여 쓰이는 것도 있다. (16ㄷ)의 '통, 봉지, 상자' 등은 수량을 표시하는 단위로 쓰였지만 '통'의 예와 같이 자립 명사로 쓰일 수 있는 것들이다.[9]

> (16) ㄱ. 개: 사과 한 개, 사탕 한 개, 의자 한 개
>
> ㄴ. (책 한) 권, (신 한) 켤레, (배 한) 척, (밤 한) 톨
>
> ㄷ. (배추 한) 통, (옷 한) 벌, (과자 한) 봉지, (사과 한) 상자
>
> cf) 이 배추는 통이 실하다.

이 밖에 단위성 의존 명사에는 '손(고등어 한 손/2마리), 뭇(미역 한 뭇/10장, 축(오징어 한 축/20마리), 쌈(바늘 한 쌈/24개), 접(마늘 한 접/100통), 동(조기 한 동/1,000마리)' 등과 같이 여러 개의 사물을 한 단위로 묶어서 세는 것들도 있다.

를 나타내 주면서도 한편으로는 셈의 대상이 되는 명사의 의미론적 자질을 표시해 준다.(이익섭·채완 1999:139-140 참조)

9) 이들을 자립 명사와 의존 명사로 모두 쓰이는 것으로 보아야 할지, 아니면 자립 명사로 보고 수를 세는 단위로서의 용법을 갖는 것으로 보아야 할지를 판단하기가 쉽지 않다. 참고로 『표준국어대사전』에서는 '벌'은 자립 명사와 의존 명사로 모두 쓰이는 것으로 보았고, '통, 봉지, 상자'는 자립 명사로서 수를 세는 단위로서의 용법을 갖는 것으로 보았다.

10.2. 대명사

(17ㄱ)에서 '철수, 서점, 책'은 모두 어떤 대상의 이름을 직접 나타내는 명사들인데, (17ㄴ)에서와 같이 '그, 그곳, 그것'이 이들 명사를 대신할 수 있다. 이와 같이 '어떤 대상의 이름을 대신하는 품사'를 대명사(代名詞, pronoun)라고 한다.

(17) ㄱ. 철수는 서점에서 책을 샀다.
      ㄴ. 그는 그곳에서 그것을 샀다.

대명사는 그 자체로 어떤 구체적인 대상을 나타내는 것이 아니라 발화 상황에서 구체적인 대상을 직접 지시, 곧 직시(直示, deixis)한다. 따라서 대명사가 가리키는 구체적인 대상은 발화 상황에서 결정된다. 이와 같이 대명사의 지시(指示)는 '상황 의존적'이므로 대화 상황에 따라 동일한 대명사로 서로 다른 대상을 가리킬 수도 있고, 동일한 대상이 서로 다른 대명사로 표현될 수도 있다. 예를 들어 (18ㄱ)의 두 문장에서 '나'는 동일한 대명사이지만 서로 다른 사람을 나타내며, (18ㄴ)의 두 문장에서 '너'와 '나', '거기'와 '여기'는 표현은 다르지만 동일한 사람, 동일한 장소를 나타낸다.

(18) ㄱ. 나 어제 하루 종일 집에 있었어.
         그래? 나도 그랬는데.
      ㄴ. 너 거기에서 뭐 하고 있니?
         나 여기에서 친구를 기다리고 있어.

대명사는 인칭 대명사와 지시 대명사로 나뉜다.[10] 인칭 대명사는 사람을 대신하는 대명사를 말하며, 지시 대명사는 사물이나 장소를 대신하는 대명사를 말한다.

인칭 대명사 인칭 대명사(人稱代名詞)는 (19ㄱ)의 '나'와 같이 화자를 대신하는 1인칭 대명사, (19ㄴ)의 '너'와 같이 청자를 대신하는 2인칭 대명사, (19ㄷ)의 '그'와 같이 화자와 청자가 아닌 제삼자를 대신하는 3인칭 대명사로 나뉜다.

(19) ㄱ. 나는 사과를 좋아한다.
　　ㄴ. 너도 사과를 좋아하니?
　　ㄷ. 그도 사과를 좋아할까?

1인칭 대명사에는 '나' 외에 낮춤말 '저', 그리고 '나, 저'를 포함한 복수의 사람을 대신하는 '우리, 저희'가 있다. '소자(小子), 과인(寡人), 본인(本人)' 등 한자어 계열의 것도 있으나 일상생활에서는 잘 쓰이지 않는다.

(20) 1인칭 대명사
　　나, 저(낮춤말), 우리(복수), 저희(낮춤말, 복수), 소자, 과인, 본인

이 가운데 '우리, 저희'는 복수의 사람을 대신할 때 쓰는 것이 보통이지만 때에 따라서는 '나, 저'만 대신하여 쓰이기도 한다. 예를 들

---

10) 인칭 대명사 가운데 '누구', 지시 대명사 가운데 무엇, 어디' 등은 의문문에 쓰여서 의문의 뜻을 나타낸다고 하여 의문 대명사(疑問代名詞)라고도 한다.

어 (21ㄱ)에서 '우리, 저희'는 화자를 포함한 복수의 사람을 가리키지만,[11] (21ㄴ)에서 '우리, 저희'는 화자만을 가리킨다. (21ㄴ)의 경우 뜻으로는 '우리, 저희' 대신 '내(나의), 제(저의)'를 써야 하겠지만 관습적으로 '우리, 저희'가 쓰인다.[12]

(21) ㄱ. <u>우리</u> 밥 먹으러 가자.
　　　 <u>저희</u> 밥 먹으러 가요.
　　 ㄴ. 수업 끝나고 <u>우리</u> 집에 가자.
　　　 수업 끝나고 <u>저희</u> 집에 가요.

2인칭 대명사에는 '너, 너희' 외에 하게체나 하오체에 자주 쓰이는 '자네, 당신, 댁' 등이 있다.

(22) 2인칭 대명사
　　 너, 너희(복수), 자네, 당신, 댁

이 가운데 '너희'는 복수의 사람을 대신하는 것이 보통이지만 '우리,

---

11) '우리'는 청자와 제삼자를 모두 포함할 수 있다. 이와 달리 '저희'는 제삼자는 포함할 수 있지만 청자는 포함하기 어렵다. 이는 '저희'가 청자에 대해 화자를 낮추는 표현이기 때문이다. 따라서 '저희'는 주어(주체)로 쓰일 때에는 '우리'와 달리 청유문에는 쓰이기 어렵다.

12) '우리, 저희'의 꾸밈을 받는 말이 가족이나 구성원들, 곧 여럿이 공유하는 대상이므로 '나, 저'가 아닌 '우리, 저희'가 쓰인다고 보기도 한다(남기심·고영근 1985/1993:82). 그러나 소유자가 한 명인 때에도 '우리 집, 저희 집'은 쓰일 수 있으며, 더욱이 '우리 남편, 우리 아내'와 같이 본질적으로 일대일 관계가 될 수밖에 없는 대상을 가리킬 때에도 '우리, 저희'는 쓰인다.

저희'와 마찬가지로 단수적 용법을 갖기도 한다. 예를 들어 (23ㄱ)에서 '너희'는 복수의 사람을 대신하지만 (23ㄴ)에서는 청자 한 사람을 가리킨다.

(23) ㄱ. <u>너희</u>는 지금 어디에서 오는 거니?

　　　ㄴ. 수업 끝나고 <u>너희</u> 집에 가자.

3인칭 대명사에는 '이, 그, 저'가 있는데 일상 대화에서는 단독으로 보다는 접미사 '-들'이 결합한 복수 형태로 더 자주 쓰인다. 이 외에 3인칭 대명사에는 지시 관형사 '이, 그, 저'에 사람을 가리키는 의존 명사가 결합한 '이놈, 그놈, 저놈, 이이, 그이, 저이, 이분, 그분, 저분' 등이 있다. 여성을 가리키는 '그녀'도 있으나 주로 글에서 쓰인다.

(24) 3인칭 대명사

　　ㄱ. '이' 계열

　　　　이, 이놈, 이이, 이분

　　ㄴ. '그' 계열

　　　　그, 그놈, 그이, 그분

　　ㄷ. '저' 계열

　　　　저, 저놈, 저이, 저분

이들 3인칭 대명사는 화자나 청자로부터의 거리에 따라 달리 선택되어 쓰인다. 곧 '이, 이놈, 이이, 이분' 등 '이' 계열의 3인칭 대명사는 화자에게 가까이 있는 사람을, '그, 그놈, 그이, 그분' 등 '그' 계열의 3

인칭 대명사는 청자에게 가까이 있는 사람을, '저, 저놈, 저이, 저분' 등 '저' 계열의 3인칭 대명사는 화자와 청자에게 멀리 있는 사람을 가리킨다. 이에 따라 이들 3인칭 대명사를 각각 근칭(近稱), 중칭(中稱), 원칭(遠稱)으로 구별하기도 한다.

3인칭 대명사에는 미지칭, 부정칭, 재귀칭의 대명사도 있다. 미지칭(未知稱)은 알지 못하는, 곧 미지(未知)의 사람을 지시하는 3인칭 대명사이며, 부정칭(不定稱)은 정해지지 않은, 곧 부정(不定)의 사람을 지시하는 3인칭 대명사이다. 그리고 재귀칭(再歸稱) 혹은 재귀 대명사(再歸代名詞)는 앞에 나온 3인칭의 사람(들)을 되풀이하지 않고 다시 나타내기 위해 사용하는 3인칭 대명사이다.

   (25) ㄱ. 미지칭 대명사: '누구'

         누가 그 사과를 먹었을까?

      ㄴ. 부정칭 대명사: '아무'

         너희들 중에 아무나 한 명만 그곳에 갈 수 있다.

      ㄷ. 재귀칭 대명사(재귀 대명사): '자기, 저(저희), 당신'

         철수도 자기 몫은 잘 챙긴다.

         아들 내외가 또 왔지만 저희가 뭐라 해도 난 가지 않을 것이다.

         할아버지께서는 생전에 당신의 장서를 소중히 다루셨다

'누구'는 미지칭의 용법을 갖는 것이 보통이지만 때에 따라서는 부정칭의 용법을 갖기도 한다. 예를 들어 (26)에서 '누구'는 (26ㄱ)과 같이 쓰일 때(밖에 누군가 온 것은 알지만 온 사람이 누구인지 알지 못하여 물어볼 때)에는 미지칭 대명사이지만, (26ㄴ)과 같이 쓰일 때(밖

에 누군가 왔는지 오지 않았는지를 물어볼 때)에는 부정칭 대명사이
다.

(26) 밖에 <u>누</u>가 왔니?
　　ㄱ. 밖에 온 사람이 누구니?
　　ㄴ. 밖에 누군가가 왔니?

미지칭의 '누구'가 쓰인 문장과 부정칭의 '누구'가 쓰인 문장은 억양
이 다르다. 곧 미지칭의 '누구'를 쓸 때에는 (26)에서 '누구'는 올리고
문장은 끝을 내려서 발음하고, 부정칭의 '누구'를 쓸 때에는 '누구'는
올리지 않고 문장은 끝을 올려서 발음한다.[13]

지시 대명사　지시 대명사(指示代名詞)는 (27ㄱ)과 같이 사물을 대
신하는 대명사(사물 대명사)와 (27ㄴ)과 같이 장소(처소)를 대신하는
대명사(장소 대명사 혹은 처소 대명사)로 나뉘는데, 기원적으로 '이,
그, 저'에 '것, 어긔, 쪽'이 결합하여 만들어진 것들이다.

(27) ㄱ. 이것, 그것, 저것
　　 ㄴ. 여기, 거기, 저기, 이쪽, 그쪽, 저쪽

이들 지시 대명사도 인칭 대명사와 마찬가지로 화자나 청자로부터
의 거리에 따라 달리 선택되어 쓰인다. 곧 '이것, 여기, 이쪽' 등 '이' 계

---

13) 미지칭의 대명사가 쓰인 의문문은 설명 의문문이고 부정칭의 대명사가 쓰
　　인 의문문은 판정 의문문인데, 경상도 방언에서는 억양 외에도 어미에 의해 두 유
　　형의 의문문이 구별된다. 곧 설명 의문문에서는 어미 '-노'가, 판정 의문문에서는
　　'-나'가 쓰인다. 그리고 서술어가 체언일 때에는 각각 어미 '-고'와 '-가'가 쓰인다.

열의 지시 대명사는 화자에게 가까이 있는 사물이나 장소(혹은 방향)를, '그것, 거기, 그쪽' 등 '그' 계열의 지시 대명사는 청자에게 가까이 있는 사물이나 장소를, '저것, 저기, 저쪽' 등 '저' 계열의 지시 대명사는 화자와 청자에게 멀리 있는 사물이나 장소를 가리킨다.

지시 대명사에도 미지칭의 대명사 '무엇, 어디'와 부정칭의 대명사 '아무것, 아무데'가 있다. 다만 '무엇, 어디'는 (28ㄱ)과 같은 평서문에서는 부정칭의 용법을 가지며, (28ㄴ)과 같은 의문문에서는 미지칭의 용법(이때에는 '뭘, 어디'는 올리고 끝은 내려서 발음함)과 부정칭의 용법(이때에는 '뭘, 어디'는 올리지 않고 끝을 올려서 발음함)을 모두 갖는다.

> (28) ㄱ. 너 뭘 먹었구나.
> 　　　철수 어디 갔다.
> 　　ㄴ. 너 뭘 먹었니?
> 　　　철수 어디 갔니?

10.3. 수사

수사(數詞, numeral)는 '수(數) 그 자체, 사물의 수량, 사물(혹은 일)의 순서 등을 나타내는 품사'이다. (29ㄱ)의 '둘, 셋, 다섯'은 수 그 자체를, (29ㄴ)의 '하나'는 사과의 수량을, (29ㄷ)의 '첫째'는 글을 잘 쓰기 위해 해야 할 일의 순서를 나타낸다.

(29) ㄱ. 둘에 셋을 더하면 다섯이다.

ㄴ. 사과 하나가 발밑으로 떨어졌다.

ㄷ. (글을 잘 쓰려면) 첫째, 책을 많이 읽어야 한다.

수사는 양수사와 서수사로 나뉜다. 양수사는 수량(혹은 수)을 나타내는 수사를,[14] 서수사는 순서를 나타내는 수사를 말한다.

양수사 양수사(量數詞)에는 고유어 계열의 것과 한자어 계열의 것이 있는데, 99까지는 고유어 계열의 수사와 한자어 계열의 수사가 모두 있지만 100단위부터는 고유어 계열의 수사가 없다. 그리고 고유어 계열의 수사는 다시 정해진 수를 나타내는 정수(定數)와 정해지지 않은 대강의 수를 나타내는 부정수(不定數)가 있다. 한자어에도 부정수가 없는 것은 아니지만 '일이, 이삼, 사오' 등은 '군인 삼사 명'과 같이 관형사로 쓰이는 것이 보통이다.

(30) 양수사

ㄱ. 고유어 계열

① 정수: 하나, 둘, 셋, 넷, 다섯, 열, 스물, 서른, 마흔, 쉰, 예순, 일흔, 여든, 아흔

② 부정수: 한둘, 두셋, 서넛, 두서넛, 대여섯, 예닐곱, 일고여덟, 여남은, 몇, 여럿

ㄴ. 한자어 계열

① 정수: 일, 이, 삼, 사, 오, 십, 이십, 삼십, 백, 천, 만, 억, 조

② 부정수: 기십(幾十), 기백(幾百), 기천(幾千), 기만(幾萬)

---

14) 양수사는 수사 가운데 기본이 된다고 보아 기수사(基數詞)라고도 한다.

서수사 서수사(序數詞)도 고유어 계열의 것과 한자어 계열의 것으로 나뉜다. 고유어 계열의 서수사에는 정해진 순서를 나타내는 정수(定數)와 정해지지 않은 대강의 순서를 나타내는 부정수(不定數)가 있다. 고유어 계열의 서수사는 수 관형사와 접미사 '-째'가 결합하여 만들어진 것들인데, 정수의 '첫째, 둘째, 셋째, 넷째'는 형태의 특이성이 있다. '첫째'의 '첫'은 수 관형사 '한'을 대신하여 쓰였고, '둘째, 셋째, 넷째'는 '두째, 세째, 네째'와 같이 수 관형사 형태로 쓰여야 하지만 수사 '둘, 셋, 넷'이 결합한 형태로 쓰였다. 한편 한자어 계열의 서수사는 양수사 앞에 접두사 '제(第)-'가 붙어서 만들어진 것들이다.

(31) 서수사
　　ㄱ. 고유어 계열
　　　　① 정수: 첫째, 둘째, 셋째, 넷째, 다섯째, 열째, 열한째, 열두째, 스무째
　　　　② 부정수: 한두째, 두어째, 두세째, 서너째, 두서너째, 여남은째
　　ㄴ. 한자어 계열
　　　　제일, 제이, 제삼, 제사, 제오

수사를 읽을 때에는 '육십다섯(65)'과 같이 고유어와 한자어를 섞어서 읽는 경우가 있으나 (32ㄱ)의 '예순다섯', '육십오'와 같이 고유어나 한자어 가운데 어느 하나로 읽는 것이 옳다. 그리고 수를 읽거나 이를 한글로 쓸 때에는 (32ㄴ)과 같이 만 단위로 읽거나 띄어 쓴다.

(32) 수사 읽기

ㄱ. (65) 예순다섯, 육십오

ㄴ. (67,895,487) 육천칠백팔십구만 오천사백팔십칠

참조	대명사의 구분

　본서에서는 남기심·고영근(1985/1993)에서처럼 대명사를 크게 인칭 대명사와 지시 대명사로 나누고, 인칭 대명사를 다시 1인칭, 2인칭, 3인칭으로, 지시 대명사를 다시 사물을 대신하는 것(사물 대명사)과 장소(혹은 처소)를 대신하는 것(장소 대명사 혹은 처소 대명사)으로 나누었다. 이와 관련하여 이익섭·채완(1999)에서는 '인칭(人稱)'을 '사물'이나 '처소'와 대등한 개념으로 인식하는 것은 문제라고 보고, 사람을 가리키는 대명사를 사물이나 처소를 가리키는 대명사와 구분하려면 '인칭 대명사' 대신 '인물 대명사'를 설정하는 것이 옳다고 보았다. 이에 따라 이익섭·채완(1999)에서는 대명사를 1인칭 대명사, 2인칭 대명사, 3인칭 대명사로 먼저 나누고, 3인칭 대명사를 다시 어떤 대상을 대신하는지에 따라 인물 대명사, 사물 대명사, 처소 대명사로 나누었다.

> 연습

1 다음의 문장들에서 대명사 '당신'의 용법에 어떤 차이가 있는지 생각해 보자.

1) 당신의 희생을 잊지 않겠습니다?
2) 당신이 뭔데 참견이야.
3) 할아버지께서는 생전에 당신의 장서를 소중히 다루셨다.

2 별명(別名), 호(號) 등도 어떤 대상의 이름을 대신할 수 있다. 예를 들어 1)에서 '호랑이'는 '김철수'를 대신할 수 있고, '사임당'과 '율곡'은 각각 '이이의 어머니'와 '이이'를 대신한다. 이와 같이 별명, 호도 어떤 대상의 이름을 대신하지만, 이들 단어는 대명사가 아니라 명사이다. 그 이유가 무엇인지 생각해 보자.

1) 야, 저기 호랑이 온다.
2) 사임당은 율곡의 어머니이다.

3 '어제, 오늘, 내일', '이때, 그때'도 특정한 때를 대신한다. 그러나 이들은 대명사가 아니라 명사로 보는 것이 보통이다. 다음 예를 참조하여 그 이유가 무엇인지 생각해 보자.

1) <u>어제</u> 너 누구 만났니?
2) 아버지는 돌아가시기 직전까지도 나의 손을 붙잡고 무던히도
   기뻐하셨는데, <u>그때</u>의 광경을 나는 아직도 분명히 기억하고 있
   다.(정비석, 비석과 금강산의 대화)

4 '해'와 '달'은 보통 명사인지 고유 명사인지 생각해 보자.

11. 조사

미리보기

1)에서 조사 '에'와 '에서'의 의미 기능이 어떻게 다른지 생각해 보자. 그리고 이를 바탕으로 2)와 3)에서 두 조사 가운데 어느 하나만 쓰이는 이유가 무엇인지 설명해 보자.

[다음] 1) 아이들이 <u>산에</u>/<u>산에서</u> 나무를 심었다.

2) <u>운동장에</u>/*<u>운동장에서</u> 나무가 많다.

3) 우리는 아침에 *<u>도서관에</u>/<u>도서관에서</u> 만났다

　　조사(助詞)는 앞에 오는 '명사구가 다른 단어와 갖는 문법적 관계를 나타내는 품사'이다. 예를 들어 (1ㄱ)에서 '가'는 선행 명사구 '빨간 사과'가 서술어 '맛있다'의 주어라는 것을 나타내고, (1ㄴ)에서 '를'은 선행 명사구 '빨간 사과'가 서술어 '좋아하다'의 목적어라는 것을 나타낸다.

　　(1) ㄱ. 빨간 <u>사과가</u> 맛있다.

　　　　ㄴ. 그는 빨간 <u>사과를</u> 좋아한다.

　　명사구가 문장에서 다른 단어와 갖는 문법적 관계, 혹은 문장에서 명사구가 갖는 문법적 자격을 격(格, case)이라고 하고, (1)의 '가, 를'과 같이 이를 나타내 주는 조사를 격 조사라고 한다. 격 조사는 명사구

의 문법적 자격을 나타내는 만큼 문장 성분에 따라 특정한 형태의 조사가 쓰이는 것이 보통이다.

조사에는 이 외에도 (2)의 '도'와 같이 의미적인 기능을 갖는 보조사, (3)의 '와'와 같이 둘 이상의 명사구를 이어주는 접속 조사가 있다. 보조사는 그 기능이 의미적인 것이므로 격 조사와 달리 주어(2ㄱ), 목적어(2ㄴ) 등 다양한 문장 성분에 두루 결합한다.

(2) ㄱ. 빨간 사과도 맛있다.

ㄴ. 그는 빨간 사과도 좋아한다.

(3) 사과와 배가 명절 선물로 인기가 많다.

11.1. 격 조사

격 조사(格助詞)는 어떤 격을 나타내는지에 따라 주격 조사, 목적격 조사, 보격 조사, 서술격 조사, 관형격 조사, 부사격 조사, 호격 조사의 7개를 구분하는 것이 보통이다.

주격 조사 주격 조사(主格助詞)는 선행 명사구가 주어라는 것을 나타내는 조사이다. 주격 조사는 선행 명사구의 끝음절의 받침 유무에 따라 '이/가'가 교체되어 쓰인다.

(4) ㄱ. 장미꽃이 가장 예쁘다.

ㄴ. 나무가 잘 자란다.

주어가 높임의 대상이거나 단체이거나 사람의 수를 나타내는 것일
때에는 주격 조사 자리에 각각 '께서, 에서, 이서'가 쓰이기도 한다.

(5) ㄱ. 할아버지께서 돌아오신다.

　　ㄴ. 정부에서 담화문을 발표했다.

　　ㄷ. 철수와 영희 둘이서 극장에 간다.

'께서, 에서, 이서'는 주격 조사 자리에만 쓰이고 이들이 쓰일 때에
는 주격 조사가 쓰이지 않는 것이 보통이다. 이들을 각각 높임의 주격
조사, 단체의 주격 조사, 인수(人數)의 주격 조사라고 하여 주격 조사
의 특수한 형태로 보기도 하는 것은 이런 까닭에서이다.[1]

다음과 같이 한 문장에 주격 조사 '이/가'가 겹쳐 쓰이는 때도 있다.

(6) ㄱ. 철수가 키가 크다.

　　ㄴ. 토끼가 앞발이 짧다.

(7ㄱ)과 같이 '이/가'가 결합한 두 개의 명사구를 모두 서술어 '크다'
의 주어라고 보면 이 두 문장은 주어가 둘인 문장, 이른바 이중 주어문

---

1) 보조사에 선행하고(예를 들어 '선생님께서도'), 또 그때에는 주격 조사가 결합하기
도 한다('선생님께서만이')는 점을 고려하면 '께서, 에서, 이서'는 주격 조사로 보기
어려운 속성도 갖는다. '께서'를 주격 조사로 인정하지 않는 연구로는 고창수(1992
ㄴ), 김양진(1999), 고석주(2001), 황화상(2005ㄱ) 등이 있고, '에서'를 주격 조사로
인정하지 않는 연구로는 김영희(1973), 박양규(1972, 1975), 이남순(1983), 이광호
(1984), 황화상(2006) 등이 있고, '이서'를 주격 조사로 인정하지 않는 연구로는 서
정목(1984), 박지홍(1986), 한용운(2005), 황화상(2009ㄴ), 김민국(2009), 김창섭
(2010) 등이 있다.

(二重主語文)이다. 이와 달리 (7ㄴ)과 같이 서술어 '크다'의 주어와 서술절 '키가 크다'의 주어를 구별하면 이 두 문장은 서술절(敍述節)을 안은 문장이다.

(7) ㄱ. <u>철수가 키가 크다</u>.
　　　주어　주어 서술어

　ㄴ. 철수가 <u>키가 크다</u>.
　　　_____ 주어 서술어
　　　주어　 서술어(서술절)

　조사 '이/가'는 주어에 결합하는 것이 보통이지만 주어가 아닌 문장 성분에 결합하기도 한다. (8ㄱ)에서는 '이/가'가 서술어 '보고 싶다'의 목적어인 '영희'에, (8ㄴ)에서는 본용언과 보조 용언을 이어주는 연결 어미 '-지' 뒤에 결합해 있다.[2]

(8) ㄱ. 나는 <u>영희가</u> 보고 싶다.
　ㄴ. 이 꽃은 <u>예쁘지가</u> 않다.

　목적격 조사　목적격 조사(目的格助詞)는 선행 명사구가 목적어라는 것을 나타내는 조사이다. 목적격 조사는 선행 명사구의 끝음절의 받침 유무에 따라 '을/를'이 교체되어 쓰인다. 목적격 조사는 행위의

---

2) (8ㄴ)은 '이 꽃은 예쁘지를 않다.'와 같이 연결 어미 '-지'에 '을/를'이 결합한 형식으로도 쓰인다. 다만 '그는 그곳에 가지{*가/를} 않았다.'와 같이 본용언이 동사일 때에는 '을/를'은 결합하지만 '이/가'는 결합하지 못하는 것이 보통이다. 참고로 이때의 '이/가', '을/를'은 격 조사로 보기도 하고 보조사로 보기도 한다.

대상을 나타내는 조사라고 하여 대격 조사(對格助詞)라고도 한다.

    (9) ㄱ. 그가 장미꽃을 샀다.

        ㄴ. 철수가 매화를 그렸다.

   자동사(自動詞)는 목적어를 필요로 하지 않는 것이 보통이지만 자동사가 서술어로 쓰인 문장에 목적격 조사가 결합한 명사구가 쓰일 때도 있다. 이러한 현상은 (10ㄱ)과 같이 서술어('자다')와 목적어로 쓰이는 명사('잠')가[3] 품사는 다르지만 의미적으로 같은 유형이거나, (10ㄴ)과 같이 서술어가 이동 동사(移動動詞)일 때 흔히 나타난다.

    (10) ㄱ. 아기가 잠을 잔다.

         cf) 아기가 잔다.

        ㄴ. 산토끼 토끼야, 어디를 가느냐?

         cf) 산토끼가 우물에 간다.

   한 문장에 목적격 조사 '을/를'이 겹쳐 쓰이는 때도 있다. 이때에는 (11)과 같이 두 명사구가 사물과 그 수량의 관계이거나, 전체와 그 부분의 관계인 것이 보통이다. '을/를' 선행 명사구를 모두 목적어로 보아 이들 문장을 이중 목적어 문장이라고 하기도 하지만, 특히 두 번째

---

3) '잠'과 같이 서술어와 의미적으로 같은 유형의 목적어를 흔히 동족목적어(同族目的語)라고 한다. 동족목적어에는 이 밖에도 '꿈을 꾸다, 춤을 추다, 삶을 살다, 울음을 울다' 등의 '꿈, 춤, 삶, 울음' 등이 있다. 한편 동족목적어는 서술어로 쓰이는 동사로부터 만들어지는 것이 보통이지만, '단잠, 돼지꿈, 참삶, 첫울음' 등과 같이 동사로부터 만들어진 명사에 다른 요소가 덧붙어 만들어진 것들도 있다.

명사구는 필수적인 문장 성분이 아니어서 목적어로서의 자격을 주는
것에 이론의 여지가 있다.

> (11) ㄱ. 그는 장미를 다섯 송이를 샀다.
>
> ㄴ. 그는 영희를 팔을 잡았다.

(11)은 (12ㄱ)과 같이 두 명사구를 하나의 목적어 명사구로 결합하
여 쓰거나, (12ㄴ)과 같이 두 명사구 사이에 쉼표를 두어 쓰는 것이 더
자연스럽다.

> (12) ㄱ. 그는 장미 다섯 송이를 샀다.
>
> 그는 영희의 팔을 잡았다.
>
> ㄴ. 그는 장미를, 다섯 송이를 샀다.
>
> 그는 영희를, 팔을 잡았다.

'을/를'도 '이/가'와 마찬가지로 목적어 이외의 성분에 결합하기도
한다. (13ㄱ)에서는 부사격 조사가 결합한 부사어 뒤에 다시 '을/를'이
쓰였고, (13ㄴ)에서는 본용언과 보조 용언을 이어주는 연결 어미 뒤에
'을/를'이 쓰였다.

> (13) ㄱ. 어제 북한산엘(=북한산에를) 갔는데 벌써 단풍이 들었더라.
>
> ㄴ. 그 꽃은 예쁘지를 않다.

보격 조사 '되다, 아니다'는 두 개의 명사구를 요구하는 용언인데

두 개의 명사구에는 모두 조사 '이/가'가 결합한다. 이때 '되다, 아니다' 바로 앞의 명사구를 보어라고 하며, 보어에 결합한 조사 '이/가'를 보격 조사(補格助詞)라고 한다.

    (14) ㄱ. 물이 <u>얼음이</u> 되었다.
        ㄴ. 그가 <u>의사가</u> 아니다.

  보격 조사는 주격 조사와 형태가 같고, 또한 다른 언어에서도 보어가 주어와 같은 격을 취하는 경우가 있어서, 보어에 결합한 '이/가'를 주격 조사로 보기도 한다(이익섭·채완 1999:165). 그리고 주어, 목적어 이외의 필수 성분 가운데에는 (15)와 같은 명사구들도 있는데, 이들을 보어로 보고 이에 결합한 조사 '이/가'와 '에, 에게, 로, 과' 등을 모두 보격 조사에 포함하기도 한다.[4]

    (15) ㄱ. 나는 <u>네가</u> {좋다, 싫다}.
           재가 <u>그 학생이</u> 맞다.
        ㄴ. 그는 책을 <u>가방에</u> 넣었다.
           그는 사과를 <u>영희에게</u> 주었다.
           나무꾼이 선녀를 <u>색시로</u> 삼았다.
           이것은 <u>저것과</u> 다르다.

---

4) 문제의 명사구들을 주어로 보면 (15ㄱ)은 이중 주어문(혹은 서술절을 안은 문장)이 된다. 한편 현행 학교 문법에서는 (15ㄴ)의 명사구들을 필수적 부사어로 보고 이에 결합한 조사들을 부사격 조사에 포함하는 것이 보통이다.

서술격 조사 명사구는 서술어로 쓰일 수 있다. 이때 그 명사구가 서술어라는 것을 나타내는 조사를 서술격 조사(敍述格助詞)라고 한다. 서술격 조사 '이(다)'는 (16)과 같이 그 뒤에 다른 어미가 결합한다는 점에서 여느 격 조사들과는 다른 특성을 갖는다.

    (16) ㄱ. 철수가 <u>학생이다</u>.
        ㄴ. 철수가 <u>학생이었다</u>.
        ㄷ. 철수가 <u>학생이니</u>?

  '이(다)'는 어미가 결합한다는 점에 주목하여 용언의 하나로 보기도 하고, 명사와의 결합형이 용언과 같이 서술어로 쓰인다는 점에 주목하여 (용언을 만드는) 접사의 하나로 보기도 한다.

관형격 조사 관형격 조사(冠形格助詞)는 선행 명사구가 관형어라는 것을 나타내는 조사로서 '의'가 있다.

    (17) ㄱ. 이것은 <u>철수의</u> 모자이다.
        ㄴ. <u>남의</u> 떡이 더 커 보인다.

  (17)에서 '모자, 떡'은 '철수, 남'에게 소속된 것, 혹은 '철수, 남'의 소유물이다. 이러한 의미적 기능에 따라 관형격 조사를 속격 조사(屬格助詞), 혹은 소유격 조사(所有格助詞)라고도 한다. 그러나 '의' 앞뒤 명사가 늘 소유자와 소유물의 관계를 갖는 것은 아니다. 예를 들어 (18)에서 '동생'은 '철수'의 소유가 아니다.

(18) 철수의 동생이 저 아이니?

'의'를 매개로 연결된 두 명사구 사이에는 다양한 의미 관계가 성립
한다. 예를 들어 (19)에서 '철수의 논문'은 '철수가 쓴 논문'을, '문법의
연구'는 '문법에 대한 연구'를, '장미의 향기'는 '장미에서 나는 향기'를
뜻한다. 그리고 (20)의 '피카소의 그림'과 '괴테의 책'은 각각 '피카소
가 그린 그림, 피카소 소유의 그림', '괴테가 쓴 책, 괴테 소유의 책'과
같이 둘 이상의 뜻을 갖기도 한다.

> (19) ㄱ. 철수의 논문
> ㄴ. 문법의 연구
> ㄷ. 장미의 향기
> (20) ㄱ. 피카소의 그림
> ㄴ. 괴테의 책

부사격 조사　부사격 조사(副詞格助詞)는 선행 명사구가 부사어라
는 것을 나타내는 조사이다. 부사격 조사는 다른 격 조사와 달리 그 수
가 여럿이라는 특징이 있다. 부사격 조사의 수가 많은 것은 그 문법적
기능이 단순히 선행 명사구의 문장 성분(부사어)을 표시하는 것에 국
한되지 않는다는 것을 뜻한다. (21)은 부사격 조사의 문법적 기능이
의미적인 것에까지 미친다는 것을 잘 보여준다.[5]

---

5) 부사격 조사는 문장 성분(부사어)을 표시하는 기능에 주목하여 붙인 이름이다. 참
고로 의미 기능에 주목하여 이들을 의미격 조사(혹은 어휘격 조사)라고도 한다. 그
리고 의미격 조사라는 용어를 쓸 때에는 주격 조사, 목적격 조사, 관형격 조사 등을
묶어 구조격 조사(혹은 문법격 조사)라고 하여 이와 구별하는 것이 보통이다. 구조

.

(21) ㄱ. 그가 <u>창원에</u> 왔다.

　　　ㄴ. 그가 <u>창원에서</u> 왔다.

　부사격 조사는 형태에 따라서도 의미 기능에 차이가 있지만 동일한 하나의 형태가 여러 가지 의미 기능을 갖기도 한다. 주요 부사격 조사를 대상으로 그 구체적인 의미 기능을 간략하게 살펴보기로 하자.

　'에, 에서, 로, 에게, 에게서' 등은 처소와 관련된 의미 기능을 공유하는 부사격 조사들이다. (22)에서 '에'는 '그가 있는 곳', 곧 '(대상의) 소재(所在)'를 나타내며, '에서'는 '그가 공부하는 곳', 곧 '(행위의) 처소(處所)'를 나타낸다.

(22) ㄱ. 그가 <u>도서관에</u> 있다.

　　　ㄴ. 그가 <u>도서관에서</u> 공부한다.

　'에'와 '에서'는 서로 반대되는 뜻을 나타내기도 한다. 예를 들어 (21)에서 '에'는 '오는' 행위에 의해 그가 도달하는 곳('도달점', 혹은 '지향점')을 나타내며, '에서'는 '오는' 행위가 시작되는 곳('출발점', 혹은 '이탈점')을 나타낸다. 두 조사의 의미 기능의 차이는 '에'가 '도착하다, 도달하다, 이르다' 등의 동사와 자주 쓰이고, '에서'가 '출발하다, 떠나다, 벗어나다' 등의 동사와 자주 쓰인다는 것에서도 확인할 수 있다.

(23) ㄱ. 그가 <u>창원에</u> 도착했다.

　격 조사는 이들이 표시하는 격(주격, 목적격, 관형격)이 통사 구조에 의해서 주어진다는 점에 주목하여 붙인 이름이다.

ㄴ. 그가 창원에서 출발했다.

이 외에 '에'는 (24)에서와 같이 '시간, 이유 원인, 수단, 단위' 등의 뜻을 나타내기도 하며, '에서'는 (25)에서와 같이 '기준점, 출처' 등의 뜻을 나타내기도 한다.

(24) ㄱ. 그를 6시에 만났다.

ㄴ. 요란한 소리에 잠을 깼다.

ㄷ. 햇볕에 옷을 말리다.

ㄹ. 장미가 한 송이에 1,000원이다.

(25) ㄱ. 우리 학교는 집에서 멀다.

ㄴ. 이것은 그 책에서 인용했다.

'에'는 '로'와 의미 기능이 비슷하여 서로 교체되어 쓰이기도 한다. 그러나 '로'는 이동의 '방향'을 나타낸다는 점에서 이동의 '도달점'을 나타내는 '에'와는 차이가 있다. 따라서 (26ㄱ)과 같이 이동의 도달점 도 될 수 있고 방향도 될 수 있는 명사구에는 '에'와 '로'가 모두 쓰이 고, (26ㄴ, ㄷ)과 같이 이동의 방향은 될 수 있지만 도달점은 될 수 없 는 명사구(혹은 부사)에는 '로'만 쓰인다.[6]

(26) ㄱ. 그가 {창원으로, 창원에} 갔다.

ㄴ. 그가 {이쪽으로, *이쪽에} 갔다.

---

6) '이리'는 조사 '로'가 결합하기도 하지만 다른 조사는 결합하기 어려워서 부사로 보 는 것이 보통이다.

ㄷ. 그가 {이리로, *이리에} 갔다.

이 밖에 '로'는 (27)에서와 같이 '경로, 재료, 변화의 결과, 도구, 자격(혹은 신분)' 등의 뜻을 나타낸다. '로'가 경로를 나타낼 때에는 '~로 해서'의 꼴로 쓰이기도 하며, 재료나 도구를 나타낼 때에는 '로써'가 쓰이기도 한다. 그리고 자격을 나타낼 때에는 '로서'가 쓰이기도 한다.

(27) ㄱ. 도둑이 뒷길로 (해서) 빠져나갔다.

　　ㄴ. 콩으로(써) 두부를 만든다.

　　ㄷ. 뽕나무밭이 푸른 바다로 변했다.

　　ㄹ. 한마디 말로(써) 천 냥 빚을 갚는다.

　　ㅁ. 그는 우리 반 대표로(서) 회의에 참석했다.

'에게, 에게서'는 '에, 에서'와 의미 기능의 유사성이 있다. 다만 '에게, 에게서'는 사람이나 동물, 곧 유정 명사에 쓰이는 것이 보통이라는 점에서 무정 명사에 주로 쓰이는 '에, 에서'와 다르다.[7]

(28) ㄱ. 책이 철수에게 있다.

---

7) '에게'와 유사한 기능을 하는 것으로는 '한테, 더러'가 있고, '에게서'와 유사한 기능을 하는 것으로는 '한테서'가 있다. 이 가운데 '한테, 한테서'는 구어(口語, spoken language)에서 주로 쓰이는데 문어(文語, written language)에서 주로 쓰이는 '에게, 에게서'와 기능의 차이는 거의 없다. 그러나 '더러'는 '에게, 한테'와는 어느 정도 기능의 차이가 있다. '철수{에게, 한테, *더러} 그 책을 주어라.'와 같이 '에게, 한테'가 쓰이는 자리에 쓰이기 어려울 때도 있기 때문이다.

cf) 책이 방에 있다.

ㄴ. 그가 <u>철수에게</u> 책을 주었다.

cf) 그가 <u>화분에</u> 물을 주었다.

ㄷ. 그가 <u>개에게</u> 물렸다.

cf) 그가 <u>가시에</u> 찔렸다.

(29) 이 책은 <u>그에게서</u> 빌린 것이다.

cf) 이 책은 <u>도서관에서</u> 빌린 것이다.

다음으로 '와/과'는 (30)과 같이 '공동(어떤 행위를 함께 함), 비교의 대상' 등의 뜻을 나타낸다. 그리고 '보다, 처럼, 만큼'은 (31)과 같이 '비교의 대상'의 뜻을 나타내는데, '처럼, 만큼'은 두 대상이 동등함을 나타낼 때, '보다'는 두 대상 사이에 우열이 있음을 나타낼 때 쓰인다. '보다'가 '더, 아주, 꽤, 조금' 등의 정도 부사와 함께 자주 쓰이는 것은 이런 까닭에서이다.[8)]

(30) ㄱ. 철수가 <u>자기 친구와</u> 함께 왔다.

ㄴ. 이것은 <u>저것과</u> 다르다.

(31) ㄱ. 이것이 <u>저것보다</u> {더, 아주, 꽤, 조금} 맑다.

ㄴ. 이것이 <u>저것처럼</u> 맑다.

ㄷ. 이것이 <u>저것만큼</u> 맑다.

---

8) 구체적인 의미 기능에 따라 처격(處格) 조사('에, 에서'), 여격(與格) 조사('에게'), 공동격(共同格) 조사('와'), 비교격(比較格) 조사('처럼, 보다, 만큼')와 같이 각 부사격 조사에 특별한 이름을 붙여 다른 것과 구별하기도 한다. 때에 따라서는 동일한 형태에 둘 이상의 다른 이름을 붙여 구별하기도 한다. 예를 들어 '에'는 처격 조사, 이유격 조사 등으로, '에서'는 재격(在格) 조사, 탈격(奪格) 조사 등으로, '로'는 향격(向格) 조사, 구격(具格) 조사, 자격격(資格格) 조사 등으로 나뉜다.

호격 조사 호격 조사(呼格助詞)는 다른 사람을 부르는 말에 쓰이는 조사를 말한다. 호격 조사는 선행 명사구의 끝음절의 받침 유무에 따라 '아/야'가 교체되어 쓰인다.

> (32) ㄱ. <u>영철아</u>, 같이 영화 보러 가자.
> ㄴ. <u>철수야</u>, 밥 먹었니?

사람 외에 동물을 부를 때에도 호격 조사가 쓰이며, 의인화(擬人化)한 것일 때에는 사람이나 동물 이외의 명사에도 호격 조사가 쓰일 수 있다.

> (33) ㄱ. <u>두껍아</u>, <u>두껍아</u>, 헌집 줄 게 새 집 다오.
> ㄴ. <u>새야</u>, 새야, 파랑새야.
> ㄷ. 가거라, <u>삼각산아</u>.

어떤 대상을 정중하게 부를 때에는 '(이)여'나 '(이)여'의 높임말인 '(이)시여'가 호격 조사로 쓰이기도 하는데 일상 대화에서는 쓰이기 어렵다.

> (34) ㄱ. <u>겨레여</u>, 잠에서 깨어나라.
> ㄴ. <u>신이시여</u>, 자비를 베푸소서.

호칭어가 쓰일 때에는 호격 조사를 쓰지 않는 것이 보통이다. 호칭어 자체가 '부르는 말'이기 때문이다. 일상 대화에서 높임의 대상을 부를 때 사용할 수 있는 호격 조사가 없다는 점도 이와 관련이 있는 것으로 보인다. 호칭어는 손윗사람에 대한 것이 대부분이기 때문이다. (35 ㄷ, ㄹ)의 '동생, 아우'와 같이 손아랫사람에 대한 호칭어가 없는 것은 아니지만,[9] 이때에도 손아랫사람을 어느 정도 높여 부를 때 쓰이는 것이 보통이다.[10]

(35) ㄱ. <u>할아버지</u>, 이것 좀 보세요.

ㄴ. <u>선생님</u>, 여기에 앉으세요.

ㄷ. <u>동생</u>, 어서 오게.

ㄹ. <u>아우</u>, 나하고 같이 가세.

11.2. 보조사

보조사(補助詞) 혹은 특수 조사(特殊助詞)는 의미 기능을 갖는 조사를 말한다. 따라서 보조사는 여러 문장 성분에 두루 결합할 수 있을 뿐만 아니라 부사, 연결 어미 등의 뒤에도 결합할 수 있다. 예를 들어 (36ㄱ-ㄹ)에서는 각각 주어, 목적어, 부사어, 관형어에 '만'이 결합했

---

9) '동생'은 '혼인한 손아랫사람을 이름 대신 부르는 말'이며 '아우'는 '나이가 든 친한 여자들 사이에서 손아랫사람을 부르는 말'로서 모두 어느 정도 이상의 연령층에서 사용하는 호칭어라는 공통점이 있다.

10) 어느 정도 높이지 않아도 되는 손아랫사람은 이름을 부르는 것이 보통이다. 그런데 요즘 부모와 자식 사이에 '아들, 언제 왔어?'와 같이 이름 대신 지칭어인 '(우리) 아들, (우리) 딸'을 호칭어로 쓰는 일이 있다. 그런데 이때에도 호격 조사는 쓰이지 않는 것이 보통이다. 이는 손위, 손아래의 관계를 떠나 '부르는 말'인 호칭어에는 본래부터 호격 조사가 쓰이기 어렵다는 것을 뜻한다.

고, (36ㅁ)에서는 부사 뒤에, (36ㅂ)에서는 연결 어미 뒤에 '도'가 결합
했다. 이런 점에서 보조사는 주로 어느 하나의 문장 성분에 결합하는
격 조사와 구별된다.

> (36) ㄱ. <u>철수만</u> 그곳에 갔다.
>
> ㄴ. 그는 그 화분에 <u>물만</u> 주었다.
>
> ㄷ. 그는 <u>그 화분에만</u> 물을 주었다.
>
> ㄹ. 그건 <u>너만의</u> 생각일 뿐이야.
>
> ㅁ. <u>잘도</u> 먹는구나.
>
> ㅂ. <u>읽어도</u> 보고 <u>써도</u> 봤지만 외워지지 않는다.

보조사의 의미 기능은 단순하지 않은데 여기에서는 '만, 도, 은, 까
지, 부터, 나' 등의 주요 보조사를 대상으로 그 구체적인 의미 기능에
대해 개략적으로 살펴보기로 한다. 이 가운데 '까지'는 의미 기능이 유
사한 '마저, 조차'와 함께 살펴보기로 한다.[11]

'만'의 의미 기능　보조사 '만'의 주된 의미 기능은 '유일(唯一) 한
정', 곧 어떤 대상을 유일한 것으로 한정하는 것이다. 예를 들어 (37ㄱ)
에서 '만'은 '영희'가 '그곳에 간 유일한 사람'이라는 것을, (37ㄴ)에서
'만'은 '철수'가 '내가 만난 유일한 사람'이라는 것을, (37ㄷ)에서 '만'은
'도서관'이 '그가 공부를 하는 유일한 장소'라는 것을 나타낸다. 보조사
'만'은 문법 범주는 다르지만 '다른 것은 있을 수 없고 다만'의 뜻을 갖
는 부사 '오직'이 나타내는 것과 유사한 의미를 나타내는 셈이다.

---

11) 보조사의 의미에 대한 내용은 황화상(2012)에서 살펴본 것 가운데 일부를 요약한
　　것이다.

(37) ㄱ. 영희만 그곳에 갔다.

　　　　=오직 영희가 그곳에 갔다.

　　　ㄴ. 나는 철수만 만났다.

　　　　=나는 오직 철수를 만났다.

　　　ㄷ. 그는 도서관에서만 공부를 한다.

　　　　=그는 오직 도서관에서 공부를 한다.

　'만'이 어떤 대상을 유일한 것으로 한정하는 것은 결과적으로 그 대상과 대등한 다른 대상들은 배제(排除)하는 효과를 낸다.[12] 따라서 (37)의 각 문장은 다음의 각 문장을 함의(含意, implication)한다.

(38) ㄱ. 영희 이외의 다른 사람은 그곳에 가지 않았다.

　　　ㄴ. 나는 철수 이외의 다른 사람은 만나지 않았다.

　　　ㄷ. 그는 도서관 이외의 다른 곳에서는 공부를 하지 않는다.

　보조사 '만'은 조건문에 쓰여 '자동적 조건'을 나타내기도 하고, '최대의 한도'를 나타내기도 하고, '비슷한 정도나 한도'를 나타내기도 한다. 예를 들어 (39ㄱ)의 '만'은 '비가 오는' 조건이 충족되면 늘 '허리가 쑤시는' 결과가 생긴다는 것을, 곧 선행절이 후행절의 자동적 조건이라는 것을 나타낸다. 이때에는 '~을 때마다'의 형식으로 바꿔 쓸 수 있다. 그리고 (39ㄴ)의 '만'은 기다리자고 하는 시간의 최대치를 나타

---

12) 홍사만(1983:209)에서는 이를 '피접어 이외의 자매 항목은 서술어의 사실 내용에서 배제됨'으로 설명했다. 여기에서 피접어는 선행 명사구를, 자매항목은 선행 명사구가 지시하는 대상과 대등한 다른 대상들을 뜻한다.

내는데 이때에는 '최대한(으로 해서)'과 함께 쓰일 수 있다.[13] (39ㄷ)
은 '파도'의 크기가 '집채'의 크기와 비슷한 정도라는 뜻을 나타낸다.
이때에는 '하다'와 함께 쓰이는 것이 보통이다.

(39) ㄱ. 비만 오면 허리가 쑤신다.

　　　　=비가 올 때마다 허리가 쑤신다.

　　ㄴ. (최대한) 5분만 더 기다리자.

　　　　=~ (더 기다리자고 안 할 테니 최대한으로 해서) 5분을 기다
　　　　리자.

　　ㄷ. 집채만 한 파도가 몰려온다.

　　　　=집채와 비슷한 크기의 파도가 몰려온다.

　이 밖에 보조사 '만'은 특별한 의미 기능을 나타내지 않고 선행어의
의미를 '강조'하기도 한다. 이때에는 '만'을 생략해도 의미의 차이는
거의 느껴지지 않는다.

(40) ㄱ. 자꾸만 기침이 난다.

　　ㄴ. 이곳에는 허락을 받아야만 들어갈 수 있다.

'도'의 의미 기능　보조사 '도'는 선행 명사구가 '어떤 집합에 포함'된

---

13) '만'이 '최대의 한도'를 나타낼 때에는 선행 명사구가 지시하는 것이 청자에게 '적
다, 작다, 짧다' 등의 느낌을 줄 수 있는 것이어야 한다. 이미 30분을 기다리느라고
지친 청자에게 '1시간만 더 기다리자.'와 같이 말하기는 어려운 것이다. 마찬가지
로 700원이면 충분히 물건을 살 수 있다고 생각하는 청자에게 '천 원만 내세요.'라
고 해서는 물건을 팔기 어렵다.

다는 것을 나타낸다. 예를 들어 '도'는 (41ㄱ)에서는 '온 사람'의 집합
에 '철수'가 포함된다는 것을, (41ㄴ)에서는 '산 물건'의 집합에 '사과'
가 포함된다는 것을, (41ㄷ)에서는 '간 곳'의 집합에 '도서관'이 포함
된다는 것을 나타낸다. '도'의 이러한 기능은 부사 '또한, 역시'가 문장
에서 갖는 기능과 다르지 않다.

> (41) ㄱ. <u>철수도</u> 왔다.
>
> =철수 {또한, 역시} 왔다.
>
> ㄴ. <u>사과도</u> 샀다.
>
> =사과 {또한, 역시} 샀다.
>
> ㄷ. <u>도서관에도</u> 갔다.
>
> =도서관에 {또한, 역시} 갔다.

(41)의 각 문장은 '도'의 선행 명사구가 지시하는 것과 대등한 다른
대상을 전제하므로 각각 다음의 문장들을 함의한다.

> (42) ㄱ. 철수 이외의 다른 사람도 왔다.
>
> ㄴ. 사과 이외의 다른 것도 샀다.
>
> ㄷ. 도서관 이외의 다른 곳에도 갔다.

이 밖에 보조사 '도'는 '강조'의 뜻을 나타내기도 한다. (43ㄱ)에서는
부사(어)에 결합하여 그 부사가 나타내는 뜻을 '강조'한다. (43ㄴ)에
서는 부정문에서 수량을 표시하는 명사구에 결합하여 강한 부정을 표
시하는데, 이때에는 대체로 각 명사구를 부사 '전혀, 조금도, 잠시도'

등과 바꿔 쓸 수 있다. 그리고 '도'는 (43ㄷ)에서처럼 부정문에서 '아무, 누구, 어떤' 등과 함께 쓰여 강한 부정을 나타낸다.

> (43) ㄱ. 아기, 아기, <u>잘도</u> 잔다.
>   ㄴ. 그는 말을 <u>한 마디도</u>(=전혀) 하지 않았다.
>   맛이 <u>하나도</u>(=전혀, 조금도) 없다.
>   <u>한 순간도</u>(=잠시도) 그를 잊은 적이 없다.
>   ㄷ. <u>아무도</u> 내 말을 듣지 않는다.
>   이 사과는 <u>아무 맛도</u> 없다.
>   그는 어제 일은 자기와 <u>어떤 관계도</u> 없이 일어난 일이라고 말했다.

'은'의 의미 기능 보조사 '은(/는)'은 '화제(話題, topic)를 제시'하는 기능을 갖는데 대체로 '~에 대하여 말하자면' 정도의 뜻을 나타낸다.

> (44) ㄱ. <u>이것은</u> 철수의 책이다.
>   ㄴ. <u>철수는</u> 내 동생의 친구이다.
>   ㄷ. <u>어린이는</u> 일찍 자고 일찍 일어나야 한다.

화제가 될 수 있는 것은 이미 알려진 정보, 곧 구정보(舊情報, old information)인 것이 보통이다. 따라서 '은'은 (45ㄱ)과 같이 이야기의 첫머리에는 쓰이기 어렵고, (45ㄴ)과 같이 '무엇, 누구' 등의 의문 대명사에도 결합하기 어렵다. 이들은 새로운 정보, 곧 신정보(新情報,

new information)를 제시하거나 요구하는 표현들이기 때문이다.

(45) ㄱ. 옛날에 한 {나무꾼이, *나무꾼은} 살았는데 그 나무꾼은 …

ㄴ. {무엇이, *무엇은} 철수의 책이니?

{누가, *누구는} 내 동생의 친구이니?

그리고 (46)과 같이 '은'은 정의, 속담, 격언 등에 자주 쓰이는데, 이는 정의, 속담, 격언 등은 이미 알려진 정보를 설명의 대상으로 삼는 방식의 표현이기 때문이다.(이익섭·채완 1999:207-208)

(46) ㄱ. <u>소나무는</u> 상록수다.

ㄴ. <u>가재는</u> 게 편이다.

ㄷ. <u>키 큰 사람은</u> 싱겁다.

보조사 '은'은 (47)과 같이 '대조(對照)'의 의미 기능을 갖기도 한다. (47ㄱ)에서는 그곳에 가고 가지 않은 주체로서 '철수'와 '영희'가 대조되고, (47ㄴ)에서는 읽은 대상으로서 '이 책'과 '저 책'이 대조된다. 그리고 (47ㄷ)에서는 공부를 하는 장소로서 '학교'와 '집'이 대조된다.

(47) ㄱ. <u>철수는</u> 그곳에 가고 <u>영희는</u> 가지 않았다.

ㄴ. <u>이 책은</u> 벌써 읽었지만 <u>그 책은</u> 아직 못 읽었다.

ㄷ. <u>학교에서는</u> 공부를 하지만 <u>집에서는</u> 공부를 안 한다.

보조사 '은'은 (48)과 같이 내포문(內包文, 혹은 안긴문장)의 주어나 목적어에는 결합하지 못하는 것이 보통이다. 그러나 (49)와 같이 대조의 뜻을 나타낼 때에는 내포문의 주어나 목적어 자리에 '은'이 결합하기도 한다.

(48) ㄱ. {비가, *비는} 퍼붓는 소리가 들린다.

ㄴ. {철수가, *철수는} 어제 만난 사람이 바로 그다.

ㄷ. {그 책을, *그 책은} 어제 산 사람이 철수다.

(49) ㄱ. 비는 온 흔적이 있는데 우산은 제자리에 있다.

ㄴ. 그 책은 읽은 사람이 다른 책은 왜 안 읽니?

'까지'의 의미 기능 보조사 '까지'의 중심적인 의미 기능은 '극단(極端) 제시'이다. 예를 들어 (50)에서 '까지'에 선행하는 요소 '너'는 화자가 자신을 의심하리라고 전혀 생각하지 못했던, 혹은 자신을 의심하리라고 예상했던 사람들 가운데 그 순위가 매우 낮은 극단의 사람이다. 그리고 '까지'가 극단을 제시하는 기능을 가질 때에는 '조차, 마저' 등의 보조사와 교체되어 쓰이기도 한다.

(50) 너{까지, 조차, 마저} 나를 의심하는구나.

그런데 '까지, 조차, 마저'는 그 의미 기능이 유사하지만 늘 자유롭게 교체되어 쓰일 수 있는 것은 아니다. 예를 들어 (51ㄱ)에서는 '까지'는 자연스럽게 쓰일 수 있지만 '조차'나 '마저'는 쓰이기 어렵고, (51ㄴ)에서는 '조차'나 '마저'는 자연스럽게 쓰일 수 있지만 '까지'는 쓰이기 어렵다.

(51) ㄱ. 학원{까지, *조차, *마저} 다녔는데 그 문제도 못 푸니?

ㄴ. 학교{*까지, 조차, 마저} 다니지 못했는데 그 문제를 어떻게 풀 겠니?

(51ㄱ)에서는 '학원에 다니는 것'이 '그 문제를 풀 수 있는 충분한 조건'이라는 화자의 생각이 전제되어 있다. 곧 (51ㄱ)에서는 청자가 그 문제를 당연히 풀 것이라고 화자가 기대하는 상황이 전제된다. 그리고 이때 '학원에 다니는 것'은 그 문제를 당연히 풀 것이라고 생각할 수밖에 없는 '극단'의 조건이다. 그리고 (51ㄴ)에서는 '학교에 다니는 것'이 '그 문제를 풀 수 있는 최소한의 조건'이라는 화자의 생각이 전제되어 있다. 그리고 그 최소한의 조건을 갖추지 못했다는 것은 그 문제를 풀 수 없는 이유를 설명할 수 있는 극단의 조건이 된다. 이와 같이 어떤 상황이 발생할 수 있는 '충분한 극단의 조건'을 제시하고 실제의 상황이 이러한 조건에서 기대하기 어려운 부정적인 상황이라는 것을 강조하여 나타낼 때에는 '까지'가, 어떤 상황이 발생할 수 있는 '최소한의 극단의 조건'을 부정적으로 제시하고 실제의 상황이 조건에 따른 당연한 결과라는 것을 강조하여 나타낼 때에는 '조차'와 '마저'가 쓰인다.

그리고 다음과 같이 '불충분한 조건'에서 '극단의 좋은 결과'가 생겼다는 것을 강조할 때에는 '까지'가, '충분한 조건'에서 '극단의 좋지 않은 결과'가 생겼다는 것을 강조할 때에는 '조차'와 '마저'가 자연스럽게 쓰인다.

(52) ㄱ. (70점밖에 못 받았는데) 금상{까지, *조차, *마저} 받다니.

ㄴ. (90점이나 받았는데) 동상{*까지, 조차, 마저} 못 받다니.

결국 '충분한 극단의 조건'을 제시하거나 '극단의 좋은 결과'를 제시할 때에는 '까지'가, '최소한의 극단의 조건'을 부정적으로 제시하거나 '극단의 좋지 않은 결과'를 제시할 때에는 '조차'와 '마저'가 더 자연스럽게 쓰인다고 볼 수 있다.

한편 '까지'는 어떤 '범위의 끝'을 제시하는 기능도 갖는다. (53ㄱ)에서는 '까지'가 시간적 범위의 끝을, (53ㄴ)에서는 공간적 범위의 끝을 나타낸다. 그리고 이때에는 어떤 '범위의 시작'을 제시하는 '부터, 에서' 등과 함께 쓰이는 것이 보통이다.

(53) ㄱ. 두 시부터 <u>세 시까지</u> 책을 읽었다.
ㄴ. 서울에서 <u>부산까지</u> 2시간 만에 도착할 수 있다.

'부터'의 의미 기능 보조사 '부터'의 주된 의미 기능은 어떤 '범위의 시작'을 제시하는 것이다. (54ㄱ)에서 '아홉 시'는 공부를 시작한 시간이며, (54ㄴ)에서 '여기'는 화자가 청소를 시작하는 곳으로 청자에게 제안하는 장소(혹은 공간)이다.

(54) ㄱ. <u>아홉 시부터</u> (열 시까지) 공부를 했다.
ㄴ. <u>여기부터</u> (저기까지) 청소하자.

'부터'는 어떤 행위의 첫 번째 대상을 제시하기도 한다. 예를 들어 (55ㄱ)에서 '사과'는 먹고자 하는 여러 대상(이를테면 '포도, 배, 딸기'

등) 가운데 처음으로 먹을 대상이며, (55ㄴ)에서 '나'는 여러 대상(이
를테면 '철수, 민호, 영철' 등) 가운데 처음으로 화장실에 갈 대상이다.
이와 같이 '부터'가 어떤 행위의 첫 번째 대상을 지시할 때에는 그 기
능이 부사 '먼저'와 유사하여 이것으로 바꿔 쓸 수 있다.

> (55) ㄱ. <u>사과부터</u> 먹자.
>   =사과를 먼저 먹자.
>   ㄴ. <u>나부터</u> 화장실에 갈게.
>   =내가 먼저 화장실에 갈게.

한편 '부터'는 '극단 제시' 기능도 갖는다. 예를 들어 (56)에서 '나'는
적어도 동생의 일을 알 것으로 기대되는 극단의 인물이다. 그 기능이
유사하므로 이때에는 '부터(도)'가 쓰이는 자리에 '조차'도 쓰일 수 있
다.

> (56) 나{부터, 조차} 내 동생의 일을 알지 못했다.

'나'의 의미 기능 보조사 '(이)나'는 어떤 행위의 선택이 필요에 따
른 적극적인 태도에 의한 것이 아니라 주어진 여건을 고려한 소극적
인 태도에 의한 것임을 나타낸다.[14] 예를 들어 (57ㄱ)에서 '책을 읽는
것'은 책을 읽고 싶어서 선택한 것이 아니라 '심심하기 때문에' 선택한

---

14) 이익섭·채완(1999:213-215)에서는 '(이)나'의 이런 기능을 '차선의 선택'으로 설
　　명했는데 용어의 차이는 있으나 그 근본적인 뜻은 본서에서의 그것과 다름이 없
　　다.

것이다. 특히 (57ㄷ)에서는 '빵을 사 먹는 것'을 선택한 것이 무엇보다도 '돈이 부족한 상황'을 고려한 것이라는 점이 분명하게 드러나 있다.

(57) ㄱ. 심심한데 책이나 읽어야지.
　　 ㄴ. 장사 그만 두고 농사나 짓자.
　　 ㄷ. 돈이 좀 부족하니 빵이나 사 먹자.

'(이)나'를 사용하는 데에는 선택된 행위가 쉽게 할 수 있는 행위, 혹은 보잘것없는 행위라는 인식이 전제되기도 한다. 예를 들어 (57ㄴ)에는 '농사를 짓는 것'이 장사를 하는 것보다 쉽다는, 혹은 장사를 하는 것보다 마음 편하게 할 수 있다는 화자의 인식이 반영되어 있는 것으로 볼 수 있다. 이러한 점은 다음과 같은 예에서도 마찬가지이다.

(58) (등산은 힘들 것 같고) 가볍게 산책이나 해야겠다.

보조사 '(이)나'는 다음과 같이 둘 이상의 후보 가운데에서 어느 것을 선택해도 상관이 없다는 뜻을 나타내기도 하는데, 이때에는 '어디든지/어느 곳이든지, 무엇이든지/어떤 것이든지, 누구든지/어떤 사람이든지' 등이 같이 쓰일 수 있다.

(59) ㄱ. 산으로 갈까? 바다로 갈까?
　　　산이나 바다나 ([어디든지, 어느 곳이든지]) 난 상관없어.
　　 ㄴ. 사과나 배나 ([무엇이든지, 어떤 것이든지]) 하나만 사자.
　　 ㄷ. 철수나 민호나 ([누구든지, 어떤 사람이든지]) 한 사람만 보내라.

보조사 '(이)나'는 수량이 많거나 정도가 높다는 것을 강조하는 기능을 갖기도 한다. 그리고 (60ㄱ, ㄴ, ㄷ)에서와 같이 때에 따라서는 '놀람'의 뜻이 수반되기도 한다.

(60) ㄱ. 벌써 <u>반이나</u> 읽었니?

ㄴ. 철수가 벌써 <u>열 살이나</u> 되었니?

ㄷ. 이번 백일장에 <u>천 명이나</u> 왔었다고?

ㄹ. 그는 <u>돈푼이나</u> 있다고 거들먹거린다.

ㅁ. 갓 입대한 놈이 마치 <u>병장이나</u> 되는 것처럼 군다.

특히 수량 표현에 결합하여 얼마간 놀람의 뜻을 나타낼 때에는 그 기능이 보조사 '밖에'와 대비된다. '(이)나'는 긍정문에 쓰이고 '밖에'는 부정문에 쓰이는데 '(이)나'는 '벌써, 무려' 등과, '밖에'는 '아직, 겨우' 등과 자주 어울려 쓰인다.

(61) ㄱ. 벌써 <u>반이나</u> 읽었니?

　　 아직 <u>반밖에</u> 못 읽었니?

ㄴ. 철수가 벌써 <u>열 살이나</u> 되었니?

　　 철수가 아직 <u>열 살밖에</u> 안 되었니?

ㄷ. 이번 백일장에 무려 <u>천 명이나</u> 왔었다고?

　　 이번 백일장에 겨우 <u>천 명밖에</u> 안 왔었다고?

'그려, 마는, 요' 보조사는 여러 문장 성분에 두루 결합하는 것이 보통이지만 '그려, 마는'과 같이 종결 어미 뒤에만 결합하는 것도 있다.

그리고 '요'와 같이 종결 어미 뒤는 물론 다른 어떤 조사도 결합하기 어려운 격 조사 '이/가, 을/를', 보조사 '은, 도' 등의 뒤에까지 결합하여, 사실상 문장을 구성하는 어느 성분에나 자유롭게 결합하는 보조사도 있다.[15]

> (62) ㄱ. 비가 <u>오네그려</u>.
>
>   ㄴ. 비가 <u>옵니다마는</u> 해갈은 멀었습니다.
>
>   ㄷ. <u>철수가요</u> 마음은 좋아요.
>
>   철수가 <u>마음은요</u> 좋아요.

보조사의 작용역   보조사는 그 의미 기능이 선행 명사구에 미치는 것이 보통이지만 때에 따라 문장에 미치기도 한다.[16] 예를 들어 (63), (64)는 보조사 '만'의 의미 기능이 선행 명사구에 미칠 때에는 이를테면 (63ㄱ), (64ㄱ)과 같은 뜻을 갖는다. 이때에는 '영희, 그 소설책'이 '(영희가 아닌) 다른 사람, (그 소설책이 아닌) 다른 소설책'과 대비된다. 이와 달리 보조사 '만'의 의미 기능이 문장에 미칠 때에는 두 문장은 이를테면 (63ㄴ), (64ㄴ)과 같은 뜻을 갖는다. 이때에는 '영희를 쫓아다는 일, 그 소설책을 읽는 일'이 '공부를 하는 일, 그 소설책을 읽는 일 이외의 다른 일'과 대비된다.

---

15) '*이것은 철수의요 책이에요.'에서 알 수 있는 것처럼 '요'는 관형격 조사 뒤에는 결합하기 어렵다. 한편 남기심·고영근(1985/1993:105)에서는 종결 어미 뒤에 결합하는 '요, 마는, 그려' 등을 종결(終結) 보조사라고 하고, 여러 문장 성분에 두루 쓰이는 다른 보조사를 통용(通用) 보조사라고 하여, 보조사를 그 분포에 따라 크게 두 가지 유형으로 나눴다.

16) 보조사의 의미 기능이 미치는 범위를 '작용역(作用域, scope)' 혹은 '영향권'이라고 한다.

(63) 철수는 <u>영희</u>만 쫓아다닌다.

ㄱ. 철수는 <u>다른 사람은 쫓아다니지 않고</u> (영희)만 ~.

ㄴ. 철수는 <u>공부는 하지 않고</u> (영희를 쫓아다니기)만 ~.

(64) 나는 어제 <u>그 소설책</u>만 읽었다.

ㄱ. 나는 어제 <u>다른 소설책은 읽지 않고</u> (그 소설책)만 ~.

ㄴ. 나는 어제 <u>다른 일은 하지 않고</u> (그 소설책을 읽기)만 ~.

11.3. 접속 조사

접속 조사(接續助詞)는 둘 이상의 명사구를 이어주는 조사를 말한다. (65)의 '와/과, (이)랑, 하고, (이)며, (이)나' 등이 접속 조사들인데, 이 가운데 특히 '(이)랑, 하고, (이)며, (이)나'는 끝에 접속되는 명사구에도 붙어 쓰일 수 있다.

(65) ㄱ. <u>아테네와 스파르타</u>는 견원지간이다.

ㄴ. 백화점에서 <u>구두랑 모자랑 옷이랑</u> 샀어요.

ㄷ. <u>철수하고 나하고</u>는 친구 사이이다.

ㄹ. <u>그림이며 조각이며 미술품으로</u> 가득 찬 화실.

ㅁ. 바자회 물품으로 <u>책이나 옷</u>을 받고 있다.

접속 조사는 형식적으로 명사구를 이어주지만 의미적으로는 문장을 이어주는 것으로 볼 수 있는 때도 있다. 예를 들어 (66)은 각각 의미적으로 (66')의 두 문장이 접속된 것, 곧 문(文) 접속으로 볼 수도 있

다. 다만 '철수와 영희는 모두 학생이다.'와 같이 쓰일 때에는 문장이
접속된 것으로 보기가 어려워서,[17] (66)을 문장이 접속된 것으로 보는
데에도 어려움은 있다.

(66) ㄱ. <u>철수와 영희</u>는 학생이다.
　　 ㄴ. 우리는 <u>사과와 배</u>를 샀다.
　　 ㄷ. 나는 <u>집과 도서관</u>에서 공부한다.
(66)' ㄱ. 철수는 학생이다.
　　　 영희는 학생이다.
　　 ㄴ. 우리는 사과를 샀다.
　　　 우리는 배를 샀다.
　　 ㄷ. 나는 집에서 공부한다.
　　　 나는 도서관에서 공부한다.

　물론 접속 조사가 쓰인 문장 가운데에는 (67)과 같이 본래부터 문
법적으로는 물론 의미적으로도 문장이 접속된 것으로 보기 어려운 것
들도 있다. 이들 문장은 (67ㄱ)에서 예시한 것처럼 각 문장이 완전한
뜻을 갖지 못하여 두 문장으로 나눌 수 없기 때문이다. 따라서 이들 문
장은 명사구가 접속된 것, 곧 구(句) 접속으로 보아야 한다.

(67) ㄱ. <u>철수와 영희</u>는 (서로) 좋아한다.
　　　 =*철수가 좋아한다 + *영희가 좋아한다
　　 ㄴ. <u>철수와 영희</u>는 만나기만 하면 싸운다.

---

17) 이는 부사 '모두'의 삽입을 문법적으로 설명하기가 어렵기 때문이다.

ㄷ. <u>아버지와 딸</u>이 닮았다.

ㄹ. <u>이것과 저것</u>은 다르다.

11.4. 조사의 중첩

조사는 명사구, 부사, 어미 등 다양한 범주의 문법 형태에 결합한다. 특히 명사구에 결합할 때 조사는 겹쳐 쓰이기도 하는데 이를 조사의 중첩(重疊)이라고 한다. 그런데 조사의 중첩에는 제약이 있으며, 중첩되는 경우에도 그 순서에 제약이 있다. 먼저 (68ㄱ)에서처럼 주격 조사 '이'와 보조사 '만'은 문법적 기능이 다르므로, 곧 '이'는 격을 표시하는 기능을 갖고 '만'은 의미적인 기능을 가지므로 겹쳐 쓰일 수 있다. 그러나 (68ㄴ)에서처럼 주격 조사 '이'와 목적격 조사 '을'은 격을 표시하는 공통성이 있으므로 겹쳐 쓰일 수 없다.[18] 하나의 명사구가 주어인 동시에 목적어일 수는 없기 때문이다. 마찬가지로 (68ㄷ)에서 '부터'와 '까지'는 각각 '범위의 시작'과 '범위의 끝'이라는 서로 모순되는 뜻을 가지므로 겹쳐 쓰일 수 없다.

(68) ㄱ. <u>당신만이</u> 그 일을 하실 수 있습니다.

ㄴ. *<u>철수를이</u> 학교에 갔다.

ㄷ. *<u>여기부터까지</u> 청소를 하자.

---

18) 다만 '시골에서의 생활'과 같이 부사격 조사는 다른 격 조사와 겹쳐 쓰일 수 있다. 앞서 살펴보았듯이 부사격 조사는 격 조사이면서도 의미 기능을 갖는 특별한 속성이 있기 때문이다.

주격 조사, 목적격 조사, 관형격 조사 등이 다른 조사와 중첩될 때에는 (69)에서처럼 늘 다른 조사가 선행한다. 다시 말해 이들 격 조사들은 늘 명사구의 끝에 결합한다. 이들 조사는 격을 표시하며, 격은 명사구 전체가 갖는 문법 범주이기 때문이다.[19]

(69) ㄱ. 당신{만을, *을만} 사랑해.

ㄴ. 너{만이, *가만} 너다.

ㄷ. 시골{에서의, *의에서} 생활

보조사와 부사격 조사는 서로 중첩될 수 있는데 (70ㄱ)과 같이 부사격 조사가 선행하는 것이 보통이지만 (70ㄴ)과 같이 보조사가 선행하는 때도 있다. 보조사가 선행할 때와 부사격 조사가 선행할 때 두 문장 사이에는 의미 차이가 있다. 예를 들어 '5권까지에'에서 '까지'는 '범위의 끝'을 나타내며, 따라서 이를테면 '2권부터 5권까지'와 같은 뜻을 나타내지만, '5권에까지'에서 '까지'는 '극단 제시'의 뜻을 나타낸다. 따라서 '5권까지에'의 '까지'는 '극단 제시'의 뜻을 갖는 '조차, 마저'로 교체할 수 없지만, '5권에까지'의 '까지'는 '조차, 마저'로 교체할 수 있다.

(70) ㄱ. 그는 도서관{에서만, *만에서} 공부한다.

그는 도서관{에서도, *도에서} 공부한다.

그는 철수{에게만, *만에게} 책을 주었다.

그는 철수{에게까지, *까지에게} 책을 주었다.

---

19) 예를 들어 (69ㄱ)에서 '만'과 '을'이 그 순서를 바꿔 '당신을만'과 같이 쓰이면 목적격 조사 '을'의 문법적 기능(목적격 표시)이 명사구 전체에 미치지 못한다.

그는 이 길{로만, *만으로} 다닌다.

ㄴ. 그의 이야기는 5권{까지에, 에까지} 실려 있다.

빵{으로만, 만으로} 살 수는 없다.

  한편 동일한 두 개의 조사가 때에 따라 겹쳐 쓰이는 양상에 차이를 보이기도 한다. 예를 들어 보조사 '만'과 주격 조사 '이'는 (71ㄱ)과 같이 서로 겹쳐 쓰이기도 하지만 (71ㄴ)과 같이 서로 겹쳐 쓰이기 어려운 때도 있다.

  (71) ㄱ. <u>철수만(이)</u> 그곳에 오지 않았다.

    ㄴ. <u>철수만(*이)</u> 오면 아이가 온다.

  (71ㄱ)의 '철수만'은 '오직 철수'의 뜻을 갖지만 (71ㄴ)의 '철수만'은 이런 뜻을 갖지 못한다는 점을 고려하면, 이 또한 의미적인 차이를 반영하는 것으로 볼 수 있다. (71ㄴ)에서 '만'은 '자동적 조건'을 나타내며 선행절은 '철수가 오기만 하면'과 같이 바꿔 쓸 수도 있다. 이때 보조사 '만'의 작용역은 선행 명사구 '철수'가 아니라 선행절 '철수가 오다' 전체이다.

참조 조사의 범주 설정 문제 / 보어와 보격 조사 / '이다'의 문법 범주

(1)조사는 '앞에 오는 체언(혹은 명사구)이 다른 단어와 갖는 문법적 관계를 나타내는 품사'라고 정의하지만, 조사 가운데 특히 보조사는 선행 체언의 문법적 관계를 나타내지 못한다. 품사를 설정하고 분류할 때에는 조사를 이와 같이 정의하지만, 조사를 구체적으로 기술할 때에는 보통 '문법적 관계를 표시하거나 뜻을 더해 주는 것'으로 고쳐 정의하는 것은 이런 까닭에서이다. 조사는 문법적 기능에 따라 하나의 품사로 설정된 것이지만, 조사로 묶이는 문법 형태들 사이에는 적어도 통사적 기능의 공통성은 없는 셈이다. 이에 따라 서정수(1996:137-138)에서는 조사를 서로 문법적 속성이 다른 여러 기능 요소들을 담는 일종의 '주머니'에 비유하고, 조사를 기능에 따라 몇 갈래의 범주로 갈라서 다루는 것이 바람직하다고 보았다.

(2)보격 조사 및 보어는 그 설정 여부와 범위에 이견이 있다. 보어는 설정하되 보격 조사는 설정하지 않는 견해(이홍식 1996), 보어와 보격 조사를 모두 설정하지 않는 견해(민현식 1999), 보어를 설정하되 '이/가'만을 보격 조사로 설정하는 견해(남기심·고영근 1985/1993), '이/가'를 포함하여 다른 조사까지 보격 조사로 설정하는 견해(최호철 1995) 등이 있다. 보격 조사(그리고 보어) 설정에 관련된 다양한 논의는 이길록(1974), 주복매(1986), 최호철(1995), 민현식(1999) 등을 참조할 수 있다.

(3)서술격 조사 '이(다)'는 다른 격 조사와 달리 활용(活用, conjugation)한다는 점에서 논란의 불씨를 안고 있는 조사이다. '이(다)'의 문법 범주에 대한 관점은 크게 보아 용언으로 보는 견해(지정사설, 동사설, 의존 형용사설, 계사설, 접어설 등), 조사로 보는 견해(서술격 조사설, 주격 조사설), 접사로 보는 견해(접요사설, 통사적 접사설 등)로 나뉜다(황화상 2005ㄴ 참조). '이다'의

문법 범주에 대한 견해가 이처럼 다양한 것은 '이다'의 문법적 성질이 그만큼 단순하지 않다는 것을 뜻한다.

용언설은 어미가 결합한다는 점을 설명하는 데 장점이 있지만 수의적으로 생략된다는 점('이것은 의자(이)다'), 구개음화 현상이 일어난다는 점('밭이다'[바치다]), 선행 체언이 대표음으로 소리 나지 않고 본래의 음으로 소리 난다는 점('옷이다[오시다]')이 문제다. 용언은 문장의 중심 성분으로서 생략되지 않으며, 구개음화는 단어와 단어 사이('밭이랑'[반니랑])에서는 일어나지 않으며, 단어가 후행할 때에는 선행 체언이 대표음으로 소리 나는 것('옷안[온안〉오단]')이 보통이기 때문이다. 조사설은 어미가 결합한다는 점이 문제다. 어떤 조사도 어미와는 직접 결합하지 않기 때문이다. 접사설은 체언과의 결합형이 관형어의 수식을 받는다는 점('착한 학생이다')이 문제다. '이다'가 접사라면 용언적 성격을 갖는 것일 텐데 이와 같은 성격의 다른 접사들은 선행 체언에 대한, 관형어의 수식을 허용하지 않기 때문이다('*훌륭한 어른스럽다'). 이러한 문제는 '이다'를 명사구에 결합하는 통사적 접사([[착한 학생]이(다)])로 보면 해소되지만 통사적 접사는 그 자체에서부터 여전히 논란이 있다.

연습

1 '께서, 에서, 이서'는 주격 조사의 특수한 형태로 보는 견해도 있지만 주격 조사가 아니라고 보는 견해도 있다. 다음 예는 어떤 견해를 지지하는 근거가 될 수 있을지 생각해 보자.

1) 할아버지께서만이 그 일을 하실 수 있습니다.
2) *우리 학교에서(=우리 학교가) 정말 멋있다.
3) 철수와 영희가 둘이서 걸어간다.

2 다음 예를 참조하여 한 문장에 주격 조사가 겹쳐 쓰이는 문장을 이중 주어문으로 보는 게 좋을지 서술절을 안은 문장으로 보는 게 좋을지 생각해 보자.

1) 어머니가 손이 크시다.
2) 할아버지가 돈이 있으시다.
   cf) 할아버지가 집에 계시다.
3) 토끼가 앞발이 짧다.
   *²앞발이 짧다.

3 다음의 각 문장에 쓰인 격 조사 '에게, 로, 와, 에' 등은 보격 조사로 보기도 하고 부사격 조사로 보기도 한다. 각 관점의 장단점이 무엇인지 생각해 보자. 조사의 형태와 기능의 관계, 필수적 부사어의 설정 등에 주목할 것.

1) 할머니께서 <u>동생에게</u> 용돈을 주셨다.
2) 나무꾼이 선녀를 <u>색시로</u> 삼았다.
3) 나는 <u>너와</u> 생각이 다르다.
4) 손을 <u>주머니에</u> 넣었다.

4 1)의 두 문장에서는 부사격 조사 '(으)로'와 보조사 '만'이 순서를 바꿔 겹쳐 쓰였다. 두 문장 사이에 의미 차이가 있는지, 있다면 어떤 차이인지 생각해 보자. 그리고 이를 바탕으로 2)에서 두 조사가 일정한 순서로만 결합하는 이유가 무엇인지 생각해 보자.

1) ㄱ. 이 나무는 <u>도끼로만</u> 자를 수 있다.
   ㄴ. 이 나무는 <u>도끼만으로</u> 자를 수 있다.
2) ㄱ. 사장의 친인척이라는 {이유만으로, *이유로만} 사원이 된 사람들.
   ㄴ. 그는 {*철수만에게, 철수에게만} 책을 주었다.

12. 용언

미리보기

1)의 '크(다)'는 형용사와 동사의 품사 통용어이다. 이처럼 2)의 '모자라
(다)'도 형용사와 동사의 품사 통용어로 볼 수 있을지 생각해 보자.

다음 1) 이 나무는 저 나무보다 더 크다.(형용사)
   이 나무는 저 나무보다 잘 큰다.(동사)
  2) 돈이 조금 모자라다.
   돈이 조금 모자란다.

용언(用言)은 다음의 먹다, 좋다'와 같이 주어의 행위, 상태나 성질
등을 서술하는 문장 성분, 곧 서술어로 쓰이는 단어를 말한다.

(1) ㄱ. 철수가 사과를 먹는다.
  ㄴ. 날씨가 좋다.

용언은 문장에 쓰일 때 어미가 결합하는데 이를 활용(活用,
conjugation)이라고 한다. 용언은 의미에 따라 다시 동사와 형용사로
나뉜다.

12.1. 동사와 형용사

동사 동사(動詞, verb)는 '어떤 대상의 움직임을 나타내는 품사'이다. (2ㄱ)의 '걸어가다'는 구체적인 동작을, (2ㄴ)의 '믿다'는 마음속에서의 작용을, (2ㄷ)의 '피다'는 자연 현상을 나타낸다는 차이는 있으나 모두 움직임을 나타내는 동사들이다.

    (2) ㄱ. 철수가 <u>걸어간다</u>.
        ㄴ. 나는 철수를 <u>믿는다</u>.
        ㄷ. 꽃이 <u>핀다</u>.

동사는 주어만 쓰여서 그 주어의 움직임만을 나타내는 자동사(自動詞, intransitive verb)와 목적어가 함께 쓰여서 주어의 움직임이 목적어에도 영향을 주는 타동사(他動詞, transitive verb)로 나뉜다. 예를 들어 (3ㄱ)에서 '가다'는 주어 '철수'의 움직임만을 나타내는 자동사이며, (3ㄴ)의 '던지다'는 '철수'의 '던지는 행위'가 목적어 '돌'에도 영향을 주는 타동사이다.

    (3) ㄱ. 철수가 학교에 <u>간다</u>.
        ㄴ. 철수가 연못에 돌을 <u>던진다</u>.

동사 가운데에는 (4)의 '그치다, 움직이다'와 같이 자동사와 타동사로 모두 쓰이는 것들이 있는데 이를 자타동 양용 동사 혹은 능격 동사(能格動詞, ergative verb)라고 한다.

(4) ㄱ. 울음이 <u>그쳤다</u>.

　　아기가 울음을 <u>그쳤다</u>.

　　ㄴ. 차가 <u>움직였다</u>.

　　철수가 차를 <u>움직였다</u>.

형용사 형용사(形容詞, adjective)는 '어떤 대상의 성질이나 상태를 나타내는 품사'이다. (5ㄱ)에서 '부지런하다'는 주어 '아이'의 성질을, (5ㄴ)에서 '흐리다'는 '날'의 상태를 나타낸다. 이와 같이 어떤 대상의 성질이나 상태를 직접 나타내는 형용사를 성상 형용사(性狀形容詞)라고 한다.

(5) ㄱ. 그 아이는 <u>부지런하다</u>.

　　ㄴ. 날이 <u>흐리다</u>.

형용사 가운데에는 어떤 대상의 성질이나 상태를 직접 나타내지 않고 이를 지시하는 것도 있다. 예를 들어 (6)에서 '그러하다(그렇다), 어떠하다(어떻다)'는 모두 '부지런하다'를 지시한다. 이와 같이 사물의 성질이나 상태를 지시하는 형용사를 지시 형용사(指示形容詞)라고 한다.

(6) 이 아이도 부지런하고 그 아이도 <u>그러한데</u>, 저 아이는 <u>어떠할까</u>?

동사와 형용사의 구별 동사와 형용사는 문장에서 서술어로 쓰인다는 기능의 공통성이 있지만 문장에서의 구체적인 쓰임에는 몇 가지 차이가 있다. 현재 시제 문장에서 종결 어미 '-다, -구나'는 동사에는 직접 결합하지 못하지만[1] 형용사에는 직접 결합한다. 이들 어미가 동사에 결합할 때에는 현재 시제 선어말 어미 '-는-'이 선행해야 한다. 그리고 의문문에서 동사에는 '-느냐'가 결합하고 형용사에는 '-(으)냐'가 결합한다.

(7) ㄱ. 아기가 사과를 <u>먹는다</u>.
　　　아기가 사과를 <u>먹는구나</u>.
　　　아기가 사과를 <u>먹느냐</u>?
　　ㄴ. 날씨가 <u>좋다</u>.
　　　날씨가 <u>좋구나</u>.
　　　날씨가 <u>좋으냐</u>?

용언이 현재 시제로 쓰여서 뒤에 오는 체언을 꾸밀 때 동사에는 관형사형 어미 '-는'이 결합하지만 형용사에는 '-은'이 결합한다. '사과를 먹은 아기'와 같이 동사에도 관형사형 어미 '-은'이 결합할 수는 있지만 과거 시제로 쓰인 것이라는 점에서 형용사와는 다르다.

(8) ㄱ. 사과를 <u>먹는</u> 아기
　　　cf) 사과를 <u>먹은</u> 아기
　　ㄴ. <u>좋은</u> 날씨

---

1) '한국 축구 드디어 월드컵을 들어올리다.'와 같이 신문 기사문에 쓰일 때에는 동사에 '-다'가 직접 결합하기도 한다.

동사와 형용사는 쓰일 수 있는 문장에도 차이가 있다. 동사는 (9ㄱ) 과 같이 명령문과 청유문에도 쓰일 수 있는 것이 보통이지만, 형용사 는 (9ㄴ)과 같이 명령문과 청유문에는 쓰이지 못한다.[2] 명령과 청유 는 화자가 청자에게 어떤 것을 요구하는 것으로서 본질적으로 청자가 자신의 의지에 따라 하고 하지 않고를 선택할 수 있는 것이어야 하는 데, 형용사가 나타내는 성질이나 상태는 청자가 선택할 수 있는 것이 아니기 때문이다.

  (9) ㄱ. 철수야, 학교에 <u>가거라</u>.
       철수야, 같이 학교에 <u>가자</u>.
     ㄴ. *영희야, <u>예뻐라</u>.
       *영희야, 같이 <u>예쁘자</u>.

  마찬가지 이유로 (10)과 같이 동사는 '약속, 의도'를 나타내는 문장 에 쓰일 수 있으나 형용사는 쓰이기 어렵다.

  (10) ㄱ. 내가 철수를 <u>만날게</u>.
        나는 철수를 <u>만나려고 해</u>.
      ㄴ. *내가 <u>예쁠게</u>.
        *나는 <u>예쁘려고 해</u>.

---

2) '*비야, 어서 내려라.', '*비야, 어서 내리자.'와 같이 동사 가운데에도 자연 현상을 나 타내는 것은 명령문과 청유문에 쓰이기 어렵다. '비야, 어서 내려라.'라는 문장 그 자체는 쓰일 수도 있지만 이때에도 명령의 뜻은 없다. 이 문장은 화자의 '바람'을 나 타내는 문장일 뿐이다. 이와 같이 화자의 '바람'을 나타낼 때에는 '행복해라, 건강해 라'와 같이 형용사도 명령문의 형태로 쓰일 수 있다.

'있다, 없다'의 품사 '있다'와 '없다'는 종결 어미가 결합할 때 동사
와 같은 모습을 보이기도 하고 형용사와 같은 모습을 보이기도 한다.
예를 들어 '있다'는 '있다, 있구나'와 같이 형용사처럼 활용하기도 하
고, '있는다, 있느냐'와 같이 동사처럼 활용하기도 한다. 그리고 '없다'
는 '없느냐'에서 동사처럼 활용한다.[3]

> (11) ㄱ. 그는 집에 <u>있다</u>.
>
> 그가 집에 <u>있구나</u>.
>
> 나 여기 그냥 <u>있는다</u>.
>
> 그가 집에 <u>있느냐</u>?
>
> ㄴ. 그는 집에 <u>없다</u>.
>
> 그가 집에 <u>없구나</u>.
>
> *나 여기 <u>없는다</u>.
>
> 그가 집에 <u>없느냐</u>?

현재 시제의 관형사형 어미가 결합할 때에는 '있다, 없다' 모두 동사
처럼 '-는'이 결합한다.

> (12) 책상 위에 {있는, 없는} 것

'있다'는 (13)과 같이 때에 따라 명령문과 청유문에도 쓰일 수 있고,

---

3) '있다, 없다'를 동사, 형용사와 구별하여 존재사(存在詞)라는 제삼의 품사로 설정하
   기도 한다. 존재사라는 명칭은 '존재(그리고 부재, 곧 존재하지 않음)'를 나타낸다
   는 뜻을 반영한 것이지만 새로운 품사 설정의 직접적인 배경이 된 것은 '있다, 없다'
   의 활용의 특이성이다.

(14)와 같이 '약속, 의도'를 나타내는 문장에도 쓰일 수 있다. 그러나 '없다'는 명령문과 청유문에도 쓰일 수 없고, '약속, 의도'를 나타내는 문장에도 쓰일 수 없다.

(13) ㄱ. 너 여기 그냥 <u>있어라</u>.
    우리 여기 그냥 <u>있자</u>.
   ㄴ. *너 여기 <u>없어라</u>.
    *우리 여기 <u>없자</u>.
(14) ㄱ. 나 여기 그냥 <u>있을게</u>.
    나 여기 그냥 <u>있으려고</u> 해.
   ㄴ. *너 여기 <u>없으려고</u> 하니?

이와 같이 '있다, 없다'는 어미 결합이라는 점에서만 보면 동사와 형용사의 속성을 모두 가지고 있다. 이 가운데 '있다'는 동사로서의 '있다'와 형용사로서의 '있다'를 구별하는 것이 보통이다. 어미 결합에도 차이가 있지만 의미적으로도 두 종류의 '있다'가 구별되기 때문이다. '있다'가 형용사일 때에는 '없다'의 반대되는 뜻, 곧 '존재(有)'의 뜻을 가지며, 동사일 때에는 '움직이다'의 반대되는 뜻, 곧 '움직이지 않다(不動)' 혹은 '그대로 있다(머물다)'의 뜻을 갖는다.[4] 그러나 '없다'는 늘 '있다'의 반대되는 뜻, 곧 '부재(無)'의 뜻만 가지므로 형용사로서의 자격만 갖는다.

---

4) (11)의 '나 여기 그냥 있는다.'와 (13ㄱ), (14ㄱ)에 동사 '있다'가 쓰였다. 이 밖에 『표준국어대사전』에 따르면 '있다'는 '모두 손을 든 상태로 있어라.'와 같이 '어떤 상태를 계속 유지하다'의 뜻으로 쓰일 때, '사흘만 있으면 추석이다'와 같이 '시간이 경과하다'의 뜻으로 쓰일 때 동사이다.

12.2. 본용언과 보조 용언

용언은 문장에서 서술어로 쓰이는 것이 보통이지만, 용언 가운데에는 단독으로는 서술어로 쓰이지 못하는 것들도 있다. 예를 들어 (15)에서 '보다'와 '싶다'는 모두 어미가 직접 결합하여 용언인 것이 분명하지만, '보다'는 (15ㄱ)에서처럼 서술어로 쓰일 수 있지만 '싶다'는 (15ㄴ)에서처럼 서술어로 쓰이지 못한다.

> (15) 나도 영화를 <u>보고</u> <u>싶다</u>.
> ㄱ. 나도 영화를 <u>본다</u>.
> ㄴ. *나도 영화를 <u>싶다</u>.

이와 같이 용언은 단독으로 서술어로 쓰일 수 있는 것과 단독으로는 서술어로 쓰일 수 없는 것이 구별되는데, 전자를 본용언(本用言)이라고 하고 후자를 보조 용언(補助用言)이라고 한다. 본용언과 보조 용언은 그 전체가 하나의 서술어로 쓰이는데, 본용언은 어휘적 의미를 나타내고 보조 용언은 여기에 문법적 의미를 덧보탠다. 예를 들어 (15)에서 '보다'는 이를테면 '감상하다'는 어휘적 의미를 가지며, '싶다'는 '바람(희망)'의 문법적 의미를 덧보탠다.

보조 용언 가운데에는 본용언과 형태가 같은 것들도 있다. 이때에는 어휘적 의미를 나타내는지 어휘적 의미는 갖지 못하고 문법적 의미만 덧보태는지를 따져서 본용언으로 쓰인 것인지 보조 용언으로 쓰인 것인지를 판별해야 한다. 예를 들어 (16ㄱ)의 '버리다'는 '필요가 없는 물건을 내던지거나 쏟거나 하다'는 어휘적 의미를 가지므로 본용언이고, (16ㄴ)의 '버리다'는 이러한 어휘적 의미를 나타내지 못하고 '앞말이 나타내는 행동이 이미 끝났음'이라는 문법적 의미만 덧보태므로 보조 용언이다.[5]

> (16) ㄱ. 철수가 찬밥을 <u>버렸다</u>.
>   ㄴ. 철수가 찬밥을 먹어 <u>버렸다</u>.

(17)의 '버리다'는 본용언으로도 볼 수 있고 보조 용언으로도 볼 수 있다. 곧 '버리다'는 (17)이 (17ㄱ)과 같은 어휘적 의미를 가질 때에는 본용언이고, (17ㄴ)과 같은 어휘적 의미를 가질 때에는 보조 용언이다. '버리다'가 본용언으로 쓰일 때에는 '철수가 종이를 찢어서 버렸다'와 같이 쓰일 수 있지만, 보조 용언으로 쓰일 때에는 이렇게 쓰일 수 없다.

> (17) 철수가 종이를 찢어 <u>버렸다</u>.
>   ㄱ. 철수가 종이를 찢었다 + 철수가 종이를 <u>버렸다</u>.
>   =철수가 종이를 찢어서 <u>버렸다</u>.
>   ㄴ. 철수가 종이를 찢었다
>   ≠철수가 종이를 찢어서 <u>버렸다</u>.

본용언과 보조 용언은 연결 어미에 의해 연결되는데, 이렇게 본용언과 보조 용언을 이어주는 연결 어미를 보조적 연결 어미(補助的 連

---

5) (16ㄴ)의 '버리다'는 어휘적 의미를 갖지 못하므로 (16ㄴ)은 '철수가 찬밥을 버렸다.'는 뜻을 갖지 못한다.

結語尾)라고 한다. 주요 보조 용언을 동사와 형용사로 나누어 같이 쓰이는 보조적 연결 어미와[6] 함께 제시하면 다음과 같다.[7]

    (18) ㄱ. 보조 동사로 쓰이는 것

          (-어) 가다, 오다, 내다, 버리다, 주다(드리다), 두다, 놓다, 가지

              다, 지다,[8] 대다

          (-어, -고, -다(가)) 보다

          (-어, -어야, -었으면, -으려(고)/고자, -고는/곤, -게) 하다[9]

          (-게) 되다

          (-지, -고(야)) 말다

          (-고) 나다

      ㄴ. 보조 형용사로 쓰이는 것

          (-어) 빠지다, 버릇하다, 터지다

          (-게) 생기다

          (-고, -은가/는가/나, -다/느냐/랴, -을까, -었으면) 싶다

          (-은가/는가/나, -을까, -다/고) 보다

      ㄷ. 보조 동사와 보조 형용사로 모두 쓰이는 것

          (-지) 아니하다(않다), 못하다

---

6) 특정한 선어말 어미가 같이 쓰이는 것은 선어말 어미와 연결 어미의 결합형을 같이
   제시했다.

7) 보조 용언의 목록은 남기심·고영근(1985/1993:123-126)에서 제시한 것에 일부
   『표준국어대사전』의 것을 추가했으며, 보조 동사와 보조 형용사의 구별은 대체로
   『표준국어대사전』의 것을 따랐다.

8) '(-어) 지다'는 '깨끗해지다'와 같이 본용언에 붙여 쓰는데, '슬퍼지다, 찢어지다'와
   같이 합성어로 굳어진 것도 있다.

9) '(-어) 하다'는 '행복해하다'와 같이 본용언에 붙여 쓰는데, '싫어하다, 두려워하다'
   와 같이 합성어로 굳어진 것도 있다.

(-고) 하다

(-기는/기도/기나) 하다

(-어, -고) 있다(계시다)

이 가운데 '있다'를 제외하면 보조 동사와 보조 형용사로 모두 쓰이는 것은 선행하는 본용언에 따라 품사가 결정된다. 곧 (19)와 같이 본용언이 동사이면 이들도 보조 동사이고, 본용언이 형용사이면 이들도 보조 형용사이다.

(19) ㄱ. 보조 동사

　　　내일은 학교에 가지 <u>않는다</u>.

　　　비가 내리고 <u>하는데</u> 어디를 가니?

　　　기차가 참 빨리 달리기도 <u>한다</u>.

　　ㄴ. 보조 형용사

　　　이 꽃은 노랗지 <u>않다</u>.

　　　집도 가깝고 <u>한데</u> 좀 더 놀다 가거라.

　　　생선이 참 싱싱하기도 <u>하다</u>.

보조 용언 '있다'는 본용언 '있다'와 마찬가지로 동사와 형용사로 모두 쓰인다.[10] '있다'는 (20ㄱ)에서는 보조 형용사로, (20ㄴ)에서는 보조 동사로 쓰인 것이다. (20ㄴ)의 '있다'는 보통의 형용사와 달리 명령문, 청유문, 약속이나 의도를 나타내는 평서문에 쓰인 것이므로 보조

---

10) 남기심·고영근(1985/1993:126)에서는 '(-어) 있다'를 보조 형용사로 보았으나 『표준국어대사전』에는 보조 동사로 올라 있다. 이와 달리 '(-고) 있다'는 모두 보조 동사로 보았다. '있다'의 품사에 대해서는 [참조]에서 보충한다.

동사인 것이 분명하다.

   (20) ㄱ. 그는 지금 의자에 앉아 있다.

       그는 지금 밥을 먹고 있다.

     ㄴ. 의자에 앉아 {있어라, 있자, 있을게, 있으려고 해}.

       밥을 먹고 {있어라, 있자, 있을게, 있으려고 해}.

  끝으로 『표준국어대사전』에 표제어로 올라 있는 보조 동사와 보조 형용사의 목록을 제시하면 다음과 같다. '있다'는 (20)에 따라 보조 동사와 보조 형용사 목록에 모두 포함하여 제시한다.

   (20) ㄱ. 보조 동사 목록(28개)

       가다, 가지다, 갖다, 계시다, 나가다, 달다, 두다, 드리다, 들다, 마지아니하다, 마지않다, 말다, 먹다, 못하다, 버릇하다, 버리다, 보다, 쌓다, 아니하다, 않다, 양하다, 오다, 있다, 재끼다, 지다, 척하다, 치다, 하다

     ㄴ. 보조 형용사 목록(20개)[11]

       듯싶다, 듯하다, 만하다, 못하다, 법하다, 보다, 빠지다, 뻔하다, 생기다, 성부르다, 성싶다, 싶다, 아니하다, 않다, 양하다, 있다, 죽다, 직하다, 터지다, 하다

---

11) 이 가운데 '빠지다, 생기다, 터지다'는 앞서 살펴보았듯이 최근(2017년 12월)에 국립국어원에서 보조 동사로 품사를 수정했다.

12.3. 용언의 활용

활용과 활용형   용언 어간(語幹, stem)은 의존 형태이므로 문장에 쓰일 때에는 반드시 어미(語尾, ending)가 결합해야 한다. 이렇게 용언 어간에 어미가 결합하는 것을 활용(活用, conjugation)이라고 하고, 용언 어간에 어미가 결합한 형태를 활용형(活用形)이라고 한다. 용언의 활용형에는 크게 종결형, 연결형, 전성형의 세 가지가 있다.

종결형(終結形)은 문장의 끝에 쓰여서 문장을 끝맺는 활용형을 말하는데, 다음과 같이 다시 평서형, 의문형, 명령형, 청유형, 감탄형의 다섯으로 나뉜다.

(21) 용언의 종결형

ㄱ. 평서형

비가 <u>온다</u>.

날씨가 <u>좋다</u>.

ㄴ. 의문형

비가 <u>오느냐</u>?

날씨가 <u>좋으냐</u>?

ㄷ. 명령형

빨리 집에 <u>가거라</u>.

ㄹ. 청유형

빨리 집에 <u>가자</u>.

ㅁ. 감탄형

비가 <u>오는구나</u>.

날씨가 <u>좋구나</u>.

연결형(連結形)은 문장을 끝맺지 않고 뒤에 오는 문장(혹은 보조
용언)과 이어주는 활용형을 말하는데, 의미적으로 대등한 두 문장을
이어주는 것, 앞의 문장을 뒤의 문장에 종속적으로 이어주는 것, 그리
고 보조적으로 이어주는 것(본용언과 보조 용언을 이어주는 것)으로
나뉜다.[12]

(22) 용언의 연결형

ㄱ. 대등적 연결형

철수는 도서관에 <u>가고</u> 영희는 박물관에 갔다.

ㄴ. 종속적 연결형

비가 <u>와서</u> 길이 질다.

ㄷ. 보조적 연결형

비가 <u>오지</u> 않는다.

전성형(轉成形)은 용언이 이끄는 문장을 다른 품사가 갖는 자격도
갖도록 만들어주는 활용형을 말하는데, 명사의 자격을 갖도록 만드는
명사형, 관형사의 자격을 갖도록 만드는 관형사형, 부사의 자격을 갖

---

12) 보조적 연결형은 전통적으로 전성형의 하나인 부사형으로 보았던 것인데 학교 문
   법에서는 연결형의 하나로 본다. 이는 보조적 연결형을 부사형으로 처리하면 본
   용언이 서술어인 문장을 부사어로 다루어야 하지만 실제로는 본용언을 뒤에 오는
   보조 용언과 함께 서술어로 처리하는 모순을 극복하기 위한 것이다(남기심·고영
   근 1985/1993:158 참조).

도록 만드는 부사형이 있다.[13]

> (23) 용언의 전성형
> ㄱ. 명사형
>   우리는 그가 아직 오지 <u>않았음</u>을 알았다.
> ㄴ. 관형사형
>   그는 어제 도서관에서 <u>빌린</u> 책을 읽는다.
> ㄷ. 부사형
>   그의 얼굴이 몹시 <u>험상궂게</u> 생겼다.

이 가운데 부사형은 따로 설정하지 않고 종속적 연결형의 하나로
보기도 한다. 그러나 남기심·고영근(1985/1993:397)에서 지적했듯
이 (23ㄷ)에서 '생기다'는 '-게'가 붙은 절이 없으면 서술의 기능을 할
수 없으며, 따라서 '-게'가 결합한 절은 부사의 역할을 하는 것으로 볼
수 있다. 이 밖의 종속적 연결형 가운데에도 종속적 연결형으로 보아
야 할지 부사형으로 보아야 할지의 판단의 어려운 예들이 상당수 있
다. 특히 (24)와 같이 어순의 변화가 가능한 문장에서는 그 판단이 더
욱 어렵다. '왜 길이 질지?'와 같은 질문의 대답으로 쓰일 수 있다는 점
을 고려하면, 곧 부사 '왜'의 자리에 '비가 와서'가 쓰일 수 있다는 점을
고려하면 이를 부사형으로 볼 수 있는 가능성이 충분히 있다.

---

13) 이들 활용형은 품사로는 여전히 용언('않았음, 빌린'은 동사, '험상궂게'는 형용사)
   이며, 따라서 (23)의 각 문장(내포문 혹은 안긴문장)에서 문장 성분은 서술어이
   다. 다만 이들 활용형이 이끄는 절 '그가 아직 오지 았았음, (그가) 어제 도서관에
   서 빌린, (그의 얼굴이) 몹시 험상궂게'는 각각 명사절, 관형사절, 부사절로서 문장
   성분으로는 목적어, 관형어, 부사어이다.

(24) ㄱ. <u>비가 와서</u> 길이 질다.

　　 ㄴ. 길이 <u>비가 와서</u> 질다.

　　활용과 어미　앞서 용언의 끝에 결합하는 어미(語尾, ending)를 중심으로 용언의 활용을 살펴보았는데, 이렇게 용언의 끝에 결합하는 어미를 어말(語末) 어미라고 한다. 어말 어미는 어떤 활용형을 만드는지에 따라 종결(終結) 어미(평서형, 의문형, 명령형, 청유형, 감탄형), 연결(連結) 어미(대등적, 종속적), 전성(轉成) 어미(명사형, 관형사형, 부사형)로 나뉜다. 그리고 어미에는 어말 어미의 앞에 결합하는 것들도 있다. 이를 선어말(先語末) 어미 혹은 비어말(非語末) 어미라고 하는데, (25ㄱ)의 '-(으)시-'는 주체 높임을, (25ㄴ)의 '-는-, -었-, -겠-'은 시제(각각 현재, 과거, 미래)를, (25ㄷ)의 '-더-'는 회상(回想)을 나타내는 선어말 어미들이다.[14)]

　　(25) ㄱ. 우리 할아버지는 키가 <u>크시</u>다.

　　　　 ㄴ. 비가 {<u>온</u>다, <u>왔</u>다, <u>오겠</u>다}.

　　　　 ㄷ. 아침에 까치가 <u>울더</u>라.

이에 따라 용언이 활용할 때 결합하는 어미를 그 분포와 기능에 따

---

14) 이 밖에 '내가 가리다, 열심히 하면 꼭 성공하리라.'에서 의지나 추측을 나타내는 '-리-', '진지 드시옵소서.'에서 공손을 나타내는 '-옵(오)-' 등의 선어말 어미가 있으나 현대 국어에서 활발하게 쓰이지는 않는 것들이다. 그리고 '갑니다'의 'ㅂ, 니'와 '가느냐'의 '느'를 따로 분석하여 선어말 어미의 하나로 보기도 하지만 대부분의 사전에서는 'ㅂ니다'와 '느냐'를 더 이상 분석하지 않고 하나의 종결 어미로 본다.

라 단계적으로 나누어 제시하면 다음과 같다.

(26) 국어 어미의 체계

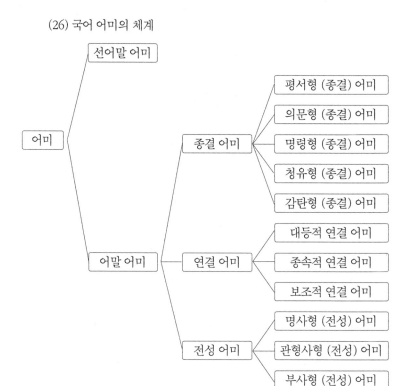

불규칙 활용 용언 어간에 어미가 결합할 때 어간의 형태나 어미의 형태가 불규칙하게 바뀌는 일이 있는데 이를 불규칙 활용(不規則活用, irregular conjugation)이라고 한다. 불규칙 활용에는 'ㅂ' 불규칙 활용, 'ㄷ' 불규칙 활용, 'ㅎ' 불규칙 활용, 'ㅅ' 불규칙 활용, '르' 불규칙 활용, '우' 불규칙 활용, '러' 불규칙 활용, '여' 불규칙 활용, '너라' 불규칙 활용 등이 있다. 그리고 이렇게 불규칙 활용을 하는 용언을 불규칙

용언(不規則用言)이라고 한다. 각 불규칙 활용의 예를 규칙 활용(規則活用, regular conjugation)의 예와 비교하여 제시하면 다음과 같다.

(27) ㄱ. 'ㅂ' 불규칙 활용

춥/추우-: 춥고, 춥지만, 추우니, 추워서

cf) 잡-: 잡고, 잡지만, 잡으니, 잡아서

ㄴ. 'ㄷ' 불규칙 활용

묻(問)/물-: 묻고, 묻지만, 물으니, 물어서

cf) 묻(埋)-: 묻고, 묻지만, 묻으니, 묻어서

ㄷ. 'ㅅ' 불규칙 활용

짓/지-: 짓고, 짓지만, 지으니, 지어서

cf) 벗-: 벗고, 벗지만, 벗으니, 벗어서

ㄹ. '르' 불규칙 활용

이르(曰)/일ㄹ-: 이르고, 일러서, 일렀다

cf) 치르-: 치르고, 치러(르+어)서, 치렀(르+었)다

ㅁ. '우' 불규칙 활용

푸/ㅍ-: 푸고, 푸지만, 푸니, 퍼서

cf) 주-: 주고, 주지만, 주니, 주어서

ㅂ. '러' 불규칙 활용

이르(到)-러: 이르고, 이르니, 이르러, 이르렀다

cf) 치르-어: 치르고, 치러(르+어), 치렀(르+었)다

ㅅ. '여' 불규칙 활용

하-여: 하고, 하여서, 하였다

cf) 사-(아): 사고, 사서, 샀다

ㅇ. '너라' 불규칙 활용

오-너라: 오고, 오지만, 오너라

cf) 보-아라: 보고, 보지만, 보아라

ㅈ. 'ㅎ' 불규칙 활용

파랗/파라- : 파랗고, 파랗지만, 파라니, 파래서

cf) 좋-: 좋고, 좋지만, 좋으니, 좋아서

(27ㄱ-ㅁ)은 특정한 어미와 결합할 때 어간의 형태가 바뀌는 불규칙 활용이다. (27ㅂ-ㅇ)은 어미가 바뀌는, 혹은 어간이 특별한 형태의 어미를 선택하는 불규칙 활용이다. 어미 '-러'는 '-어/아'의 교체형으로서 '르'로 끝나는 어간 가운데 '이르(다)(到), 푸르(다)' 등에 결합한다. 어미 '-여' 또한 '-어/아'의 교체형인데 '하(다), 공부하(다), 일하(다)' 등 '하(다)'로 끝나는 어간에 결합한다. 그리고 '-너라'는 '오(다), 뛰어오(다), 걸어오(다)' 등 '오(다)'로 끝나는 어간에 결합한다. (27ㅈ)은 어간과 어미가 모두 바뀌는 불규칙 활용이다. '파랗다, 하얗다' 등은 '파라니, 하야니'에서처럼 어간만 바뀌기도 하지만 '파래서, 하얬다'에서처럼 어간과 어미가 모두 바뀌기도 한다.[15]

이와 같이 불규칙 용언은 활용을 할 때 어간의 형태나 어미의 형태가 바뀌는데, 어간의 형태나 어미의 형태가 바뀐다고 해서 다 불규칙 용언은 아니라는 점에 유의해야 한다. 예를 들어 (28)의 ('짓/지-'가 교체하는 '짓다'와 같이) '울다'도 '울/우-'가 교체하지만 규칙 용언(規

---

15) '파래서'의 '래'와 '하얬다'의 '얬'은 어간의 끝음절이 받침 'ㅎ'이 탈락된 뒤에 어미의 첫음절과 융합된 것이다. 참고로 이와 같은 방식으로 어간과 어미가 융합하는 것은 '공부해, 공부했다'와 같이 '하다'로 끝나는 용언에서도 확인할 수 있는데 이는 '파랗다, 하얗다' 등이 기원적으로 '파라ᄒ다, 하야ᄒ다' 등 'ᄒ다'로 끝나는 용언이었다는 사실과 무관하지 않을 것이다.

則用言)이며, ('푸/ㅍ-'이 교체하는 '푸다'와 같이) '쓰다'도 '쓰/ㅆ-'이
교체하지만 규칙 용언이다.

(28) ㄱ. 울/우-: 울고, 울며, 우니, 우오
ㄴ. 쓰/ㅆ-: 쓰고, 쓰지만, 써서, 썼다

'짓다, 푸다'가 불규칙 용언인 것은 '짓/지-, 푸/ㅍ-'과 같이 형태가
바뀌기 때문이 아니라 각각 똑같은 음운론적 조건을 갖춘 용언인 '벗
다, 주다'와 활용의 방식이 다르기 때문이다. 곧 (29ㄱ)과 같이 '벗다,
주다'는 (29ㄷ)에서 예시한 대부분의 용언과 같은 방식으로 활용을
하므로 규칙 용언이고, (29ㄴ)과 같이 '짓다, 푸다'는 이들과 다른 방
식으로 활용을 하므로 불규칙 용언이다.

(29) ㄱ. 벗-고, 벗-으니, 벗-어서
주-고, 주-니, 주-어서(줘서)
ㄴ. 짓-고, **지**-으니, **지**-어서
푸-고, 푸-니, **ㅍ**-어서(*풔서)
ㄷ. 먹-고, 먹-으니, 먹-어서
잡-고, 잡-으니, 잡-아서

그리고 '울다, 쓰다'가 규칙 용언인 것은 '울/우-, 쓰/ㅆ-'와 같이 형
태가 바뀌지만 각각 '졸다/굴다/잘다/…, 크다/담그다/치르다' 등 똑
같은 음운론적 조건을 갖춘 다른 모든 용인들과 활용의 방식이 같기
때문이다.

요컨대 음운론적 조건이 똑같은 용언이 서로 다른 방식으로 활용할 때 보통의 용언들과 다른 방식으로 활용하는 용언은 불규칙 용언이며, 음운론적 조건이 똑같은 용언이 모두 같은 방식으로 활용하면 형태의 변화에 관계없이 규칙 용언이다. 이러한 차이를 활용 규칙(活用規則)의 측면에서 비교해 보면 다음과 같다.

(30) 활용의 규칙(예시)
ㄱ. 'ㅅ'으로 끝나는 용언
ㅅ + {-(으)니-, -어서-, -었-} → ø + {-으니, -어서, -었-}
단, 이 규칙은 '짓다, 젓다, 잇다, 긋다, 붓다, …'에 적용된다.
ㄴ. 'ㄹ'로 끝나는 용언
ㄹ + {-(으)니, -(으)시-, -오} → ø + {니, 시, 오}
ㄷ. 'ㅡ'로 끝나는 용언
ㅡ + {-어서, -었-} → ø + {-어서, -었-}

(30ㄱ)과 같은, 불규칙 용언에 적용되는 활용 규칙은 '짓다, 젓다, 잇다' 등의 용언의 활용에는 적용되어야 하지만 '벗다, 씻다, 솟다' 등의 용언의 활용에는 적용되어서는 안 된다. '버으니, 버어서, 버었다'와 같은 옳지 않은 활용형을 만들기 때문이다. 따라서 이 규칙에는 '짓다, 젓다, 잇다' 등의 용언에만 적용되는 규칙이라는 단서 조건이 필요하다. 이와 달리 (30ㄴ, 30ㄷ)과 같은, 규칙 용언에 적용되는 규칙은 각각 'ㄹ, ㅡ'로 끝나는 모든 용언에 적용되므로 이와 같은 단서 조건이 필요하지 않다.

한편 동사 가운데에는 특정한 어미와만 결합하여 활용이 완전하지

못한 것들도 있는데 이를 불완전 동사(不完全動詞)라고 한다. 본용언
가운데에는 '더불다, 데리다'가, 보조 용언 가운데에는 '가지다'가 대
표적인 불완전 동사들이다.

    (31) ㄱ. 더불어, *더불고, *더분다, *더불어라, *더부는

          데리고, 데리러, 데려, *데린다, *데리는, *데려라

      ㄴ. (책을 사) 가지고, (책을 사) *가진다, (책을 사) *가지니

  이 밖에 '위하다, 대하다, 관하다, 비롯하다' 등도 '위하여, 위한, 위
하는'과 같이 '-여, -은, -는' 등의 어미와 주로 결합하여 그 활용에 어
느 정도 제약이 있는 것들이다.

참조	동사와 형용사 통용어로서의 '있다' / 보충법과 보충 형태

(1)본용언 '있다'는 형용사로서 '존재(상태)'를 나타내며 동사로서 '존재(행위)'를 나타낸다. 상태로서의 존재는 주체의 의지에 의해 만들어져서 지속되는 (혹은 유지되는) 상태이며, 또 주체의 의지에 따라 언제든지 지속할 수도 있고 지속하지 않을 수도 있는 상태이다. 존재를 일종의 행위로 이해할 수도 있는 것은 바로 이런 까닭에서이다. 한편 보조 용언 '(-어) 있다'는 형용사로서 '행위의 결과 상태의 지속(상태)'를, 동사로서 '행위의 결과 상태의 지속(행위)'를 나타내며, '(-고) 있다'는 형용사로서 '진행(상태)'를, 동사로서 '진행(행위)'를 나타낸다. 보조 용언 '(-어) 있다'가 동사와 형용사로 모두 쓰일 수 있는 것은 '결과 상태' 또한 주체의 의지에 따라 언제든지 지속할 수도 있고 지속하지 않을 수도 있기 때문이다. 그리고 보조 용언 '(-고) 있다'가 동사와 형용사로 모두 쓰일 수 있는 것은 '진행'은 본질적으로 동작성을 띠지만 동시에 일종의 '상태(진행 중인 상태인지, 완료된 상태인지)'로도 인식할 수 있기 때문이다. (황화상 2013ㄷ 참조)

(2)'철수에게 빵을 주어라.', '나에게 빵을 다오.'와 같이 '화자에게 건네다'의 뜻을 가질 때에는 '주다'가 '달다'로 교체하기도 한다. 이와 같이 특정 조건에서 용언 자체가 다른 것으로 바뀌는 것을 보충법(補充法)이라고 하고, 보충법에 쓰이는 '달다'와 같은 형태를 ('주다'의) 보충 형태(補充形態)라고 한다(남기심·고영근 1985/1993:145 참조). 한편 남기심·고영근(1985/1993:149)에서는 명령형에서 '주다'가 '주어라'와 같이 활용하는 것과 달리 '달다'는 '다오'와 같이 활용한다는 점을 들어 이를 '오' 불규칙 활용으로 보았다.

연습

1 〈참조〉예와 같이 보조 용언은 문법적 의미만 덧보태므로 보조 용언을 생략하고 본용언만으로도 문장을 구성할 수 있는 것이 보통이다. 그런데 1), 2)의 두 문장은 본용언만으로는 문장을 구성할 수 없다. 이를 고려하여 1)의 '주다', 2)의 '하다'를 본용언으로 볼 수는 없을지 생각해 보자.

〈참조〉

ㄱ. 동생이 사과를 <u>먹어 버렸다</u>.

ㄴ. 동생이 사과를 <u>먹었다</u>.

1) ㄱ. 철수가 영희에게 책을 <u>읽어 주었다</u>.

　ㄴ. *철수가 영희에게 책을 <u>읽었다</u>.

2) ㄱ. 선생님께서 {반장에게, 반장이} 출석을 <u>부르게 하셨다</u>.

　ㄴ. *선생님께서 {반장에게, 반장이} 출석을 <u>불렀다</u>.

2 활용을 할 때 1)의 용언은 각각 '먹/멍-', '웃/욷-', '밝/박/발-'과 같이 교체되고, 2)의 어미는 각각 '-고/꼬, -어/아, -으니/니'와 같이 교체된다. 그러나 이는 불규칙 활용이 아니라 규칙 활용이다. 이를 규칙 활용이라고 보는 이유가 무엇인지 생각해 보자.

1) [먹]-고/[멍]-는, [웃]-으니/[운]-고, [밝]-아/[박]-지/
   [발]-고

2) 쓰-[고]/먹-[꼬], 먹-[어]/잡-[아], 먹-[으니]/가-[니]

13. 수식언과 독립언

다음 문장에서 '그리고, 그래서'는 접속 부사로 보는 것이 보통이다. 이들을 부사의 한 하위 유형이 아닌, 접속사라는 새로운 품사로 설정할 수 있을지 생각해 보자.

다음 1) 그는 자리에서 일어났다. 그리고 창문을 열었다.

2) 그 새는 날개를 사용할 생각을 하지 않았다. 그래서 날개가 퇴화했다.

13.1. 관형사

관형사(冠形詞, adnoun)는[1] '체언 앞에 쓰여 그 체언을 꾸며주는 품사'이다. 관형사는 감탄사와 함께 조사나 어미가 결합하지 못하는 품사이다. 체언도 때에 따라 조사 없이 쓰이기도 하지만 관형사와 감탄사는 어떤 경우에도 조사가 결합하지 않는다. 물론 용언이 아니므로 어미도 결합할 수 없다. 그리고 부사가 어느 정도 어순의 변화를 허용하는 것과 달리 관형사는 어순의 변화를 허용하지 않는다. 곧 관형사는 피수식 체언의 바로 앞에 쓰여야 한다.

---

1) 참고할 수 있도록 『표준국어대사전』에 표제어로 올라 있는 관형사 목록을 그 뜻풀이, 예시와 함께 [부록1]에 제시하기로 한다.

관형사의 종류 관형사는 '새 (책)'와 같이 체언이 가리키는 대상의 성질이나 상태를 한정하는 성상 관형사(性狀冠形詞), '두 (사람)'와 같이 대상의 수량을 한정하는 수 관형사(數冠形詞), '이 (사과)'와 같이 여러 대상 가운데 특정한 것을 가리키는 지시 관형사(指示冠形詞)의 셋으로 나뉜다.

(1) ㄱ. 성상 관형사

새, 헌, 옛, 순(純), 주(主)

X적(과학적, 합리적, 심리적)

ㄴ. 수 관형사

① 한, 두, 세(석, 서), 네(넉, 너), 다섯(대),[2] 여섯(엿, 예),[3]

스무, 서른

② 한두, 두어,[4] 두세, 서너, 두서너, 일이, 이삼, 삼사, 수삼[5]

③ 여러, 모든, 몇, 갖은, 전(全)

ㄷ. 지시 관형사

① 이, 그, 저, 전(前)), 당(當), 어느, 무슨, 웬

② 이런, 그런, 저런, 다른

성상 관형사 가운데 '헌'은 형용사('헐다')에[6] 관형사형 어미('-

---

2) '대'는 의존 명사 '자[尺]' 앞에 쓰여 그 수량이 다섯임을 나타내는 말로, '길이가 대 자 가웃은 되겠다.'와 같이 쓰인다.

3) '예'는 주로 '자[尺]' 앞에 쓰여 그 수량이 여섯임을 나타내는 말로서, '예 자 두 치'와 같이 쓰인다.

4) '두어'는 '둘쯤'을 나타내는 말로, '사과 두어 개'와 같이 쓰인다.

5) '수삼(數三)'은 '두서너'를 뜻하는 말로, '수삼 일이 지나다.'와 같이 쓰인다.

6) '헐다'는 '물건이 오래되거나 많이 써서 낡아지다.'의 뜻을 갖는 형용사이며, '헌'은

은')가 붙은 것이 관형사로 굳어진 것이며, '옛'은 중세 국어에서 관형격(혹은 속격)의 기능을 하던 'ㅅ'이 명사에 결합하여 만들어진 것('녯)옛')이며, '과학적, 합리적, 심리적' 등은 파생 접미사 '-적'이 붙어서 만들진 것들이다. 그리고 '새'는 중세 국어에서 명사로 쓰이던 것이 관형사로 품사가 바뀐 것이다.

수사가 정해진 수를 나타내는 정수(定數)와 정해지지 않은 대강의 수를 나타내는 부정수(不定數)로 나뉘듯이, 수 관형사도 (1ㄴ①)의 정수와 (1ㄴ②, ③)의 부정수로 나뉜다. 그리고 (1ㄴ①)과 (1ㄴ②)는 수사와 형태적 관련성이 있는 것들인데 '다섯, 여섯'과 같이 그 형태가 수사와 똑같은 것들도 있다. 이때에는 그 기능을 따져서 수사인지 관형사인지를 판별해야 한다.

(2) ㄱ. 다섯 더하기 셋은 여덟이다.
　　ㄴ. 고구마 다섯 가마니를 수확했다.

(2ㄱ)의 '다섯'은 '셋, 여덟'과 같은 수사이다. '다섯'에는 조사가 결합하지 않았으나 그 기능은 조사가 결합한 '셋, 여덟'과 다르지 않다. 그리고 (2ㄴ)의 '다섯'은 '가마니'를 꾸미는 수 관형사이다. 이러한 차이는 (2ㄱ)의 '다섯' 자리에는 '하나, 둘, 셋, 넷' 등의 수사가 대신 쓰일 수 있고, (2ㄴ)의 '다섯' 자리에는 '한, 두, 세, 네' 등의 수 관형사가 대신 쓰일 수 있다는 데에서 분명하게 드러난다.

지시 관형사는 '이, 그, 저'가 대표적인데 화자와 청자로부터의 거리

'오래되어 성하지 아니하고 낡은'의 뜻을 갖는 관형사이다.

에 따라 선택되어 쓰인다. 곧 (3)에서처럼 '이'는 화자에게 가까운 대상을, '그'는 청자에게 가까운 대상을, '저'는 화자와 청자로부터 먼 대상을 가리킬 때 쓰인다.

> (3) ㄱ. <u>이</u> 책 가져가서 읽어 보아라.
> ㄴ. <u>그</u> 모자 내 모자 아니니?
> ㄷ. <u>저</u> 의자에 앉자.

'이런, 그런, 저런, 다른'은 각각 형용사 '이렇다, 그렇다, 저렇다, 다르다'에 관형사형 어미 '-은'이 붙어서 관형사로 굳어진 것이다. 특히 '다른'은 형용사의 관형사형<u>으로도</u> 쓰이지만 관형사인 '다른'과는 의미와 기능이 다르다. 먼저 (4ㄱ)의 '다른'은 관형사로서 '他(another)'의 의미를 가지며, 역시 관형사로서 이와 의미가 유사한 '딴'으로 교체할 수 있다. 이와 달리 (4ㄴ)의 '다른'은 형용사의 관형사형으로서 '異(different)'의 의미를 가지며, 이때에는 '딴'으로 교체할 수 없다.

> (4) ㄱ. 나는 잘 모르겠으니 <u>다른</u>(=딴) 사람한테 물어 봐.
> ㄴ. 너와 생각이 <u>다른</u>(=*딴) 사람들도 있다는 걸 알아야 해.

그리고 두 단어 사이에는 문법적인 기능의 차이도 있다. (4ㄴ)의 '다른'은 품사가 형용사이므로 서술어로서의 기능을 갖는다. 곧 (4ㄴ)에서 '다른'은 안긴문장인 '(사람들이) 너와 생각이 다르다.'의 서술어이다. 그러나 (4ㄱ)의 '다른'은 품사가 관형사이므로 (4ㄱ)에서 서술어로서의 기능을 갖지 못한다('*사람이 나와 다르다.').

관형사의 겹침 둘 이상의 관형사가 겹쳐 쓰일 때에는 일정한 순서
가 있다. 곧 (5)와 같이 지시 관형사는 성상 관형사와 수 관형사에 앞
서고, 수 관형사는 성상 관형사에 앞선다. 따라서 세 종류의 관형사가
모두 쓰일 때에는 지시 관형사, 수 관형사, 성상 관형사의 순서로 체언
에 결합한다.

> (5) ㄱ. 이 새 책
>　　ㄴ. 이 두 책
>　　ㄷ. 두 새 책
>　　ㄹ. 이 두 새 책

　(5)와 같이 둘 이상의 관형사가 체언에 결합할 때에는 다음과 같이
계층적인 수식 관계를 갖는다. 곧 '새'는 '책'을 꾸미고, '두'는 '새 책'을
꾸미고, '이'는 '두 새 책' 전체를 꾸민다. 관형사 '이, 두, 새'가 꾸미는
대상은 각각 '책, 새 책, 두 새 책'으로 서로 다르지만 모두 체언의 성격
을 갖는다는 점에서는 다름이 없다.

> (6) 이 두 새 책을 철수에게 주어라.

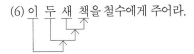

　한편 관형사는 명사에 결합하여 새로운 명사를 파생하는 접두사와
문법적 성질이 비슷하여 구별이 쉽지 않다. 분포의 차이, 후행 체언과
의 분리성의 차이 등이 있으나 그 차이가 크지 않은 것들도 있다.[7]

---

7) 관형사와 접두사의 구별에 대해서는 7.1을 참조할 수 있다.

13.2. 부사

부사(副詞, adverb)는 '주로 용언을 꾸며주는 품사'로 정의되는데, 부사는 용언 외에도 체언, 관형사, 부사, 문장 등 다양한 대상을 꾸미며, 때에 따라 두 단어(혹은 구)나 문장을 이어주기도 한다. 예를 들어 (7ㄱ-ㄷ)에서처럼 '아주'는 각각 용언 '가다, 예쁘다', 관형사 '새', 부사 '멀리'를 꾸민다. 그리고 (7ㄹ)의 '확실히'는 문장 전체를 꾸미며, (7ㅁ)의 '그리고'는 두 문장을 이어준다.

> (7) ㄱ. 철수가 집에 <u>아주</u> 갔다.
>   그 꽃은 <u>아주</u> 예쁘다.
> ㄴ. 이 책은 <u>아주</u> 새 책이다.
> ㄷ. 그는 <u>아주</u> 멀리 떠났다.
> ㄹ. <u>확실히</u> 그는 내 말을 믿고 있어.
> ㅁ. 봄이 왔다. <u>그리고</u> 꽃이 피었다.

이에 따라 부사는 크게 특정한 문장 성분을 꾸미는 성분 부사, 문장 전체를 꾸미는 문장 부사, 단어나 문장을 이어주는 접속 부사의 세 가지 유형으로 나뉜다.

성분 부사 성분 부사(成分副詞)는 다시 피수식어의 성질이나 상태를 한정하는 성상 부사, 방향(혹은 처소)이나 시간, 앞에 나온 내용 등을 가리키는 지시 부사, 부정의 뜻으로 용언을 꾸며 부정문을 만드는 부정 부사로 나뉜다.

성상 부사(性狀副詞)는 대체로 동사를 꾸미는 것과 형용사를 꾸미는 것으로 나눌 수 있는데, 특히 형용사를 꾸미는 성상 부사는 체언, 관형사, 부사 등 다른 품사의 단어도 꾸미는 것이 보통이다. 동사를 수식하는 부사에는 소리를 흉내 낸 의성(擬聲) 부사(혹은 의성어), 모양이나 움직임을 흉내 낸 의태(擬態) 부사(혹은 의태어)도 포함된다. 의성 부사와 의태 부사는 '흉내 낸다'는 공통성이 있으므로 이 둘을 통틀어 상징(象徵) 부사(혹은 상징어)라고 한다.

> (8) 성상 부사
> > ㄱ. 동사 수식: 아주 (가다), 잘 (먹다), 자주 (만나다), 멀리 (던지다)
> > > ① 의성 부사: 졸졸 (흐르다), 쾅쾅 (두드리다), 재잘재잘 (떠들다)
> > > ② 의태 부사: 졸졸 (따르다), 아장아장 (걷다), 성큼성큼 (다가가다)
> > ㄴ. 형용사 수식: 아주 (예쁘다), 매우 (건강하다), 꽤 (덥다)
> > ㄷ. 체언 수식: 아주 (부자), 바로 (앞), 겨우 (하루)
> > ㄹ. 관형사 수식: 아주 (새 (차)), 매우 (헌 (책))
> > ㅁ. 부사 수식: 아주 (빨리), 더 (멀리), 조금 (가까이)

물론 부사 가운데에는 '아주'와 같이 동사와 형용사를 모두 꾸미는 것도 있다. 그러나 '아주'가 동사를 꾸밀 때와 형용사를 꾸밀 때에는 어느 정도의 의미 차이가 있다. 예를 들어 (9ㄱ)에서 '아주'는 동사를 수식하여 '어떤 행동이나 작용 또는 상태가 이미 완전히 이루어져 달리 변경하거나 더 이상 어찌할 수 없는 상태'라는 뜻을 나타내며, (9ㄴ)에서 '아주'는 형용사를 수식하여 '보통 정도보다 훨씬 더'라는 뜻을 나타낸다.

(9) ㄱ. 그는 <u>아주</u> 떠났다.

ㄴ. 그는 <u>아주</u> 성실하다.

(9ㄴ)의 '아주'와 같이 성질이나 상태의 '정도'를 한정하는 부사를 정도(程度) 부사라고도 한다. 정도 부사에는 '아주' 외에 '퍽, 꽤, 좀(조금)' 등이 있는데, 이들 부사는 용언, 체언, 관형사, 부사 등을 두루 꾸민다. 그리고 정도 부사는 '자주, 가끔, 이따금' 등 동사를 수식하여 '빈도'를 한정하는 부사, 곧 빈도(頻度) 부사들과 대비된다. 이렇게 의미 기능에 따라 부사가 수식하는 품사가 다른 것은 '정도'는 상태성과 관련되고 '빈도'는 동작성과 관련되는 개념이기 때문이다.

(10) 정도 부사와 빈도 부사

ㄱ. 정도 부사

영희는 {아주, 퍽, 꽤, 조금} 예쁘다

ㄴ. 빈도 부사

철수는 영희를 {자주, 가끔, 이따금} 만난다.

지시 부사(指示副詞)는 방향(혹은 처소), 시간, 성질이나 상태(정도), 앞에 나온 내용 등을 지시하는 부사로서 다음과 같은 것들이 있다.

(11) 지시 부사

ㄱ. 이리, 그리, 저리, 요리, 고리, 조리

ㄴ. 오늘, 어제, 내일, 모레, 엊그제

ㄷ. 어찌, 아무리, 언제

(11ㄱ)의 '이리, 그리, 저리' 등은 (12)에서처럼 방향, 성질이나 상태(정도), 행동의 방식, 앞에 나온 내용 등을 두루 지시한다.

(12) ㄱ. <u>이리</u> 오너라.

ㄴ. <u>이리</u> 예쁜 꽃을 본 적이 없다.

ㄷ. 누가 <u>이리</u> 떠드느냐?

ㄹ. 내가 <u>이리</u> 말하는 이유를 알겠니?

(11ㄴ)의 '오늘, 어제, 내일' 등은 시간을 지시하는데 이들은 명사로도 쓰인다. 이들이 명사로 쓰일 때에는 (13ㄱ)과 같이 조사가 결합하며, 부사로 쓰일 때에는 조사가 결합하지 않는 것이 보통이다. 그리고 『표준국어대사전』에 따르면 예를 들어 '어제'는 명사로 쓰일 때에는 '오늘의 바로 하루 전 날'의 뜻을, 부사로 쓰일 때에는 '오늘의 바로 하루 전 날에'의 뜻을 갖는다. 조사의 결합 여부와 의미의 차이가 있지만 (14)와 같은 문장에서 '어제'의 품사를 판단하기가 쉽지 않다.

(13) ㄱ. <u>오늘</u>은 일요일이다.

ㄴ. 그 일은 <u>오늘</u> 끝내야 한다.

(14) ㄱ. <u>어제</u>(는) 비가 왔다.

ㄴ. 비가 <u>어제</u>(는) 왔다.

(11ㄷ)은 부정('정해지지 않음', 不定)의 뜻으로 지시하는 부사들이다. 이 가운데 '어찌'는 이유, 방법(관점) 등을 지시하며, '아무리'는 정도를 한정하며, '언제'는 시간을 한정한다.

(15) ㄱ. 어찌 그런 소문이 났을까?

　　　　이래 가지고는 나라가 안 망하고 어찌 견디겠소?

　　 ㄴ. 아무리 허우적거려도 몸이 마음대로 움직이지 않는다.

　　 ㄷ. 언제 한번 만나자.

부정 부사(否定副詞)는 부정(否定)의 뜻으로 용언을 꾸며 부정문(否定文)을 만드는 부사이다. 부정 부사에는 '안'과 '못'이 있는데 그의미 기능이 다르다. (16)에서처럼 '안'은 '의지'에 의한 부정이나 단순 부정을, '못'은 '상황'이나 '능력'에 따른 부정을 나타낸다.

(16) ㄱ. 나는 숙제를 (하기 싫어서) 안 했다.

　　　　이 꽃은 안 예쁘다.

　　 ㄴ. 나는 숙제를 (하고는 싶었지만) (책을 놓고 가서, 너무 어려워서) 못 했다.

　　　　나는 수영을 (하고는 싶지만 배우지 않아서) 못 한다.

한편 관형사와 접두사의 구별이 쉽지 않듯이 성분 부사 가운데 용언을 꾸며주는 부사는 접두사와의 구별이 쉽지 않다.[8]

문장 부사　문장 부사(文章副詞)는 문장 전체를 꾸며주는 부사를 말

---

8) 부사와 접두사의 구별에 대해서는 7.1을 참조할 수 있다.

한다. 문장 부사에는 (17)과 같은 것들이 있다.

(17) 설마, 물론, 만일, 제발, 솔직히, 정말

(17)의 부사가 문장 전체를 꾸민다는 것은 다른 측면에서 보면 이들의 의미 기능이 문장 전체에 걸친다는 것을 뜻한다. 예를 들어 (18ㄱ)에서 '물론'은 문장의 내용에 대한 '확실성'을, '설마'는 문장의 내용에 대한 '부정적인 추측'을, '제발'은 문장의 내용에 대한 '바람(희망)'을 나타낸다.

(18) ㄱ. <u>물론</u> 이곳은 경치가 아름답다.
　　ㄴ. <u>설마</u> 너도 나를 의심하는 건 아니겠지?
　　ㄷ. <u>제발</u> 비가 왔으면 좋겠다.

이와 같이 문장 부사는 문장의 내용에 대한 화자의 태도(양태)를 나타낸다고 하여 양태(樣態) 부사라고도 한다.

접속 부사　접속 부사(接續副詞)는 두 단어(혹은 구)나 두 문장을 이어주는 부사를 말한다. 접속 부사에는 (19)와 같은 것들이 있다.

(19) ㄱ. 및, 또는, 혹은
　　ㄴ. 그리고, 그러나, 그런데, 그렇지만, 그러므로

(19ㄱ)은 단어(혹은 구)를 이어주는 접속 부사들이다. (20ㄱ)에서 '및'은 명사(구)를 이어주며, (20ㄴ)에서 '또는, 혹은'은 명사(구)와 동

사구를 이어준다. (20ㄷ)에서처럼 '혹은'은 이어주는 각 성분의 앞에 모두 쓰일 수도 있다.

(20) ㄱ. 원서 교부 및 접수는 이달 말에 시작된다.

ㄴ. 월요일 또는 화요일에 만나자.

집에 있든지 또는 놀러 가든지 마음대로 해라.

ㄷ. 철수(에게) 혹은 영희에게 이 책을 주어라.

방 안의 사람들은 (혹은) 앉기도 하고, 혹은 눕기도 하였다.

(19ㄴ)은 문장을 이어주는 접속 부사들이다. 이 가운데 '그리고'는 단어(혹은 구)를 이어주기도 한다.

(21) ㄱ. 자리에서 일어났다. 그리고 창문을 열었다.

철수 그리고 영희는 그곳에 가지 않았다.

ㄴ. 나는 생각한다. 그러므로 존재한다.

한편 접속 부사를 따로 설정하지 않고 문장 부사의 하나로 보기도 한다(남기심·고영근 1985/1993). 그러나 접속 부사 가운데에는 단어(혹은 구)를 이어주는 것도 있어서 문장 부사로 보기 어려운 면이 있다.

부사의 겹침 성분 부사는 서로 겹쳐 쓰이기도 하는데, 이때에는 일정한 순서가 있다. 곧 지시 부사는 성상 부사와 부정 부사에 선행하고, 성상 부사는 부정 부사에 선행한다. 따라서 세 개의 성분 부사가 겹쳐 쓰일 때에는 지시 부사, 성상 부사, 부정 부사의 순서로 결합한다.

(22) ㄱ. 이리 잘 (풀리다)

　　ㄴ. 이리 안 (풀리다)

　　ㄷ. 잘 안 (풀리다)

　　ㄹ. 이리 잘 안 (풀리다)

　　성상 부사는 다른 성상 부사와 같이 쓰이기도 하는데, 이때에는 부사의 수식 관계를 따져서 앞의 부사가 후행 부사를 수식하는 경우와 앞의 부사가 후행 용언을 수식하는 경우를 구별해야 한다. 예를 들어 '아주'는 '멀리'는 수식할 수 있지만 '던지다'는 수식할 수 없으므로, '아주 멀리 던지다'는 (23ㄱ)과 같이 앞의 부사가 후행하는 부사를 수식하고 그 전체가 다시 용언을 수식하는 구조를 갖는다. 이와 달리 '살금살금'은 '밀려오다'는 수식할 수 있지만 '조용히'는 수식할 수 없으므로, '살금살금 조용히 밀려오다'는 (23ㄴ)과 같이 두 부사가 모두 후행하는 용언을 수식하는 구조를 갖는다.

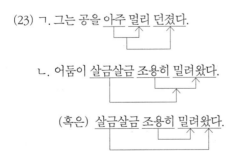

(23) ㄱ. 그는 공을 아주 멀리 던졌다.

　　ㄴ. 어둠이 살금살금 조용히 밀려왔다.

　　(혹은) 살금살금 조용히 밀려왔다.

　　부사의 위치　부사는 피수식어의 바로 앞에 쓰이는 것이 보통이지만 때에 따라 어느 정도의 어순 변화가 허용되기도 한다. 특히 (24)에서처럼 성상 부사와 지시 부사는 피수식어와 떨어져서 쓰이기도 하지만 부정 부사는 피수식어인 용언과 떨어져서 쓰이기 어렵다.

(24) ㄱ. 철수는 책을 빨리 읽는다.

철수는 빨리 책을 읽는다.

ㄴ. 철수가 책을 이리 빨리 읽었다고.

철수가 이리 책을 빨리 읽었다고.

ㄷ. 그는 밥을 안 먹었다.

*그는 안 밥을 먹었다.

13.3. 감탄사

감탄사(感歎詞, interjection)는 (25)의 '아, 야, 예'와 같이 '화자가 자신의 감정, 느낌 등을 나타내는 말, 또는 부르거나 대답하는 말'을 말한다.

(25) ㄱ. 아! 드디어 비가 오는구나.

ㄴ. 야! 나 좀 보자.

ㄷ. 예, 제가 가겠습니다.

감탄사는 감정을 표현하거나 부르거나 대답하는 기능을 가지므로 홀로 문장에서 쓰일 수 있다. 감탄사를 다른 품사의 단어와 구별하여 독립언이라고 하는 것은 이런 까닭에서이다.

이 밖에 감탄사에는 생각이 나지 않을 때 입버릇처럼 하는 '음, 어, 에' 등의 말, 말을 꺼내기가 거북할 때 습관처럼 쓰는 '거시기, 저' 등의 말도 포함된다.

(26) 음, 어, 에, 거시기, 저

(27) ㄱ. 음 ~ 그 책을 어디에 두었지?

　　ㄴ. 저, 잠시 실례하겠습니다.

참조	관형사와 부사의 구별 / 수 관형사의 품사 설정

(1)관형사는 체언을 수식하지만 부사 가운데에도 체언을 수식하는 것이 있고, 부사는 주로 용언을 수식하지만 부사는 용언 외에도 체언, 관형사, 부사, 문장 등 다양한 성분을 수식한다. 관형사와 부사는 피수식어의 품사에 따라 구별하는 것이 보통이지만, 이를 기준으로 삼아서는 관형사와 부사를 분명하게 구별할 수 없는 셈이다. 물론 문순홍(1990), 왕문용·민현식(1993), 이관규(1999), 장영희(2001), 민현식(2002) 등에서처럼 체언을 수식하는 부사를 관형사로 보고 피수식어의 품사에 따라 관형사와 부사를 구별할 수도 있다. 그러나 이는 똑 같은 의미를 갖는, 따라서 하나의 단어로 볼 수도 있는 단어들을 두 개의 서로 다른 품사로 다뤄야 한다는 한계를 갖는다. 한편 황화상(2009ㄱ)에서는 관형사를 '어떤 대상을 지시하는 단어를 수식하여 그 대상이 갖는 속성을 나타내는' 품사로, 부사를 '어떤 속성을 나타내는 단어를 수식하여 그 속성이 어떠한지를 나타내는' 품사로 정의하여, 관형사와 부사를 그것이 한정하는 내용(각각 '속성을 나타내는 것'과 '속성이 어떠한지를 나타내는 것')에 따라 구별했다.

(2)수 관형사, 특히 '한, 두, 세, 네, 다섯, 여섯, …'의 수사와 관련된 형태는 수사와 구별하여 하나의 품사(관형사의 하위 부류)로 인정할 것인지에 이견이 있다. 이들 모두를 수 관형사로 인정하는 것이 보통이지만(주시경 1910, 김두봉 1916, 박승빈 1935, 최현배 1937/1961, 남기심·고영근 1985/1993, 유현경 2008 등), 수사와 형태가 다른 '한, 두, 세, 네' 등만을 수 관형사로 인정하기도 하고(한송화 1999, 구본관 2001, 우형식 2006 등), 이들 모두를 수 관형사로 인정하지 않기도 한다(이규방 1922, 리필수 1922, 심의린 1935, 홍기문 1947, 유창돈 1971, 노대규 1977, 장영희 2001, 김인균 2008 등).

이와 같이 수 관형사의 품사 인정 여부가 문제가 되는 것은 수 관형사가 수사로서의 특성('수'를 표시)과 관형사로서의 특성(체언 수식)을 모두 갖기 때문이다. 이 밖에 수 관형사의 품사 설정에 대한 다양한 논의는 김인균(2008), 유현경(2008) 등을 참조할 수 있다.

연습

1 관형사는 '체언을 꾸미는 말'로 정의되지만, 다음과 같이 부사 가운데에도 체언을 꾸미는 것이 있다. 이렇게 체언을 꾸미는 부사를 관형사로 볼 수는 없을지 생각해 보자.

1) 내가 좋아하는 사람은 <u>바로</u> 너야.
2) <u>꽤</u> 미인이기는 하지만 미스코리아감은 아니다.

2 부사는 용언, 체언, 관형사, 부사 등 다양한 품사의 단어를 수식한다. 다음 예를 참조하여 피수식어의 품사는 모두 다르지만, 피수식어에 관계없이 '꽤'를 모두 부사로 보는 이유가 무엇인지 생각해 보자. 성분 부사는 대체로 동사를 꾸미는 것과 형용사를 꾸미는 것으로 나눌 수 있는데, 특히 형용사를 꾸미는 성분 부사는 체언, 관형사, 부사 등 다른 품사의 단어도 꾸미는 것이 보통이라는 점을 참조하자.

1) 영희도 <u>꽤</u> 예쁘다.
2) 철수도 <u>꽤</u> 부자다.
3) 헌책이라고 하더니 <u>꽤</u> 새 책이네.
4) 벌써 <u>꽤</u> 많이 걸어왔어요.

3 다음의 각 문장에서 단어를 찾아 품사를 분석해 보자.

1) 노란 꽃이 화단에 피었다.

2) 추락하는 것은 날개가 있다.

3) 그는 일찍 일어났지만 밥은 먹지 않았다.

4) 황금 보기를 돌같이 하라.

5) 내가 자란 마을은 감이 많이 나는 시골이었다.

6) 그 일은 비교적 쉬운 편에 속한다.

7) 알맞은 답을 보기에서 골라 쓰시오.

제 V 부

형태론과 어문 규정

14. 단어와 어문 규정

  어문 규정 가운데에는 단어의 속성과 관련된 것들이 있다. 이 장에서는 조사, 의존 명사, 복합어를 중심으로 각 단어의 속성이 어문 규정에 어떻게 반영되는지 살펴보기로 한다.

14.1. 조사와 의존 명사

  규범 문법에서는 조사를 단어로 인정하지만, 조사는 단어로 볼 수 있는지 볼 수 없는지 하는 논란이 끊임없는 문법 형태이다. 조사는 단어의 속성도 갖지만 접사의 속성도 갖기 때문이다. 조사가 '한글 맞춤법'의 띄어쓰기 규정, '표준어 규정'의 '표준 발음법' 등에서 다른 단어와 다르게 처리되는 것은 이런 까닭에서이다. 그리고 문장에서 쓰일 때 꼭 관형 성분(관형어, 곧 관형사, 용언의 관형사형, 체언의 관형격 형태 등)이 선행해야 하는 의존 명사는 일부 표기 방식에서 특이성을 보인다.

  띄어쓰기 '한글 맞춤법'의 총칙 제2항에 따르면 우리말의 각 단어는 문장에서 띄어 써야 한다.[1]

---

1) 어문 규정을 인용할 때에는 '한글 맞춤법'의 규정은 〈맞춤〉으로, '표준어 규정' 가운데 제1부인 '표준어 사정 원칙'의 규정은 〈표준〉으로, '표준어 규정' 가운데 제2부인 '표준 발음법'의 규정은 〈발음〉으로 표시하여 서로 구별하기로 한다.

〈맞춤〉 제2항 문장의 각 단어는 띄어 씀을 원칙으로 한다.

그런데 우리말 단어 가운데 조사는 의존성이 강하여 단어로 보더라
도 의존 형태로 분류하는 것이 보통이다. 이에 따라 조사는 예외적으
로 선행 체언에 붙여 쓰도록 규정하고 있다.

〈맞춤〉 제41항 조사는 그 앞말에 붙여 쓴다.

꽃이	꽃마저	꽃밖에	꽃에서부터	꽃으로만
꽃이나마	꽃이다	꽃입니다	꽃처럼	어디까지나
거기도	멀리는	웃고만		

한편 의존 명사도 명사의 하나로서 단어이므로 '한글 맞춤법'의 제
42항과 제43항에 따라 띄어 써야 한다. 다만 단위성 의존 명사는 순서
를 나타내는 경우, 숫자와 어울려 쓰이는 경우에는 붙여 쓸 수 있다.

〈맞춤〉 제42항 의존 명사는 띄어 쓴다.
〈맞춤〉 제43항 단위를 나타내는 명사는 띄어 쓴다.
　　　　　다만, 순서를 나타내는 경우나 숫자와 어울리어 쓰이는 경우에
　　　　　는 붙여 쓸 수 있다.

두시	삼십분	오초	제일과	삼학년
육층	1446년 10월 9일		2대대	16동 502호
제1실습실	80원	10개	7미터	

이와 같이 조사는 선행 체언에 붙여 쓰며 단위성 의존 명사는 때에

따라 붙여 쓸 수 있다. 조사와 단위성 의존 명사는 '한글 맞춤법'의 제
2항에 예외적인 단어인 셈이다. 그 결과 우리말에서 문장을 구성하는
어절은 하나의 단어를 포함하는 것이 보통이지만, 조사나 의존 명사
를 포함하는 경우에는 한 어절이 두 단어로 구성된 것일 수 있다.[2]

　발음　우리말에서 받침이 있는 선행 형태와 모음으로 시작하는 후
행 형태가 결합할 때에는 후행 형태의 유형에 따라 받침을 발음하는
방식이 달라진다. 곧 후행 형태가 실질 형태소(어휘 형태소, 곧 '단어')
일 때에는 (1ㄱ)과 같이 그 받침을 먼저 대표음으로 바꾼 뒤에 후행
형태의 첫소리로 옮겨 발음하고,[3] 후행 형태가 형식 형태소(문법 형태
소, 곧 '접미사나 어미')일 때에는 (1ㄴ)과 같이 바로 후행 형태의 첫소
리로 옮겨 발음한다.

　　(1) ㄱ. 헛웃음[헏웃음→허두슴], 겉옷[걷옷→거돋], 닭오리[닥오리→
　　　　　다고리]

　　　　ㄴ. 있어[이써], 덮이다[더피다], 밝은[발근]

---

2) 이 밖에 ①수를 적을 때, ②단음절 단어가 연이어 나타날 때, ③보조 용언을 쓸 때,
　④고유 명사나 전문 용어를 쓸 때에도 때에 따라 한 어절이 둘 이상의 단어를 포함
　할 수 있다. 곧 '한글 맞춤법' 제44항에 따라 수를 적을 적에는 '12억 3456만 7898'
　혹은 '십이억 삼천사백오십육만 칠천팔백구십팔'과 같이 '만(萬)' 단위로 띄어 쓰
　며, 제46항에 따라 '좀더 큰것, 한잎 두잎'과 같이 단음절로 된 단어가 연이어 나타
　날 적에는 붙여 쓸 수 있다. 그리고 제47항에 따라 '꺼져 간다/꺼져간다, 올 듯하다/
　올듯하다'와 같이 본용언이 합성어가 아니고 본용언에 조사가 붙지 않은 경우 보조
　용언은 본용언에 붙여 쓸 수 있으며, 제49항에 따라 '한국 대학교 사범 대학/한국대
　학교 사범대학'과 같이 성명 이외의 고유 명사는 단위별로 띄어 쓸 수 있다. 또한 제
　50항에 따라 '만성 골수성 백혈병/만성골수성백혈병'과 같이 전문 용어는 붙여 쓸
　수 있다.
3) 다만 '맛있다, 멋있다'는 실제 발음을 고려하여 각각 [마싣따], [머싣따]로도 발음하
　는 것을 허용한다('표준 발음법' 제15항).

  그런데 조사는 단어이지만 다른 단어와 달리 형식 형태소이다. 따라서 받침으로 끝나는 체언에 모음으로 시작하는 조사가 결합할 때에는 (2)와 같이 선행 체언의 받침을 바로 조사의 첫소리로 옮겨 발음한다.

  (2) 옷이[오시], 낮이[나지], 꽃이[꼬치], 밭에[바테], 닭이[달기]

  조사의 이러한 속성, 곧 형식 형태소로서의 속성은 '표준 발음법'의 제13항과 제14항에 반영되어 있다.

  〈발음〉제13항
    홑받침이나 쌍받침이 모음으로 시작된 조사나 어미, 접미사와 결합되는 경우에는, 제 음가대로 뒤 음절 첫소리로 옮겨 발음한다.
  〈발음〉제14항
    겹받침이 모음으로 시작된 조사나 어미, 접미사와 결합되는 경우에는, 뒤엣것만을 뒤 음절 첫소리로 옮겨 발음한다.(이 경우, 'ㅅ'은 된소리로 발음함.)

  다만 선행 체언이 한글 자모의 이름일 때에는 받침 'ㄷ, ㅈ, ㅊ, ㅌ, ㅎ'은 'ㅅ'으로, 'ㅋ'은 'ㄱ'으로, 'ㅍ'은 'ㅂ'으로 바뀐 뒤에 조사의 첫소리로 연음된다.

  〈발음〉제16항
    한글 자모의 이름은 그 받침소리를 연음하되, 'ㄷ, ㅈ, ㅊ, ㅋ, ㅌ, ㅍ, ㅎ'의 경우에는 특별히 다음과 같이 발음한다.
    디귿이[디그시]   디귿을[디그슬]   디귿에[디그세]

지읒이[지으시]	지읒을[지으슬]	지읒에[지으세]
치읓이[치으시]	치읓을[치으슬]	치읓에[치으세]
키읔이[키으기]	키읔을[키으글]	키읔에[키으게]
티읕이[티으시]	티읕을[티으슬]	티읕에[티으세]
피읖이[피으비]	피읖을[피으블]	피읖에[피으베]
히읗이[히으시]	히읗을[히으슬]	히읗에[히으세]

표기 '한글 맞춤법'의 제10항, 제11항, 제13항에 따르면 자음 'ㄴ, ㄹ'이 이중모음 'ㅕ, ㅑ, ㅛ, ㅠ, ㅖ, ㅣ' 등과 결합한 음절, 곧 '녀, 뇨, 뉴, 니'와 '랴, 려, 례, 료, 류, 리'가 한자어의 첫머리에 올 때에는 두음 법칙에 따라 적는다. 곧 '녀, 뇨, 뉴, 니'는 '여, 요, 유, 이'로 적고, '랴, 려, 례, 료, 류, 리'는 '야, 여, 예, 요, 유, 이'로 적는다. 그리고 제12항에 따르면 '라, 래, 로, 뢰, 루, 르'가 단어의 첫머리에 올 적에는 두음 법칙에 따라 '나, 내, 노, 뇌, 누, 느'로 적는다.

〈맞춤〉 제10항

한자음 '녀, 뇨, 뉴, 니'가 단어 첫머리에 올 적에는, 두음 법칙에 따라 '여, 요, 유, 이'로 적는다.

〈맞춤〉 제11항

한자음 '랴, 려, 례, 료, 류, 리'가 단어의 첫머리에 올 적에는, 두음 법칙에 따라 '야, 여, 예, 요, 유, 이'로 적는다.

〈맞춤〉 제12항

한자음 '라, 래, 로, 뢰, 루, 르'가 단어의 첫머리에 올 적에는, 두음 법칙에 따라 '나, 내, 노, 뇌, 누, 느'로 적는다.

(3) 여자(女子), 유대(紐帶), 익명(匿名), 낙원(樂園)

    cf) 남녀(男女), 결뉴(結紐), 은닉(隱匿), 쾌락(快樂)

  다만 의존 명사일 때에는 제10항과 제11항의 부가 조건에 따라 두음 법칙을 적용하지 않고 본음을 그대로 적는다.

    (10항) 다만, 다음과 같은 의존 명사에서는 '냐, 녀' 음을 인정한다.

        냥(兩)   냥쭝(兩−)   년(年)(몇 년)

    (11항) 다만, 다음과 같은 의존 명사는 본음대로 적는다.

        리(里): 몇 리냐?

        리(理): 그럴 리가 없다.

  한편 두음 법칙은 한자어에만 적용된다. 따라서 '님, 녀석' 등의 고유어 의존 명사, '니그로, 니켈, 니가타, 라면, 라일락, 루비' 등 외래어(혹은 외래어 기원의 단어)에는 적용되지 않는다. 다만 '임'과 '님'은 구별하여 적는다. 곧 자립 명사일 때에는 '임'으로, 의존 명사일 때에는 '님'으로 적는다.[4]

    (4) ㄱ. <u>임</u>을 그리는 마음이 애달프다.

        ㄴ. 홍길동 <u>님</u>, 들어오세요.

---

4) 의존 명사 '님'은 '홍길동 님, 홍 님'과 같이 사람의 이름이나 성 다음에 쓴다.

14.2. 복합어

표기 복합어는 어근과 접사의 원형을 밝혀 적는 것이 원칙이다. 다만 어원이 분명하지 않을 때, 어원은 분명하지만 소리가 특이하게 변했을 때에는 소리대로 적는다.

> 〈맞춤〉 제27항
>> 둘 이상의 단어가 어울리거나 접두사가 붙어서 이루어진 말은 각각 그 원형을 밝히어 적는다.
>> [붙임 1] 어원은 분명하나 소리만 특이하게 변한 것은 변한 대로 적는다.
>> 할아버지   할아범
>> [붙임 2] 어원이 분명하지 아니한 것은 원형을 밝히어 적지 아니한다.
>> 골병   골탕   끌탕   며칠   아재비   오라비
>> 업신여기다   부리나케

'할아버지, 할아범'은 각각 '하+ㄴ+아버지, 하+ㄴ+아범'에서 기원한 것이다. 그러나 '한여름, 한 아름'에서 알 수 있듯이 우리말에서는 이와 같은 음운론적 조건에서 'ㄴ'이 'ㄹ'로 변하지 않는다. 따라서 '한아버지, 한아범'과 같이 적고 이를 '[할아버지], [할아범]'과 같이 발음하는 것은 '한글 맞춤법은 표준어를 소리대로 적되, 어법에 맞도록 함을 원칙으로 한다.'는 '한글 맞춤법'의 총칙 제1항에 어긋난다.[5] 어원이

---

5) 예를 들어 [멍는], [먹꼬]로 발음되지만 '먹는, 먹고'로 적는 것은 '한글 맞춤법'의

분명하지만 이를 '할아버지, 할아범'과 같이 적는 것은 이런 까닭에서
이다.

한편 복합어의 두 번째 요소가 두음 법칙의 적용을 받을 수 있는 것
일 때에는 대체로 두음 법칙에 따라 적는다. 복합어의 두 번째 요소는
형태론적으로 단어의 처음은 아니지만 어문 규정에서는 단어의 처음
과 동등한 대우를 받는 셈이다. 이는 복합어를 구성하는 두 요소가 어
느 정도 분리성을 갖는다는 것을 반영한 결과로 볼 수 있다.

〈맞춤〉 제10항

　　[붙임 2]　접두사처럼 쓰이는 한자가 붙어서 된 말이나 합성어
　　　　　　에서, 뒷말의 첫소리가 'ㄴ' 소리로 나더라도 두음 법
　　　　　　칙에 따라 적는다.
　　　　　　신여성(新女性)　　　　공염불(空念佛)
　　　　　　남존여비(男尊女卑)

　　[붙임 3]　둘 이상의 단어로 이루어진 고유 명사를 붙여 쓰는 경
　　　　　　우에도 붙임 2에 준하여 적는다.
　　　　　　한국여자대학　　　　　대한요소비료회사

〈맞춤〉 제11항

　　[붙임 4]　접두사처럼 쓰이는 한자가 붙어서 된 말이나 합성어
　　　　　　에서, 뒷말의 첫소리가 'ㄴ' 또는 'ㄹ' 소리로 나더라도
　　　　　　두음 법칙에 따라 적는다.
　　　　　　역이용(逆利用)　　　　연이율(年利率)

제1항에 어긋나는 것이 아니다. 'ㄴ' 앞에서 'ㄱ'이 'ㅇ'으로 발음되는 것과 'ㄱ' 뒤에
서 'ㄱ'이 'ㄲ'으로 발음되는 것은 우리말의 발음에 적용되는 자연스러운 음운 현상
(비음화, 장애음 뒤 경음화)이기 때문이다.

열역학(熱力學)   해외여행(海外旅行)

[붙임 5] 둘 이상의 단어로 이루어진 고유 명사를 붙여 쓰는 경우나 십진법에 따라 쓰는 수(數)도 붙임 4에 준하여 적는다.

서울여관   신흥이발관

육천육백육십육(六千六百六十六)

〈맞춤〉 제12항

[붙임 2] 접두사처럼 쓰이는 한자가 붙어서 된 단어는 뒷말을 두음 법칙에 따라 적는다.

내내월(來來月)   상노인(上老人)

중노동(重勞動)   비논리적(非論理的)

다만 외자로 된 이름을 성에 붙여 쓸 때, 준말에서 본음으로 소리가 날 때에는 두음 법칙의 적용을 받지 않은 본음을 그대로 적는다.

〈맞춤〉 제11항

[붙임 2] 외자로 된 이름을 성에 붙여 쓸 경우에도 본음대로 적을 수 있다.

신립(申砬)   최린(崔麟)   채륜(蔡倫)   하륜(河崙)

[붙임 3] 준말에서 본음으로 소리나는 것은 본음대로 적는다.

국련(국제연합)   대한교련(대한교육연합회)

사이시옷 표기 합성어 가운데 종속 합성어는 사잇소리 현상(뒷말의 첫소리가 된소리로 나거나, 'ㄴ' 소리가 덧나거나, 'ㄴㄴ' 소리가 덧나는 현상)이 일어나는 때도 있다. 이때 앞말이 모음으로 끝나고 두

구성 요소 가운데 적어도 하나가 순 우리말인 경우 앞말의 받침으로
사이시옷을 적는다.

〈맞춤〉 제30항 사이시옷은 다음과 같은 경우에 받치어 적는다.
    1. 순 우리말로 된 합성어로서 앞말이 모음으로 끝난 경우
    (1) 뒷말의 첫소리가 된소리로 나는 것

고랫재	귓밥	나룻배	나뭇가지	냇가
댓가지	뒷갈망	맷돌	머릿기름	모깃불
못자리	바닷가	뱃길	볏가리	부싯돌
선짓국	쇳조각	아랫집	우렁잇속	잇자국
잿더미	조갯살	찻집	쳇바퀴	킷값
핏대	햇볕	혓바늘		

    (2) 뒷말의 첫소리 'ㄴ, ㅁ' 앞에서 'ㄴ' 소리가 덧나는 것

멧나물	아랫니	텃마당	아랫마을	뒷머리
잇몸	깻묵	냇물	빗물	

    (3) 뒷말의 첫소리 모음 앞에서 'ㄴㄴ' 소리가 덧나는 것

도리깻열	뒷윷	두렛일	뒷일	뒷입맛
베갯잇	욧잇	깻잎	나뭇잎	댓잎

    2. 순 우리말과 한자어로 된 합성어로서 앞말이 모음으로 끝난
      경우
    (1) 뒷말의 첫소리가 된소리로 나는 것

귓병	머릿방	뱃병	봇둑	사잣밥
샛강	아랫방	자릿세	전셋집	찻잔
찻종	촛국	콧병	탯줄	텃세
핏기	햇수	횟가루	횟배	

(2) 뒷말의 첫소리 'ㄴ, ㅁ' 앞에서 'ㄴ' 소리가 덧나는 것

  곗날 제삿날 훗날 툇마루 양칫물

(3) 뒷말의 첫소리 모음 앞에서 'ㄴㄴ' 소리가 덧나는 것

  가욋일 사삿일 예삿일 훗일

다만 앞말과 뒷말이 모두 한자어인 것 가운데 다음의 2음절 한자어
는 예외적으로 사이시옷을 적는다.

〈맞춤〉 제30항

  3. 두 음절로 된 다음 한자어

  곳간(庫間) 셋방(貰房) 숫자(數字) 찻간(車間)

  툇간(退間) 횟수(回數)

한편 복합어의 첫 번째 요소로 쓰이는 '윗-', '위-', '웃-'은 다음과
같이 구별하여 적는다. 첫째 '아래, 위'의 대립이 없는 단어는 '웃-'으
로 적고 나머지는 '윗-'이나 '위-'로 적는다. 둘째 된소리나 거센소리
앞에서는 '위-'로 적고 나머지는 '윗-'으로 적는다.

〈표준〉 제12항 '웃-' 및 '윗-'은 명사 '위'에 맞추어 '윗-'으로 통일한다.

윗-넓이	윗-눈썹	윗-니	윗-당줄
윗-덧줄	윗-도리	윗-동아리	윗-막이
윗-머리	윗-목	윗-몸	윗-바람
윗-배	윗-벌	윗-변	윗-사랑
윗-세장	윗-수염	윗-입술	윗-잇몸
윗-자리	윗-중방		

다만 1. 된소리나 거센소리 앞에서는 '위 -'로 한다.

위 - 짝   위 - 쪽   위 - 채   위 - 층

위 - 치마   위 - 턱   위 - 팔

다만 2. '아래, 위'의 대립이 없는 단어는 '웃 -'으로 발음되는 형태를 표준어로 삼는다.

웃 - 국   웃 - 기   웃 - 돈   웃 - 비

웃 - 어른   웃 - 옷

발음 복합어는 음운론적 조건에 따라 음을 첨가하여 발음하는 때가 있다. 곧 앞말이 자음으로 끝나고 뒷말이 '이, 야, 여, 요, 유'일 때에는 'ㄴ'음을 첨가하여 '니, 냐, 녀, 뇨, 뉴'로 발음한다.

〈발음〉 제29항

합성어 및 파생어에서, 앞 단어나 접두사의 끝이 자음이고 뒤 단어나 접미사의 첫음절이 '이, 야, 여, 요, 유'인 경우에는, 'ㄴ' 음을 첨가하여 [니, 냐, 녀, 뇨, 뉴]로 발음한다.

솜 - 이불[솜 : 니불]	홑 - 이불[혼니불]
막 - 일[망닐]	삯 - 일[상닐]
맨 - 입[맨닙]	꽃 - 잎[꼰닙]
내복 - 약[내 : 봉냑]	한 - 여름[한녀름]
남존 - 여비[남존녀비]	신 - 여성[신녀성]
색 - 연필[생년필]	직행 - 열차[지캥녈차]
늑막 - 염[능망념]	콩 - 엿[콩녇]
담 - 요[담 : 뇨]	눈 - 요기[눈뇨기]
영업 - 용[영엄뇽]	식용 - 유[시굥뉴]

국민 – 윤리[궁민뉼리]   밤 – 윷[밤 뉻]

다만 복합어 가운데에는 'ㄴ'음을 첨가하는 것을 원칙으로 하되 표기대로 발음하는 것을 허용하는 것들도 있다.

〈발음〉 제29항
다만, 다음과 같은 말들은 'ㄴ' 음을 첨가하여 발음하되, 표기대로 발음할 수 있다.
이죽 – 이죽[이중니죽/이주기죽]
야금 – 야금[야금냐금/야그먀금]
검열[검 : 녈/거 : 멸]
욜랑 – 욜랑[욜랑뇰랑/욜랑욜랑]
금융[금늉/그뮹]

그리고 앞말의 받침이 'ㄹ'인 경우에는 그 뒤에 'ㄴ'음이 첨가될 때에 [ㄹ]로 발음한다.

〈발음〉 제29항
[붙임 1] 'ㄹ' 받침 뒤에 첨가되는 'ㄴ' 음은 [ㄹ]로 발음한다.
들 – 일[들 : 릴]   솔 – 잎[솔립]   설 – 익다[설릭따]
물 – 약[물략]   불 – 여우[불려우]   서울 – 역[서울력]
물 – 엿[물렫]   휘발 – 유[휘발류]   유들 – 유들[유들류들]

두 단어를 한 마디로 이어서 발음하는 경우에도 앞의 규정에 준하여 발음한다. 다만 '6 25, 송별연, 등용문' 등의 단어는 'ㄴ(ㄹ)'음을 첨가하여 발음하지 않는다.

〈발음〉 제29항

> [붙임 2] 두 단어를 이어서 한 마디로 발음하는 경우에도 이에
> 준한다.
>
> | | |
> |---|---|
> | 한 일[한닐] | 옷 입다[온닙따] |
> | 서른여섯[서른녀섣] | 3 연대[삼년대] |
> | 먹은 엿[머근녇] | 스물여섯[스물려섣] |
> | 할 일[할릴] | 잘 입다[잘립따] |
> | 1 연대[일련대] | 먹을 엿[머글렫] |
>
> 다만, 다음과 같은 단어에서는 'ㄴ(ㄹ)' 음을 첨가하여
> 발음하지 않는다.
>
> | | |
> |---|---|
> | 6·25[유기오] | 3·1절[사밀쩔] |
> | 송별 – 연[송:벼련] | 등 – 용문[등용문] |

다만 위의 [붙임2]는 '한 마디로 이어서' 발음하는 때에만 적용된다. 따라서 두 마디로 나누어 발음하는 때에는, 예를 들어 '[한 일], [온 입따], [잘 입따]'와 같이 'ㄴ(ㄹ)'음을 첨가하지 않고 발음한다.

한편 겹받침을 갖는 단어는 어말 또는 자음 앞에서 두 개의 받침 가운데 어느 하나만 발음한다. 곧 '표준 발음법'에 따라 'ㄳ', 'ㄵ', 'ㄼ, ㄽ, ㄾ', 'ㅄ'은 어말 또는 자음 앞에서 각각 [ㄱ, ㄴ, ㄹ, ㅂ]으로, 두 개의 받침 가운데에서 첫 번째 받침 하나만 발음한다.[6] 다만 '밟-'은 자음 앞에서는 예외적으로 [밥]으로, '넓-'은 일부 복합어에서 [넙]으로 발

---

6) 겹받침의 발음에서 다루는 예는 복합어는 아니지만 같이 살펴보기로 한다.

음한다.

〈발음〉 제10항

겹받침 'ㄳ', 'ㄵ', 'ㄼ, ㄽ, ㄾ', 'ㅄ'은 어말 또는 자음 앞에서 각각 [ㄱ, ㄴ, ㄹ, ㅂ]으로 발음한다.

넋[넉]	넋과[넉꽈]	앉다[안따]
여덟[여덜]	넓다[널따]	외곬[외골]
핥다[할따]	값[갑]	없다[업:따]

다만, '밟 -'은 자음 앞에서 [밥]으로 발음하고, '넓 -'은 다음과 같은 경우에 [넙]으로 발음한다.

(1) 밟다[밥:따]   밟소[밥:쏘]

　　밟지[밥:찌]   밟는[밥:는 → 밤:는]

　　밟게[밥:께]   밟고[밥:꼬]

(2) 넓 - 죽하다[넙쭈카다]

　　넓 - 둥글다[넙뚱글다]

겹받침 'ㄺ, ㄻ, ㄿ'은 각각 [ㄱ, ㅁ, ㅂ]으로 발음하되, 용언의 'ㄺ'은 'ㄱ'으로 시작하는 어미와 결합할 때에는 [ㄹ]로 발음한다.

〈발음〉 제11항

겹받침 'ㄺ, ㄻ, ㄿ'은 어말 또는 자음 앞에서 각각 [ㄱ, ㅁ, ㅂ]으로 발음한다.

닭[닥]	흙과[흑꽈]	맑다[막따]
늙지[늑찌]	삶[삼 :]	젊다[점 : 따]
읊고[읍꼬]	읊다[읍따]	

다만, 용언의 어간 말음 'ㄹㄱ'은 'ㄱ' 앞에서 [ㄹ]로 발음한다.

맑게[말께]   묽고[물꼬]   얽거나[얼꺼나]

이와 같이 겹받침의 발음은 원칙이 있지만 예외가 있어서 주의를 요한다. 예외는 특별한 단어에 적용되는 것이 있고 동일한 겹받침을 갖는 단어에 유형적으로 적용되는 것도 있다. 이를 종합하여 겹받침의 발음에 적용되는 조건을 다음과 같이 요약할 수 있다.

(5) 겹받침의 발음 조건
    ㄱ. 첫 번째 받침으로 발음: 'ㄳ', 'ㄵ', 'ㄼ, ㄽ, ㄾ', 'ㅄ'
       예외) ① '밟-': 자음 앞에서 '밥-'으로 발음
          ② '넓-': '넓죽하다, 넓둥글다'에서 '넙-'으로 발음
    ㄴ. 두 번째 받침으로 발음: 'ㄺ, ㄻ, ㄿ'
       예외) 용언의 'ㄺ'은 'ㄱ'으로 시작하는 어미 앞에서 첫 번째 받침 'ㄹ'로 발음

15. 어미, 접사와 어문 규정

이 장에서는 어미, 접사의 표기와 발음에 관련된 규정을 살펴보기로 한다.

15.1. 어미

용언의 어간과 어미는 구별하여 적는 것이 원칙이다. 다만 복합어를 구성하는 두 개의 용언 사이에 어미가 개재하는 경우 본뜻이 유지될 때에는 어간과 어미를 구별하여 적지만 그렇지 않을 때에는 구별하여 적지 않는다.

〈맞춤〉 제15항

[붙임 1] 두 개의 용언이 어울려 한 개의 용언이 될 적에, 앞말의 본뜻이 유지되고 있는 것은 그 원형을 밝히어 적고, 그 본뜻에서 멀어진 것은 밝히어 적지 아니한다.

(1) 앞말의 본뜻이 유지되고 있는 것

넘어지다	늘어나다	늘어지다
돌아가다	되짚어가다	들어가다
떨어지다	벌어지다	엎어지다
접어들다	틀어지다	흩어지다

(2) 본뜻에서 멀어진 것

드러나다   사라지다   쓰러지다

그리고 어미 '-오'와 '-(이)요'는 종결형으로 사용될 때에는 '-오'로 적고, 연결형으로 사용될 때에는 '-(이)요'로 적는다. 다만, 어미에 덧붙는 보조사는 '요'로 적는다. 참고로 조사의 '요'는 덧붙는 것이므로 생략될 수 있지만 어미의 '-요'는 덧붙는 것이 아니므로 생략될 수 없다.

〈맞춤〉 제15항

[붙임 2] 종결형에서 사용되는 어미 '-오'는 '요'로 소리나는 경우가 있더라도 그 원형을 밝혀 '오'로 적는다.(ㄱ을 취하고, ㄴ을 버림.)

ㄱ	ㄴ
이것은 책이오.	이것은 책이요.
이리로 오시오.	이리로 오시요.
이것은 책이 아니오.	이것은 책이 아니요.

[붙임 3] 연결형에서 사용되는 '이요'는 '이요'로 적는다.(ㄱ을 취하고, ㄴ을 버림.)

ㄱ	ㄴ
이것은 책이요,	이것은 책이오,
저것은 붓이요,	저것은 붓이오,
또 저것은 먹이다.	또 저것은 먹이다.

〈맞춤〉 제17항 어미 뒤에 덧붙는 조사 '-요'는 '-요'로 적는다.

읽어   읽어요

참으리　　　참으리요

좋지　　　　좋지요

한편 어간과 어미가 줄 때에는 준 대로 적는다. 예를 들어 'ㅚ' 뒤에
'-어, -었'이 결합하여 줄 때에는, 예를 들어 '되어'는 '돼'로, '되었다'
는 '됐다'로 적어야 한다.

〈맞춤〉 제35항

[붙임 2] 'ㅚ' 뒤에 '- 어, - 었 -'이 어울려 '왜, 왰'으로 될 적에
도 준 대로 적는다.

(본말)	(준말)	(본말)	(준말)
괴어	괘	괴었다	괬다
되어	돼	되었다	됐다
뵈어	봬	뵈었다	뵀다
쇠어	쇄	쇠었다	쇘다
쐬어	쐐	쐬었다	쐤다

'-잖-'과 '-찮-'도 줄어든 것이 무엇인지에 따라 구별하여 적는다.
곧 '-지 않-'이 줄어든 것일 때에는 '-잖-'으로 적고, '-하지 않-'이 줄
어든 것일 때에는 '-찮-'으로 적는다.

〈맞춤〉 제39항

어미 '- 지' 뒤에 '않 -'이 어울려 '- 잖 -'이 될 적과 '- 하지' 뒤에
'않 -'이 어울려 '- 찮 -'이 될 적에는 준 대로 적는다.

(본말)	(준말)
그렇지 않은	그렇잖은
만만하지 않다	만만찮다
적지 않은	적잖은
변변하지 않다	변변찮다

'하(다)'로 끝나는 말은 '하' 전체가 줄 때와 모음 'ㅏ'만 줄 때를 구별하여 준 대로 적는다. 물론 'ㅏ'만 줄 적에는 'ㅎ'이 뒷말의 첫소리와 결합하여 거센소리가 된다.

〈맞춤〉 제40항

어간의 끝음절 '하'의 'ㅏ'가 줄고 'ㅎ'이 다음 음절의 첫소리와 어울려 거센소리로 될 적에는 거센소리로 적는다.

(본말)	(준말)	(본말)	(준말)
간편하게	간편케	다정하다	다정타
연구하도록	연구토록	정결하다	정결타
가하다	가타	흔하다	흔타

[붙임 2] 어간의 끝음절 '하'가 아주 줄 적에는 준 대로 적는다.

(본말)	(준말)
거북하지	거북지
넉넉하지 않다	넉넉지 않다
생각하건대	생각건대
못하지 않다	못지않다
생각하다 못해	생각다 못해
섭섭하지 않다	섭섭지 않다

깨끗하지 않다   깨끗지 않다

익숙하지 않다   익숙지 않다

'하(다)'로 끝나는 말이 줄 때 표기의 원칙은 간단하다. 그러나 어떤 때 '하' 전체가 줄고 어떤 때 모음 'ㅏ'만 주는지를 판단하기가 쉽지 않다. 사람에 따라 발음이 다를 수 있기 때문이다. 예를 들어 '생각하건대'의 줄어든 발음은 사람에 따라 [생각건대], [생각컨대]와 같이 다를 수 있다. [생각건대]로 줄여서 발음하는 사람에게는 준 형태를 '생각건대'로 쓰는 것이 어렵지 않지만, [생각컨대]로 발음하는 사람에게는 준 형태를 '생각건대'로 쓰는 것이 결코 쉽지 않은 일이다.

'하'로 끝나는 말이 줄 때에는 다음과 같이 'ㅏ'가 줄 때와 '하' 전체가 줄 때를 구별하여 표기하는 것이 유용하다.

> (1) 'ㅏ'가 줄 때와 '하' 전체가 줄 때의 구별
>   ㄱ. '하다' 앞의 명사가,
>   ① 모음으로 끝나거나,
>   ② 자음 가운데 'ㄴ, ㄹ, ㅁ, ㅇ'으로 끝날 때에는 'ㅏ'만 준다.
>   ㄴ. 그 밖의 경우에는 '하' 전체가 준다.

이 밖에 종결 어미 가운데에는 평음(平音, 예사소리)으로 적어야 할 것과 경음(硬音, 된소리)으로 적는 것이 구별된다.

> 〈맞춤〉 제53항 다음과 같은 어미는 예사소리로 적는다.
>   －(으)ㄹ거나   －(으)ㄹ걸   －(으)ㄹ게

- (으)ㄹ세   - (으)ㄹ세라   - (으)ㄹ수록

- (으)ㄹ시   - (으)ㄹ지   - (으)ㄹ지니라

- (으)ㄹ지라도   - (으)ㄹ지어다   - (으)ㄹ지언정

- (으)ㄹ진대   - (으)ㄹ진저   - 올시다

다만, 의문을 나타내는 다음 어미들은 된소리로 적는다.

- (으)ㄹ까?   - (으)ㄹ꼬?   - (스)ㅂ니까?

- (으)리까?   - (으)ㄹ쏘냐?

연결 어미 '-던(지)'과 '-든(지)'은 다음과 같이 뜻에 따라 구별하여 적는다. 곧 '지난 일'을 나타낼 때에는 '-던(지)'을 적고, '가리지 아니함'의 뜻을 나타낼 때에는 '-든(지)'을 적는다.[1]

〈맞춤〉 제56항 '-더라, -던'과 '-든지'는 다음과 같이 적는다.

　　1. 지난 일을 나타내는 어미는 '-더라, -던'으로 적는다.(ㄱ을 취하고, ㄴ을 버림.)

ㄱ	ㄴ
지난 겨울은 몹시 춥더라.	지난 겨울은 몹시 춥드라.
깊던 물이 얕아졌다.	깊든 물이 얕아졌다.
그렇게 좋던가?	그렇게 좋든가?
그 사람 말 잘하던데!	그 사람 말 잘하든데!
얼마나 놀랐던지 몰라.	얼마나 놀랐든지 몰라.

　　2. 물건이나 일의 내용을 가리지 아니하는 뜻을 나타내는 조사와 어미는 '(-)든지'로 적는다.(ㄱ을 취하고, ㄴ을 버림.)

---

1) 이 밖에 단어(복합어) 가운데 구별하여 적는 것은 '한글 맞춤법'의 제57항에 규정되어 있는데 이는 [부록3]으로 제시하기로 한다.

ㄱ	ㄴ
배든지 사과든지 마음대로 먹어라.	배던지 사과던지 마음대로 먹어라.
가든지 오든지 마음대로 해라.	가던지 오던지 마음대로 해라.

15.2. 접사

'수컷'의 뜻을 갖는 접두사 '수-'와 '숫-'은 다음과 같이 구별하여 적는다. 뒷말이 '양, 염소, 쥐'일 때에는 '숫-'을 적고, 그 밖에는 '수-'로 적는다.

〈표준〉 제7항 수컷을 이르는 접두사는 '수 -'로 통일한다.

　　수 - 꿩　　　수 - 나사　　　수 - 놈　　　수 - 사돈

　　수 - 소　　　수 - 은행나무

　　다만 2. 다음 단어의 접두사는 '숫 -'으로 한다.

　　숫 - 양　　　숫 - 염소　　　숫 - 쥐

그리고 '수-'가 결합하는 말 가운데 격음(激音, 거센소리)로 나는 말은 거센소리를 인정하여 발음대로 표기한다.

〈표준〉 제7항

　　다만 1. 다음 단어에서는 접두사 다음에서 나는 거센소리를 인정한다. 접두사 '암 -'이 결합되는 경우에도 이에 준한다.(ㄱ을 표준어로 삼고, ㄴ을 버림.)

ㄱ	ㄴ
수 – 캉아지	숫-강아지
수 – 캐	숫-개
수 – 컷	숫-것
수 – 키와	숫-기와
수 – 탉	숫-닭
수 – 탕나귀	숫-당나귀
수 – 톨쩌귀	숫-돌쩌귀
수 – 돼지	숫-돼지
수 – 평아리	숫-병아리

용언의 어간이나 명사에 접미사가 붙어서 된 파생어는 각 구성 요소의 원형을 밝혀 적는 것이 원칙이다. 다만 파생어의 뜻이 본뜻에서 멀어지거나, 생산성이 낮은 접미사가 결합할 때에는 대체로 원형을 밝혀 적지 않는다.

〈맞춤〉 제19항

어간에 '– 이'나 '– 음/– ㅁ'이 붙어서 명사로 된 것과 '– 이'나 '– 히'가 붙어서 부사로 된 것은 그 어간의 원형을 밝히어 적는다. 다만, 어간에 '– 이'나 '– 음'이 붙어서 명사로 바뀐 것이라도 그 어간의 뜻과 멀어진 것은 원형을 밝히어 적지 아니한다.

굽도리   다리[髢]   목거리(목병)

무녀리   코끼리   거름(비료)

고름[膿]   노름(도박)

[붙임] 어간에 '– 이'나 '– 음' 이외의 모음으로 시작된 접미사

가 붙어서 다른 품사로 바뀐 것은 그 어간의 원형을 밝
히어 적지 아니한다.

(1) 명사로 바뀐 것

귀머거리	까마귀	너머	뜨더귀	마감
마개	마중	무덤	비렁뱅이	쓰레기
올가미	주검			

(2) 부사로 바뀐 것

거뭇거뭇	너무	도로	뜨덤뜨덤	바투
불긋불긋	비로소	오긋오긋	자주	차마

(3) 조사로 바뀌어 뜻이 달라진 것

나마	부터	조차

〈맞춤〉 제20항

명사 뒤에 '- 이'가 붙어서 된 말은 그 명사의 원형을 밝히어 적
는다.

[붙임] '- 이' 이외의 모음으로 시작된 접미사가 붙어서 된 말은
그 명사의 원형을 밝히어 적지 아니한다.

꼬락서니	끄트머리	모가치	바가지
바깥	사타구니	싸라기	이파리
지붕	지푸라기	짜개	

〈맞춤〉 제21항

명사나 혹은 용언의 어간 뒤에 자음으로 시작된 접미사가 붙어
서 된 말은 그 명사나 어간의 원형을 밝히어 적는다.

다만, 다음과 같은 말은 소리대로 적는다.

(1) 겹받침의 끝소리가 드러나지 아니하는 것

할짝거리다	널따랗다	널찍하다	말끔하다
말쑥하다	말짱하다	실쭉하다	실큼하다
얄따랗다	얄팍하다	짤따랗다	짤막하다
실컷			

(2) 어원이 분명하지 아니하거나 본뜻에서 멀어진 것

| 넙치 | 올무 | 골막하다 | 납작하다 |

〈맞춤〉제22항

용언의 어간에 다음과 같은 접미사들이 붙어서 이루어진 말들은 그 어간을 밝히어 적는다.

1. '- 기 -, - 리 -, - 이 -, - 히 -, - 구 -, - 우 -, - 추 -, - 으키 -, - 이키 -, - 애 -'가 붙는 것

다만, '- 이 -, - 히 -, - 우 -'가 붙어서 된 말이라도 본뜻에서 멀어진 것은 소리대로 적는다.

도리다(칼로 ~)	드리다(용돈을 ~)	고치다
바치다(세금을 ~)	부치다(편지를 ~)	거두다
미루다	이루다	

2. '- 치 -, - 뜨리 -, - 트리 -'가 붙는 것

[붙임] '- 업-, - 읍 -, - 브 -'가 붙어서 된 말은 소리대로 적는다.

| 미덥다 | 우습다 | 미쁘다 |

한편 접미사에 결합하는 것이 어근(불규칙적 어근)일 때에는 '-하다, -거리다'가 붙을 수 있는 어근인지 아닌지에 따라 서로 다르게 적

는다. 곧 '-하다, -거리다'가 붙을 수 있는 어근일 때에는 원형을 밝혀 적고 그렇지 않을 때에는 원형을 밝혀 적지 않는다. 그리고 부사에 '-이'가 붙어서 다시 부사가 될 때에도 원형을 밝혀 적는다.

〈맞춤〉 제23항

'-하다'나 '-거리다'가 붙는 어근에 '-이'가 붙어서 명사가 된 것은 그 원형을 밝히어 적는다.(ㄱ을 취하고, ㄴ을 버림.)

ㄱ	ㄴ	ㄱ	ㄴ
깔쭉이	깔쭈기	살살이	살사리
꿀꿀이	꿀꾸리	쌕쌕이	쌕째기
눈깜짝이	눈깜짜기	오뚝이	오뚜기
더펄이	더퍼리	코납작이	코납자기
배불뚝이	배불뚜기	푸석이	푸서기
삐죽이	삐주기	홀쭉이	홀쭈기

[붙임] '-하다'나 '-거리다'가 붙을 수 없는 어근에 '-이'나 또는 다른 모음으로 시작되는 접미사가 붙어서 명사가 된 것은 그 원형을 밝히어 적지 아니한다.

개구리	귀뚜라미	기러기	깍두기	꽹과리
날라리	누더기	동그라미	두드러기	딱따구리
매미	부스러기	뻐꾸기	얼루기	칼싹두기

〈맞춤〉 제24항

'-거리다'가 붙을 수 있는 시늉말 어근에 '-이다'가 붙어서 된 용언은 그 어근을 밝히어 적는다.(ㄱ을 취하고, ㄴ을 버림.)

ㄱ	ㄴ	ㄱ	ㄴ
깜짝이다	깜짜기다	속삭이다	속사기다
꾸벅이다	꾸버기다	숙덕이다	숙더기다
끄덕이다	끄더기다	울먹이다	울머기다
뒤척이다	뒤처기다	움직이다	움지기다
들먹이다	들머기다	지껄이다	지꺼리다
망설이다	망서리다	퍼덕이다	퍼더기다
번득이다	번드기다	허덕이다	허더기다
번쩍이다	번쩌기다	헐떡이다	헐떠기다

〈맞춤〉 제25항

'-하다'가 붙는 어근에 '-히'나 '-이'가 붙어서 부사가 되거나,
부사에 '-이'가 붙어서 뜻을 더하는 경우에는 그 어근이나 부사
의 원형을 밝히어 적는다.

1. '-하다'가 붙는 어근에 '-히'나 '-이'가 붙는 경우

급히   꾸준히   도저히   딱히   어렴풋이   깨끗이

[붙임] '-하다'가 붙지 않는 경우에는 소리대로 적는다.

갑자기   반드시(꼭)   슬며시

2. 부사에 '-이'가 붙어서 역시 부사가 되는 경우

곰곰이   더욱이   생긋이   오뚝이   일찍이   해죽이

다만 '반듯'의 경우에는 '-하다'와 결합할 수 있지만 '틀림없이, 꼭'
의 뜻을 가질 때에는 본뜻에서 멀어진 것으로 보아서 원형을 밝혀 적
지 않는다.[2] 그러나 '반듯하게'의 뜻을 가질 때에는 원형을 밝혀 적는
다. 이에 따라 '반드시'와 '반듯이'는 모두 규정에 맞는 표기이되 뜻에

따라 구별되어 쓰인다.

(2) ㄱ. 비틀거리지 말고 <u>반듯이</u> 걸어라.

    ㄴ. 말과 행동은 <u>반드시</u> 일치해야 한다.

부사를 만드는 접미사 '-이'와 '-히'는 다음과 같이 소리에 따라 구별하여 적는다.

〈맞춤〉제51항

    부사의 끝음절이 분명히 '이'로만 나는 것은 '- 이'로 적고, '히'로만 나거나 '이'나 '히'로 나는 것은 '- 히'로 적는다.

    1. '이'로만 나는 것

가붓이	깨끗이	나붓이	느긋이	둥긋이	따뜻이
반듯이	버젓이	산뜻이	의젓이	가까이	고이
날카로이	대수로이	번거로이	많이	적이	헛되이
겹겹이	번번이	일일이	집집이	틈틈이	

    2. '히'로만 나는 것

극히	급히	딱히	속히	작히
족히	특히	엄격히	정확히	

    3. '이, 히'로 나는 것

솔직히	가만히	간편히	나른히	무단히
각별히	소홀히	쓸쓸히	정결히	과감히

---

2) 『표준국어대사전』에는 '어떤 일이 틀림없이 그러하다'의 뜻을 갖는 형용사 '반듯하다'가 표제어로 올라 있다. 이에 따르면 '반듯이'와 '반드시'는 '-하다'와의 결합 가능성에 따라서 서로 다르게 표기된 것으로 보기 어렵다.

꼼꼼히	심히	열심히	급급히	답답히
섭섭히	공평히	능히	당당히	분명히
상당히	조용히	간소히	고요히	도저히

'열, 율'과 '렬, 률'은 다음과 같이 선행어의 끝음절에 따라 구별하여 적는다. 곧 선행어가 모음이나 'ㄴ' 받침으로 끝날 때에는 '열, 율'로 적고, 그 밖에는 '렬, 률'로 적는다.

〈맞춤〉 제11항

다만, 모음이나 'ㄴ' 받침 뒤에 이어지는 '렬, 률'은 '열, 율'로 적는다.(ㄱ을 취하고, ㄴ을 버림.)

ㄱ	ㄴ	ㄱ	ㄴ
나열(羅列)	나렬	분열(分裂)	분렬
치열(齒列)	치렬	선열(先烈)	선렬
비열(卑劣)	비렬	진열(陳列)	진렬
규율(規律)	규률	선율(旋律)	선률
비율(比率)	비률	전율(戰慄)	전률
실패율(失敗率)	실패률	백분율(百分率)	백분률

'-장이'와 '-쟁이'는 뜻에 따라 구별하여 적는다. 곧 '기술자'를 뜻할 때에는 '-장이'로 적고, 그 밖에는 '-쟁이'로 적는다.

〈표준〉 제9항

[붙임 2] 기술자에게는 '-장이', 그 외에는 '-쟁이'가 붙는 형태를 표준어로 삼는다.

미장이   유기장이   멋쟁이   소금쟁이   담쟁이 – 덩굴
골목쟁이   발목쟁이

연습

1 다음 각 문장의 { }에 제시한 것 가운데에서 어문 규정에 맞는 것을 골라 ○표 하시오.

1) {떠난 님, 떠난 임} 그리워 눈물짓는다.

2) 그는 대학에서 {열력학, 열역학}을 공부한다.

3) 이번 시험의 {합격률, 합격율}이 매우 낮다.

4) {전셋집, 전세집}과 {전셋방, 전세방}은 어떻게 다를까?

5) 물이 얼면 얼음이 {되고, 돼고} 얼음이 녹으면 물이 {되요, 돼요}.

6) 수입이 {일정지, 일정치} 않아서 살림이 {넉넉지, 넉넉치} 않다.

7) {수소, 숫소}가 암소보다 싸게 팔렸다.

8) {곰곰이, 곰곰히} 생각해 보니 계산을 잘못했다.

9) {수확량, 수확양}, {구름량, 구름양}, {소식란, 소식난}, {가십란, 가십난} 가운데 어떤 것이 맞지?

10) 생일 {케잌, 케익, 케이크}에 {로켓, 로켙, 로켙, 로케트} 모양의 장식이 있었다.

2 다음 각 어절의 표준 발음을 [ ] 안에 쓰시오.

1) 꽃을[   ] 두 송이 샀다.
2) '지읒'은[   ] 한글 자음 'ㅈ'의 이름이다.
3) 어제 입대하는 친구의 송별연[   ]이 있었다.
4) 날도 밝고[   ] 물도 맑다[   ].
5) 이것은 콩이고 이것은 팥이다[   ].
6) 각막염[   ]은 각막에 생기는 염증을 말한다.
7) 아침에 설익은[   ] 밥을 먹었더니 속이 더부룩하다.

부 록

[부록1] 관형사 목록

* 이 목록은 『표준국어대사전』(국립국어연구원, 1999)에 등재된 것 가운데에
  서 옛말, 방언, 북한어, '-적' 파생어, 그리고 수 관형사 가운데 대응하는 수사
  가 있는 '한, 두, 세, …' 등을 제외한 것이다.

각(各)
낱낱의 ¶{각} 가정

갖은
골고루 다 갖춘, 또는 여러 가지의 ¶
{갖은} 양념을 넣어 만든 음식

고
① '그'를 낮잡아 이르거나 귀엽게
  이르는 말 ¶{고} 녀석 참 귀엽게
  생겼구나.
② 확실하지 않은 것에 대하여 범위
  를 줄여 이르는 말 ¶어머니가 다
  녀간 지 {고} 몇 분 후에 막내가 들
  어왔다.

고(故)
(죽은 사람의 성명 앞에 쓰여) 이미
세상을 떠난 ¶{고} ○○○선생의 유
해

고까짓
겨우 고만한 정도의 ¶겨우 {고까짓}
일로 화를 내야 하겠니?

고깟
'고까짓'의 준말 ¶{고깟} 것

고런
상태, 모양, 성질 따위가 고러한 ¶그
러니까 {고런} 말에 속으면 안 돼.

고따위
(낮잡는 뜻으로) 고러한 부류의 ¶
{고따위} 말만 하려거든 내 눈앞에
나타나지 마라.

고런조런
고러하고 조러한 ¶{고런조런} 일까
지 신경 쓸 필요는 없다.

고만

상태, 모양, 성질 따위의 정도가 고만
한¶{고만} 높이면 나도 뛸 수 있다.

고얀

성미나 언행이 도리에 벗어나는¶{천
하에 {고얀} 놈!

구(舊)

지난날의, 지금은 없는¶{구} 시민 회
관

귀(貴)

(일부 한자어 명사 앞에 쓰여) 상대
편이나 그 소속체를 높이는 뜻을 나
타내는 말¶{귀} 신문사의 무궁한 발
전을 기원합니다.

그

① 듣는 이에게 가까이 있거나 듣는
이가 생각하고 있는 대상을 가리
킬 때 쓰는 말¶{그} 책 이리 좀 줘
봐.
② 앞에서 이미 이야기한 대상을 가
리킬 때 쓰는 말¶{그} 이야기의
전말은 다음과 같다.

그까짓

겨우 그만한 정도의¶{그까짓} 일로
사내자식이 울다니.

그깟

'그까짓'의 준말¶{그깟} 비행기 표
한 장 때문에 이러는구나 싶어 기수
는 다음 기회로 미루자며 거절했다.

그따위

(낮잡는 뜻으로)그러한 부류의¶{그
따위} 말버릇을 어디서 배웠니?

그딴

'그따위'를 구어적으로 이르는 말
¶{그딴} 소리는 더 이상 듣기 싫다.

그런

상태, 모양, 성질 따위가 그러한
¶{그런} 슬픈 이야기는 그만 하자.

그런저런

그러하고 저러한¶{그런저런} 얘기
끝에 여행을 가자는 말이 나왔다.

그만

상태, 모양, 성질 따위의 정도가 그만
한¶{그만} 일에 눈물을 흘리다니.

근(近)

(수량을 나타내는 말 앞에 쓰여) 그
수량에 거의 가까움을 나타내는 말
¶{근} 열흘 동안 계속 내린 촉촉한

단비를 맞고….

긴긴
길고 긴 ¶{긴긴} 세월

까짓
별것 아닌, 또는 하찮은 ¶{까짓} 고생
쯤 문제가 아닙니다.

네까짓
'겨우 너만 한 정도의'라는 뜻으로,
상대편을 낮잡아 이를 때 쓰는 말 ¶
{네까짓} 게 나를 건드려?

네깐
'네깟'을 구어적으로 이르는 말

네깟
'네까짓'의 준말

넨장맞을
네 난장(亂杖)을 맞을 만하다는 뜻
으로, 못마땅할 때 욕으로 하는 말 ¶
{넨장맞을} 놈.

넨장칠
네 난장(亂杖)을 칠 만하다는 뜻으
로, 못마땅할 때 욕으로 하는 말 ¶저
런 {넨장칠} 놈 같으니라고!

다른
당장 문제되거나 해당되는 것 이외
의 ¶우리에게는 단 한 가지 길만 허
용되고 {다른} 길은 용납되지 않아.

단(單)
오직 그것뿐임을 나타내는 말 ¶광호
는 흥부에 {단} 한 발의 총탄을 맞아
절명한 것이었다.

당(當)
① '그', '바로 그', '이', '지금의'의 뜻
을 나타내는 말 ¶{당} 열차는 30
초 후에 출발하겠습니다.
② 당시의 나이를 나타내는 말 ¶
{당}42세

대모한
대체의 줄거리가 되는 중요한 ¶이제
삼 층도 {대모한} 것은 거의 끝이 났
으니 잔손질만 하면 그만입니다.

동(同)
(한자어 명사 앞에 쓰여) 앞에서 말
한 것과 같은 ¶1986년 ○○섬유 회
사에 입사, {동} 회사에서 3년간 근무
했음.

딴

아무런 관계가 없이 다른 ¶그는 {딴} 사람 생각은 조금도 안 한다.

떡을할
못마땅할 때 내뱉거나 아무 생각이 없이 하는 말 ¶이런 {떡을할} 놈.

만(滿)
날, 주, 달, 해 따위의 일정하게 정해진 기간이 꽉 참을 이르는 말 ¶{만} 나이로는 십오 세이다.

매(每)
하나하나의 모든, 또는 각각의 ¶우리 가족은 {매} 경기마다 빠지지 않고 응원하였다.

맨
더 할 수 없을 정도나 경지에 있음을 나타내는 말 ¶그녀는 {맨} 구석 자리에 조심스럽게 앉아 있었다.

먼먼
멀고 먼 ¶{먼먼} 옛날

몇
① 뒤에 오는 말과 관련된, 그리 많지 않은 얼마만큼의 수를 막연하게 이르는 말 ¶친구 {몇} 명이 함께 어울려 지낸다.
② (의문문에 쓰여) 뒤에 오는 말과 관련된 수를 물을 때 쓰는 말 ¶오늘 집에 {몇} 사람이 찾아올까?

몇몇
'몇'을 강조하여 이르는 말 ¶그 물건은 {몇몇} 재래시장에서만 구할 수 있다.

모(某)
'아무', '어떤'의 뜻을 나타내는 말. 명확하지 않거나 또는 구체적으로 밝힐 필요가 없는 대상 앞에 쓴다. ¶{모} 소식통에 의하면 우리 연대는 훈련을 위해 이틀 안으로 {모} 지역으로 이동해야 할 것 같다.

모모(某某)
=아무아무 ¶그는 {모모} 기업체를 들먹이며 그 관련자들을 잘 알고 있다고 했다.

모든
빠짐이나 남김없이 전부의 ¶{모든} 국민은 법 앞에 평등하다.

모모한(某某)
아무아무라고 손꼽을 만한, 또는 그

만큼 저명한 ¶운삼은 알 만한 사람이면 다 아는 소리꾼이었고 장안의 {모모한} 기생집과는 밀접한 줄이 있었다.

몹쓸

악독하고 고약한 ¶나는 술이 취해 아이에게 {몹쓸} 소리를 마구 해대고 말았다.

무슨

① 무엇인지 모르는 일이나 대상, 물건 따위를 물을 때 쓰는 말 ¶{무슨} 일 있었니?

② 사물을 특별히 정하여 지목하지 않고 이를 때 쓰는 말 ¶그는 {무슨} 일이든 척척 해냈다.

③ 예상 밖의 못마땅한 일을 강조할 때 쓰는 말 ¶지금 {무슨} 말씀을 하고 계시는 겁니까?

④ 반의적인 뜻을 강조하는 말 ¶소화력이 없는 밥주머니에게 음식이 {무슨} 소용이겠습니까?

뭇

수효가 매우 많은 ¶인기척 때문인지 풍성한 산속의 열매 탓인지 모습을 드러내지 않은 {뭇} 새들의 지저귐은 요란하고 수다스러웠다.

바른

=오른

별(別)

보통과 다르게 두드러지거나 특별한 ¶사건을 해결하기 위해 논의해 보았지만 {별} 뾰족한 수가 보이지 않았다.

별별(別別)

=별의별 ¶일을 하다 보면 {별별} 일을 다 겪게 마련이다.

별의별(別의別)

보통과 다른 갖가지의 ¶여란은 박승재의 그 이상한 눈빛 때문에 {별의별} 생각이 다 들어 늦도록 잠을 이루지 못했다.

본(本)

어떤 대상이 말하는 이와 직접 관련되어 있음을 나타내는 말 ¶{본} 협회

빌어먹을

일이 뜻대로 되지 아니하여 속이 상하거나 분개할 때 욕으로 하는 말 ¶세상에 그런 {빌어먹을} 규칙이 어디 있단 말이냐?

새

① 이미 있던 것이 아니라 처음 마련하거나 다시 생겨난 ¶{새} 기분으로 일을 시작하다.

② 사용하거나 구입한 지 얼마 되지 아니한 ¶{새} 옷을 꺼내 입다.

성(聖)

성인으로 추앙받는 사람의 이름 앞에 쓰는 말 ¶{성} 베드로

수(數)

'몇', '여러', '약간'의 뜻을 나타내는 말. ¶화약 창고 폭발 사건의 피해가 {수} 킬로미터에 달했다.

순(純)

다른 것이 섞이지 아니하여 순수하고 온전한 ¶{순} 우리말

아무

① 어떤 사람이나 사물 따위를 특별히 정하지 않고 이를 때 쓰는 말 ¶{아무} 연필이라도 빨리 가져오너라.

② =아무런(주로 뒤에 오는 '않다', '없다', '못하다' 따위의 부정적인 말과 함께 쓰여) ¶장죽이 두드려대는 놋쇠 재떨이 소리가 이따금 들려올 뿐, 저녁상이 들 때까지 사랑에서는 {아무} 기척이 없다.

아무런

(주로 뒤에 오는 '않다', '없다', '못하다' 따위의 부정적인 말과 함께 쓰여) '전혀 어떠한'의 뜻을 나타내는 말 ¶차가 명동 입구에 도착할 때까지 우리는 {아무런} 말도 나누지 않았다.

아무아무

어떤 사물을 한정하지 않고 이를 때 쓰는 말 ¶종례 시간에 선생님께서 {아무아무} 날부터 하복을 입게 된다고 말씀하셨다.

애먼

일의 결과가 다른 데로 돌아가 억울하게 느껴지는 ¶정작 죄진 놈들은 도망친 다음이라 {애먼} 사람들이 얻어맞고 나동그라졌다.

약(約)

(수량을 나타내는 말 앞에 쓰여) '대강', '대략'의 뜻으로, 그 수량에 가까운 정도임을 나타내는 말 ¶두 사람은 {약} 두 시간 동안 이야기를 나누었다.

양(兩)

'둘' 또는 '두 쪽 모두'의 뜻을 나타내는 말 ¶문오는 {양} 무릎 안에 얼굴을 파묻고 아이처럼 엉엉 울었다.

양대(兩大)

두 기둥을 삼을 만큼 큰 두 가지를 이를 때 쓰는 말 ¶미국과 소련 {양대} 강국의 대립은 군비 경쟁을 불러일으켰다.

어느

① 여럿 가운데 대상이 되는 것이 무엇인지 물을 때 쓰는 말 ¶{어느} 것이 맞는 답입니까?
② 여럿 가운데 똑똑히 모르거나 꼭 집어 말할 필요가 없는 막연한 사람이나 사물을 이를 때 쓰는 말 ¶은주는 어머니를 모시고 밑으로 어린 두 동생을 거느리고 {어느} 관청에 사무원으로 나가고 있었다.
③ '정도'나 '만큼' 따위의 명사 앞에 쓰여 정도나 수량을 묻거나 또는 어떤 정도나 얼마만큼의 수량을 막연하게 이를 때 쓰는 말 ¶낭떠러지가 {어느} 만큼 가파르더냐?
④ (뒤에 오는 명사에 '나/이나', '든(지)/이든(지)', '라도' 따위의 조사가 붙어) 관련되는 대상이 특별히 제한되지 않음을 이를 때 쓰는 말 ¶건강한 몸에 용기까지 지니고 있는 하대치는 {어느} 모로 보나 소중하고도 충직한 부하였다.

어떤

① 의문문에 쓰여 사람이나 사물의 특성, 내용, 상태, 성격이 무엇인지 물을 때 쓰는 말 ¶이런 견해에 대해 선생님 자신은 {어떤} 생각을 가지고 있나요?
② 의문문에 쓰여 주어진 여러 사물 중 대상으로 삼는 것이 무엇인지 물을 때 쓰는 말 ¶하나서부터 열까지 중에 너는 {어떤} 숫자를 좋아하고 있니?
③ 대상을 뚜렷이 밝히지 아니하고 이를 때 쓰는 말 ¶두 사람은 현관을 지나 {어떤} 방문 앞에 이르렀다.
④ 관련되는 대상이 특별히 제한되지 아니할 때 쓰는 말 ¶{어떤} 방법으로든 덮어놓고 그녀를 웃기고만 싶었다.

어인

'어찌 된'을 예스럽게 이르는 말 ¶{어인} 셈인지 땅바닥에 나동그라진 것은 외팔이였다.

여남은

열이 조금 넘는 수의 ¶과자와 잡화를 파는 일본인 상점 앞에 열 살 안팎의 아이들이 {여남은} 명 웅성거리고 있었다.

여느

그 밖의 예사로운, 또는 다른 보통의 ¶본부 사무실 안에는 일과 시간이 훨씬 지나고 있는데도 {여느} 날과 달리 방마다 불빛이 환히 밝혀져 있었다.

여러

수효가 한둘이 아니고 많은 ¶윤애가 사는 집은 {여러} 가구가 세 들어 살고 있는 것으로 보이는 낡은 재래식 가옥이었다.

염병할(染病)

'염병을 앓을'이라는 뜻으로, 매우 못마땅할 때 욕으로 하는 말 ¶이 {염병할} 무더위 때문에 까딱하기도 싫다는 얼굴이었다.

연(延)

(일부 수사나 명사 앞에 쓰여) '연인원(延人員)', '연일수(延日數)' 따위의 뜻을 나타내는 말 ¶{연} 10만 명이 동원되다.

옛

지나간 때의 ¶낮에 받은 자극으로 그날 밤늦도록 {옛} 기억들을 더듬던 그는 마침내 오래 잊고 있었던 사리원을 찾아냈다.

오랜

이미 지난 동안이 긴 ¶이 섬의 {오랜} 질서에 젖어 버릇이 되어 온 사람들의 눈에는 그렇게밖에 보이지 않는 것을 탓할 수가 없는 일이었다.

오른

오른쪽을 이를 때 쓰는 말 ¶{오른} 다리

오만(五萬)

매우 종류가 많은 여러 가지를 이르는 말 ¶엄마는 말만 그렇게 모질게 했을 뿐 아니라 나를 바라보는 눈길도 {오만} 정이 다 떨어진 것처럼 뜨악하고 냉랭했다.

온

전부의, 또는 모두의 ¶우승을 했다

는 소식에 {온} 국민은 환호했다.

온갖
이런저런 여러 가지의 ¶그는 사람과 화려한 네온과 넘치는 차들과 소음과 {온갖} 소리와 말소리, 음악 소리에 질식해서 죽을 것만 같았다.

올
올해의 ¶개축 공사를 {올} 10월까지 완공하기로 했다.

외딴
외따로 떨어져 있는 ¶얼마를 돌아가니 사람의 그림자라곤 뵈지 않는 {외딴} 전각이 아늑하게 앞을 가로막았다.

왼
왼쪽을 이를 때 쓰는 말 ¶그 억센 오른 손아귀에 아사녀의 {왼} 손목이 붙잡히고 말았다.

요
'이'를 낮잡아 이르거나 귀엽게 이르는 말 ¶{요} 앙큼한 것이 어른들을 놀리는구나.

요까짓

겨우 요만한 정도의 ¶힘깨나 쓴다는 자네가 겨우 {요까짓} 것에 맥을 못 춘다면 말이 되는가.

요깟
'요까짓'의 준말

요따위
(낮잡는 뜻으로) 요러한 부류의 ¶{요따위} 수작을 부리다니.

요런
상태, 모양, 성질 따위가 요러한 ¶어떻게 {요런} 일이 다 있나.

요런조런
요러하고 조러한 ¶{요런조런} 일로 머리가 아프다.

요만
상태, 모양, 성질 따위의 정도가 요만한 ¶{요만} 일에 우느냐?

웬
① 어찌된 ¶{웬} 영문인지 모르다.
② 어떠한 ¶골목에서 {웬} 사내와 마주치다.

이

① 말하는 이에게 가까이 있거나 말하는 이가 생각하고 있는 대상을 가리킬 때 쓰는 말 ¶{이} 사과가 맛있게 생겼다.
② 바로 앞에서 이야기한 대상을 가리킬 때 쓰는 말 ¶노력하는 사람은 실패하지 않는다. {이} 점을 우리는 명심해야 한다.

이까짓
겨우 이만한 정도의 ¶군대 삼 년 빼고 객지에서 보낸 칠 년간의 고되고 외로운 나날에 비한다면 {이까짓} 돈은 보상이라고 할 수도 없을 것 같았습니다.

이깟
'이까짓'의 준말 ¶진다면 아침잠이 모자란 탓이지, {이깟} 술에 형세 판단을 그르치겠습니까.

이내
'나의'를 강조하여 이르는 말 ¶억울한 {이내} 사정 좀 들어 보시오.

이따위
(낮잡는 뜻으로) 이러한 부류의 ¶{이따위} 버르장머리 없는 놈들은 혼 좀 나야 한다.

이딴
'이따위'를 구어적으로 이르는 말 ¶{이딴} 일로 나를 오라 가라 했느냐?

이런
상태, 양, 성질 따위가 이러한 ¶복희 엄마는 지금 {이런} 것 저런 것 궁리하고 따져 볼 기분이 아니었다.

이런저런
이러하고 저러한 ¶어물어물하는 사이 {이런저런} 기회가 무산되고 말았다.

이만
상태, 모양, 성질 따위의 정도가 이만한 ¶내가 {이만} 일로 마음이 약해지겠니?

일대(一大)
아주 굉장한 ¶{일대} 변혁이 오다.

작(昨)
(날짜 앞에 쓰여) 그 날짜가 이미 지나갔거나 어제였음을 나타내는 말 ¶천재적 화가인 박병직 씨는 {작} 십일 밤에 … 하숙한 방에서 쓸쓸히 세상을 떠나고 말았는데 ….

장장(長長)

주로 시간이나 날짜, 거리, 분량 따위를 보이는 수량 표현 앞에 쓰여 분량이나 날짜 따위가 예상보다 상당히 긺을 나타내는 말 ¶배속 장교가 그 뒤를 받아 {장장} 한 시간의 훈시를 늘어놓았다.

저

말하는 이와 듣는 이로부터 멀리 있는 대상을 가리킬 때 쓰는 말 ¶월출 가는 길이 아랩니까, {저} 윗길입니까?

저까짓

겨우 저만한 정도의 ¶{저까짓} 조무래기들하고는 상대가 안 된다.

저깟

'저까짓'의 준말 ¶{저깟} 것들 때문에 물러나야 하다니.

저딴

'저따위'를 구어적으로 이르는 말 ¶{저딴} 책은 뭐하러 샀니?

저따위

(낮잡는 뜻으로) 저러한 부류의 ¶{저따위} 녀석은 내쫓아 버려.

저런

상태, 모양, 성질 따위가 저러한 ¶난 {저런} 사람이 좋아.

저만

상태, 모양, 성질 따위의 정도가 저만한. 또는 저 정도의 ¶{저만} 일은 나도 하겠다.

전(全)

(한자어 명사 앞에 쓰여) '모든' 또는 '전체'의 뜻을 나타내는 말 ¶{전} 20권으로 된 할아버지의 문집이 남아 있다.

전(前)

① (직함이나 자격을 뜻하는 명사 앞에 쓰여) 이전의 경력을 나타내는 말 ¶{전} 형사과장.
② (일부 명사 앞에 쓰여) '이전' 또는 '앞', '전반기' 따위의 뜻을 나타내는 말 ¶{전} 학기

전전(前前)

① 전번의 그 전번 ¶{전전} 직장.
② 앞의 앞 ¶이 자리는 이 직원의 {전전} 자리이다.

제(諸)

(한자어 명사 앞에 쓰여) '여러'의 뜻을 나타내는 말 ¶{제} 비용을 모두 대다.

제까짓
(낮잡는 뜻으로) 겨우 저따위 정도의 ¶{제까짓} 녀석이 제 여편네나 간수할 일이지, 어디라고 감히….

제깟
'제까짓'의 준말 ¶그 어른이 왜 삿갓을 쓰고 다니셨는지 {제깟} 것들이 뭘 안다고 놀림감을 삼다니…….

제미붙을
제 어미와 붙을 것이라는 뜻으로, 남을 경멸하거나 저주할 때 욕으로 하는 말 ¶속이긴 어느 {제미붙을} 놈이 속여! 그럼 네가 패를 잡으렴!

제밀할
아주 마땅찮을 때 욕으로 하는 말 ¶어떤 {제밀할} 놈이 내 욕을 하고 다녀?

젠장맞을
제기 난장(亂杖)을 맞을 것이라는 뜻으로, 뜻에 맞지 아니하여 불평스러울 때 혼자서 욕으로 하는 말 ¶저런 {젠장맞을} 놈.

젠장칠
제기 난장(亂杖)을 칠 것이라는 뜻으로, 뜻에 맞지 아니하여 불평스러울 때 혼자서 욕으로 하는 말.

조
'저'를 낮잡아 이르거나 귀엽게 이르는 말 ¶{조} 계집애가 아마 계숙이를 꾀어내는 앞잡이인가 보다.

조까짓
겨우 조만한 정도의 ¶{조까짓} 녀석이 힘을 쓰면 얼마나 쓰랴?

조깟
'조까짓'의 준말 ¶{조깟} 놈이 알면 얼마나 알겠느냐?

조따위
(낮잡는 뜻으로) 조러한 부류의 ¶{조따위} 옷을 나보고 입으라고?

조런
상태, 모양, 성질 따위가 조러한 ¶{조런} 계집애는 버르장이를 톡톡히 가르쳐 놔야 해!

조만

상태, 모양, 성질 따위의 정도가 조만
한 ¶{조만} 녀석쯤이야 문제없지.

주(主)

'주요한', '일차적인'의 뜻을 나타내
는 말 ¶{주} 고객

지지난

지난번의 바로 그 전 ¶{지지난} 봄

첫

맨 처음의 ¶{첫} 경험

총(總)

모두 합하여 몇임을 나타내는 말 ¶
신문은 {총} 16면이었는데 삼십 호
특집 때문이라고 오만준이 설명했
다.

타(他)

'다른'의 뜻을 나타내는 말 ¶본 업소
는 {타} 업소와는 다른 고기를 사용
합니다.

한다는

'한다하는'의 준말 ¶그 씨름판에는
{한다는} 선수는 다 모였다.

한다하는

수준이나 실력 따위가 상당하다고
자처하거나 그렇게 인정받는 ¶그 사
람은 서울에서도 {한다하는} 집안에
서 자랐다.

허튼

쓸데없이 헤프거나 막된 ¶학교에서
빼낸 공금을 보름 안으로 메워 놓겠
다는 엄마의 {허튼} 약속을 절대 믿
지 않았다.

헌

오래되어 성하지 아니하고 낡은 ¶그
의 몸뚱이에 비해 헐렁하기 짝이 없
는 {헌} 양복을 걸치고 양담배를 꼬
나물고 있었다.

현(現)

현재의, 또는 지금의 ¶{현} 상태를 유
지하다.

[부록2] 접사 목록

* 이 목록은 2017년 1월 현재 국립국어원 누리집(http://www.korean.go.kr) 의 『표준국어대사전』에 등재된 것 가운데에서 옛말, 방언, 북한어 등을 제외 한 것이다.

가哥
(인명의 성(姓)을 나타내는 대다수 명사 뒤에 붙어) '그 성씨 자체' 또는 '그 성씨를 가진 사람'¶김가

가家
(일부 명사 뒤에 붙어)
① '그것을 전문적으로 하는 사람' 또는 '그것을 직업으로 하는 사 람'¶교육가
② '그것에 능한 사람'¶외교가
③ '그것을 많이 가진 사람'¶자본가
④ '그 특성을 지닌 사람'¶대식가

가家
(고유 명사를 포함한 일부 명사 뒤에 붙어) '가문'¶명문가

가假
(일부 명사 앞에 붙어) '가짜, 거짓' 또는 '임시적인'¶가건물

가街
(일부 명사 또는 수사 뒤에 붙어) '거 리' 또는 '지역'¶주택가, (종로) 1가

가歌
(일부 명사 뒤에 붙어) '노래'¶이별 가

가價
① (일부 명사, 수사 뒤에 붙어) '값' ¶감정가
② (수사 뒤에 붙어) '원자가(原子 價)'¶3가 (알코올)

가량假量
(수량을 나타내는 명사 또는 명사구 뒤에 붙어) '정도'¶(한) 시간가량, 30세가량

가마리
(일부 명사 뒤에 붙어) '그 말의 대상

이 뒤는 사람' ¶걱정가마리

가시

(일부 명사 앞에 붙어) '아내' 또는
'아내의 친정' ¶가시아비

가웃

(수량을 나타내는 명사 또는 명사구
뒤에 붙어) '수량을 나타내는 표현에
사용된 단위의 절반 정도 분량' ¶말
가웃

각閣

(일부 명사 뒤에 붙어) '크고 높다랗
게 지은 집' ¶임진각

간乾

'건(乾)'의 원말

간間

① (기간을 나타내는 일부 명사 뒤에
붙어) '동안' ¶이틀간
② (몇몇 명사 뒤에 붙어) '장소' ¶대
장간

갈褐

(일부 명사 뒤에 붙어) '갈색' ¶갈고
등어

감感

(일부 명사 뒤에 붙어) '느낌' ¶책임
감

강

① (몇몇 명사 앞에 붙어) '다른 것이
섞이지 않은' ¶강된장
② (몇몇 명사 앞에 붙어) '마른' 또
는 '물기가 없는' ¶강기침
③ (몇몇 명사 앞에 붙어) '억지스러
운' ¶강울음

강强

(일부 명사 앞에 붙어) '매우 센' 또
는 '호된' ¶강타자, 강추위

개

① (일부 명사 앞에 붙어) '야생 상태
의' 또는 '질이 떨어지는' 또는 '흡
사하지만 다른' ¶개살구
② (일부 명사 앞에 붙어) '헛된', '쓸
데없는' ¶개꿈
③ (부정적 뜻을 가지는 일부 명사
앞에 붙어) '정도가 심한' ¶개고
생

개

(일부 동사 뒤에 붙어) '사람' 또는
간단한 '도구' ¶오줌싸개, 지우개

객客
(일부 명사 뒤에 붙어) '손님' 또는
'사람' ¶관람객

거리
(몇몇 명사 뒤에 붙어) '비하'의 뜻 ¶
짓거리

거리
(하루 이상의 기간을 나타내는 명사
뒤에 붙어) '주기' ¶이틀거리

거리다
(동작 또는 상태를 나타내는 일부 어
근 뒤에 붙어) '그런 상태가 잇따라
계속됨' ¶반짝거리다

건乾
① (일부 명사 앞에 붙어) '마른' 또
는 '말린' ¶건포도
② (행동을 나타내는 몇몇 명사 앞에
붙어) '겉으로만' ¶건울음
③ (몇몇 명사 앞에 붙어) '근거나 이
유 없는' ¶건강짜

겉
① (수량이나 정도를 추측하는 명사
나 동사 앞에 붙어) '겉으로만 보
아 대강' ¶겉대중, 겉잡다

② (일부 명사나 동사나 형용사 앞에
붙어) '실속과는 달리 겉으로만
그러함' ¶겉멋, 겉꾸미다, 겉약다
③ (일부 동사 앞에 붙어) '어울리거
나 섞이지 않고 따로' ¶겉돌다
④ (낟알이나 과일을 나타내는 명사
앞에 붙어) '껍질을 벗기지 않은
채로 그냥' ¶겉보리

결
(일부 명사 뒤에 붙어) '지나가는 사
이', '도중' ¶꿈결

겹
'면이나 선 따위가 포개져 있는' 또는
'비슷한 사물이나 일이 거듭된' ¶겹
주머니.

경頃
① (시간이나 날짜 따위를 나타내는
대다수 명사 또는 명사구 뒤에 붙
어) '그 시간 또는 날짜에 가까운
때' ¶(오전) 9시경
② (일부 특정한 절차를 나타내는 한
자 구성 뒤에 붙어) '그 일에 걸
리는 정도의 시간' ¶일식경(一食
頃)

경輕

① (일부 명사 앞에 붙어) '가벼운'¶
경음악

② (몇몇 명사 앞에 붙어) '간단한'¶
경양식

경鏡

(일부 명사 뒤에 붙어)

① '무언가를 보기 위한 기구'¶망원
경

② '안경'¶근시경

③ '거울'¶반사경

계系

(고유 명사를 포함한 일부 명사 뒤에
붙어) '계통'¶중국계

계屆

(일부 명사 뒤에 붙어) '문서'¶결석
계

계係

(몇몇 명사 뒤에 붙어) '사무나 작업
분담의 단위'¶인사계

계界

① (일부 명사 뒤에 붙어) '분야' 또
는 '범위'¶교육계

② (행정 구역을 나타내는 몇몇 명사
뒤에 붙어) '경계'¶도계

③ (일부 명사 뒤에 붙어) '세계'¶물
질계

계計

(일부 명사 뒤에 붙어) '그것의 정도
를 재는 기구'¶온도계

고古

(일부 명사 앞에 붙어) '오래된' 또는
'낡은'¶고가구

고高

(일부 명사 앞에 붙어) '높은' 또는
'훌륭한'¶고품질

고高

(일부 명사 뒤에 붙어) '양' 또는 '액
수'¶판매고

곡曲

'어떤 종류의 노래나 악곡'¶교향곡

공工

(일부 명사 뒤에 붙어) '기술직 노동
자'¶용접공

공公

(고유 명사를 포함하는 일부 명사 뒤
에 붙어) '높임'¶충무공

공空

① (일부 명사 앞에 붙어) '힘이나 돈이 들지 않은'¶공술

② (일부 명사 앞에 붙어) '빈' 또는 '효과가 없는'¶공수표

③ (몇몇 동사 앞에 붙어) '쓸모없이'¶공치다

곶串

(일부 고유 명사 뒤에 붙어) '바다로 뻗어 나온 모양을 한 곳'¶장산곶

과過

① (일부 명사 앞에 붙어) '지나친'¶과보호

② (산성 화합물을 나타내는 몇몇 명사 앞에 붙어) '산소가 과다하게 결합한'¶과망간산

과課

(일부 명사 뒤에 붙어) '업무 부서'¶인사과

관官

(일부 명사 뒤에 붙어) '공적인 직책을 맡은 사람'¶감독관

관館

(일부 명사 뒤에 붙어) '건물' 또는 '기관'¶대사관

관觀

(일부 명사 뒤에 붙어) '관점' 또는 '견해'¶가치관

광狂

(일부 명사 뒤에 붙어) '열광적으로 정신을 쏟는 사람'¶독서광

광鑛

(일부 명사 뒤에 붙어) '광석이나 광산'¶금광

구

(몇몇 동사 어간 뒤에 붙어) '사동'¶솟구다

구口

(일부 명사 뒤에 붙어)

① '구멍' 또는 '구멍이 나 있는 장소'¶하수구

② '출입구'¶비상구

③ '창구'¶매표구

구具

(일부 명사 뒤에 붙어) '용구' 또는 '도구'¶필기구

구舊

(일부 명사 앞에 붙어) '묵은' 또는 '낡은' ¶구세대

국局

(일부 명사 뒤에 붙어) '업무 부서' ¶사무국

국國

(일부 명사 뒤에 붙어) '나라' ¶중립국

군

(일부 명사 앞에 붙어)

① '쓸데없는' ¶군것

② '가외로 더한' ¶군사람

군群

(일부 명사 뒤에 붙어) '무리', '떼' ¶식물군

권券

① (일부 명사 뒤에 붙어) '자격이나 권리를 증명하는 표(票)' ¶관람권

② (액수를 나타내는 명사 뒤에 붙어) '지폐' ¶(천) 원권

권圈

(일부 명사 뒤에 붙어) '범위' 또는 '그 범위에 속하는 지역' ¶고기압권

권權

(일부 명사 뒤에 붙어) '권리'나 '자격' ¶사법권

귀貴

(일부 명사 앞에 붙어) '존귀한'이나 '희귀한' 또는 '값비싼' ¶귀공자

극極

(일부 명사 앞에 붙어) '더할 나위 없는' 또는 '정도가 심한' ¶극존칭

금金

(일부 명사 뒤에 붙어) '돈' ¶계약금

급急

(일부 명사 앞에 붙어)

① '갑작스러운' ¶급가속

② '매우 급한' 또는 '매우 심한' ¶급경사

급級

(일부 명사 뒤에 붙어) '그에 준하는' ¶국보급

기

① (일부 동사 어간 뒤에 붙어) '피동'¶안기다

② (일부 동사 어간 뒤에 붙어) '사동'¶남기다

기

(일부 동사나 형용사 어간 뒤에 붙어) 명사를 만드는 접미사¶굵기

기氣

(일부 명사 뒤에 붙어) '기운', '느낌', '성분'¶시장기

기記

(일부 명사 뒤에 붙어) '기록'¶여행기

기期

(일부 명사 뒤에 붙어) '기간', '시기'¶방황기

기器

① (일부 명사 뒤에 붙어) '도구' 또는 '기구'¶녹음기

② (생물체의 활동을 나타내는 몇몇 명사 뒤에 붙어) '그러한 활동을 위한 기관'¶소화기

기機

(일부 명사 뒤에 붙어) '그런 기능을 하는 기계 장비'¶비행기

까짓

(일부 대명사 뒤에 붙어) '…만 한 정도의'¶이까짓

깔

(몇몇 명사 뒤에 붙어) '상태' 또는 '바탕'¶맛깔

껏

① (몇몇 명사 뒤에 붙어) '그것이 닿는 데까지'¶마음껏

② (때를 나타내는 몇몇 부사 뒤에 붙어) '그때까지 내내'¶지금껏

께

(시간이나 공간을 나타내는 일부 명사 뒤에 붙어) '그때 또는 장소에서 가까운 범위'¶(이달) 말께

꼴

(수량을 나타내는 명사구 뒤에 붙어) '그 수량만큼 해당함'¶100원꼴

꾸러기

(일부 명사 뒤에 붙어) '그것이 심하

거나 많은 사람'¶장난꾸러기

공사

꾼
(일부 명사 뒤에 붙어)
① '어떤 일을 전문적으로 하는 사람' 또는 '어떤 일을 잘하는 사람'¶나무꾼
② '어떤 일을 습관적으로 하는 사람' 또는 '어떤 일을 즐겨 하는 사람'¶낚시꾼
③ '어떤 일 때문에 모인 사람'¶구경꾼
④ '어떤 일을 하는 사람을 낮잡아'¶모사꾼
⑤ '어떤 사물이나 특성을 많이 가진 사람'¶재주꾼

끼리
(복수성을 가지는 대다수 명사 또는 명사구 뒤에 붙어) '그 부류만이 서로 함께'¶우리끼리

나다
(일부 명사나 명사성 어근 뒤에 붙어) '그런 성질이 있음을 더함'¶맛나다

난難
(일부 명사 앞에 붙어) '어려운'¶난

난難
(일부 명사 뒤에 붙어) '어려움' 또는 '모자람'¶취업난

날
(일부 명사 앞에 붙어)
① '말리거나 익히거나 가공하지 않은'¶날것
② '다른 것이 없는'¶날바늘
③ '장례를 다 치르지 않은'¶날상가
④ '지독한'¶날도둑놈
⑤ '교육을 받지 않았거나 경험이 없어 어떤 일에 서투른'¶날뜨기

남男
(일부 명사 앞에 쓰여) '남자'¶남학생

남男
(일부 명사의 뒤에 붙어) '남자'¶약혼남

낭囊
(일부 명사 뒤에 붙어) '주머니'¶구급낭

내

① (기간을 나타내는 일부 명사 뒤에
붙어) '그 기간의 처음부터 끝까
지'¶봄내
② (때를 나타내는 몇몇 명사 뒤에
붙어) '그때까지'¶마침내

내內
'안'¶내분비

내기
① (일부 명사 뒤에 붙어) '그 지역에
서 태어나고 자라서 그 지역 특성
을 지니고 있는 사람'¶서울내기
② (일부 어간이나 접두사 뒤에 붙
어) '그런 특성을 지닌 사람'¶신
출내기

냉冷
(일부 명사 앞에 붙어) '차가운'¶냉
커피

네
① (몇몇 명사 뒤에 붙어) '같은 처지
의 사람'¶동갑네
② (사람을 지칭하는 대다수 명사 뒤
에 붙어) '그 사람이 속한 무리'¶
철수네

녀女

(일부 명사의 뒤에 쓰여) '여자'¶유
부녀

년年
(일부 명사 뒤에 붙어) '해'¶안식년

노老
(일부 명사 앞에 붙어) '늙은' 또는
'나이가 많은'¶노총각

농濃
① (몇몇 명사 앞에 붙어) '진한'¶농
질산
② (빛깔을 나타내는 일부 명사 앞에
붙어) '짙은'¶농갈색
③ (몇몇 동사 앞에 붙어) '푹'¶농익
다

농農
(일부 명사 뒤에 붙어) '농사', '농민'
¶소작농

늦
① (일부 명사 앞에 붙어) '늦은'¶늦
가을
② (몇몇 동사, 형용사 앞에 붙어)
'늦게'¶늦되다

님

① (직위나 신분을 나타내는 일부 명
  사 뒤에 붙어) '높임' ¶사장님
② (사람이 아닌 일부 명사 뒤에 붙
  어) '그 대상을 인격화하여 높임'
  ¶달님
③ (옛 성인이나 신격화된 인물의 이
  름 뒤에 붙어) 그 대상을 높이고
  존경의 뜻을 더하는 접미사 ¶공
  자님

다多
(일부 명사 앞에 붙어) '여러' 또는
'많은' ¶다목적

다랗다
(일부 형용사 뒤에 붙어) '그 정도가
꽤 뚜렷함' ¶가느다랗다

단單
(일부 명사 앞에 붙어) '하나로 된'
또는 '혼자인' ¶단벌

단團
(사람을 나타내는 일부 명사 뒤에 붙
어) '단체' ¶선수단

담淡
(색을 나타내는 일부 명사 앞에 붙
어) '옅은' ¶담갈색

담談
(일부 명사 뒤에 붙어) '이야기' ¶경
험담

답다
(일부 명사 뒤에 붙어) '성질이나 특
성이 있음' ¶꽃답다

당堂
(친족 관계를 나타내는 일부 명사 앞
에 붙어) '오촌' 또는 '사촌' ¶당고모

당當
(수 또는 단위를 나타내는 대다수 명
사 또는 명사구 뒤에 붙어) '마다' ¶
마리당 (삼천 원)

당하다當
(행위를 나타내는 일부 명사 뒤에 붙
어) '피동' ¶거절당하다

닿다
'다랗다'의 준말 ¶커닿다

대大
(일부 명사 앞에 붙어) '큰, 위대한,
훌륭한, 범위가 넓은' ¶대가족

대代

(물건을 나타내는 일부 명사 뒤에 붙어) '물건 값으로 치르는 돈'¶도서대

대帶
(일부 명사 뒤에 붙어)
① '띠 모양의 공간' 또는 '일정한 범위의 부분'¶공감대
② '띠 모양의 물건'¶지혈대

대對
(고유 명사를 포함하는 대다수 명사 앞에 붙어) '그것을 상대로 한' 또는 '그것에 대항하는'¶대국민 (사과문)

대臺
(값이나 수를 나타내는 대다수 명사 또는 명사구 뒤에 붙어) '그 값 또는 수를 넘어선 대강의 범위'¶(만) 원대

대가리
(몇몇 명사 뒤에 붙어) '비하'¶맛대가리

대다
=거리다¶까불대다

댁宅
① (몇몇 명사 뒤에 붙어) '아내'¶오라버니댁
② (지명을 나타내는 대다수 명사 뒤에 붙어) '그 지역에서 시집온 여자'¶안성댁

덧
① (일부 명사 앞에 붙어) '거듭된' 또는 '겹쳐 신거나 입는'¶덧니
② (일부 동사 앞에 붙어) '거듭' 또는 '겹쳐'¶덧대다

데
(몇몇 동사 앞에 붙어) '불완전하게' 또는 '불충분하게'¶데되다

데
(형용사 앞에 붙어) '몹시', '매우'¶데거칠다

데기
(몇몇 명사 뒤에 붙어) '그와 관련된 일을 하거나 그런 성질을 가진 사람'¶부엌데기

도度
(해를 나타내는 대다수 명사 또는 명사구 뒤에 붙어) '그 해에 해당하는 기간'¶금년도

도島
(지명을 나타내는 일부 명사 뒤에 붙어) '섬' ¶거제도

도徒
(일부 명사 뒤에 붙어) '사람', '무리' ¶문학도

도都
(계급이나 직책을 나타내는 명사 앞에 붙어) '가장 높은' ¶도승지

도圖
(몇몇 명사 뒤에 붙어) '그림' 또는 '도면(圖面)' ¶설계도

도래
(몇몇 명사 앞에 붙어) '둥근' ¶도래떡

독獨
(일부 명사 앞에 붙어) '한 사람의' 또는 '혼자 사용하는' ¶독방

돌
(동식물을 나타내는 일부 명사 앞에 붙어) '품질이 떨어지는' 또는 '야생으로 자라는' ¶돌미역

동洞
(일부 명사 뒤에 붙어) '동굴' ¶석회동

되
(일부 동사 앞에 붙어)
① '도로' ¶되돌아가다
② '도리어' 또는 '반대로' ¶되잡다
③ '다시' ¶되살리다

되다
① (일부 명사 뒤에 붙어) '피동' ¶가결되다
② (몇몇 명사, 어근, 부사 뒤에 붙어) 형용사를 만드는 접미사 ¶거짓되다

둘
(암짐승을 나타내는 명사 앞에 붙어) '새끼나 알을 낳지 못하는' ¶둘암캐

둥이
(일부 명사 뒤에 붙어) '그러한 성질이 있거나 그와 긴밀한 관련이 있는 사람' ¶귀염둥이

뒤
(일부 동사 앞에 붙어)

① '몹시, 마구, 온통' ¶뒤끓다
② '반대로' 또는 '뒤집어' ¶뒤바꾸다

드
(일부 용언 앞에 붙어) '심하게' 또는 '높이' ¶드날리다

드리다
(몇몇 명사 뒤에 붙어) '공손한 행위' ¶공양드리다

들
(동식물을 나타내는 일부 명사 앞에 붙어) '야생으로 자라는' ¶들개

들
(일부 동사 앞에 붙어) '무리하게 힘을 들여', '마구', '몹시' ¶들끓다

들
(셀 수 있는 명사나 대명사 뒤에 붙어) '복수(複數)' ¶사람들

들이
(일부 동사 앞에 붙어) '몹시', '마구', '갑자기' ¶들이꽂다

들이
(수량을 나타내는 명사구 뒤에 붙어) '그만큼 담을 수 있는 용량' ¶1리터들이

등等
(일부 명사 앞에 붙어) '같은' ¶등거리

딱지
(부정적 뜻을 가지는 몇몇 명사 뒤에 붙어) '비하' ¶고물딱지

때기
(신체 부위를 나타내는 몇몇 명사 뒤에 붙어) '비하' ¶배때기

떡
(동식물을 나타내는 일부 명사 앞에 붙어) '작은', '어린' ¶떡잎

뜨기
(몇몇 명사 뒤에 붙어) '부정적 속성을 가진 사람' ¶촌뜨기

뜨리다
(몇몇 동사의 '아/어' 연결형 또는 어간 뒤에 붙어) '강조' ¶깨뜨리다

력力
(일부 명사 뒤에 붙어) '능력' 또는

'힘' ¶경제력

틸록

력曆

(일부 명사 뒤에 붙어) '달력' ¶태양
력

령令

(몇몇 명사 뒤에 붙어) '법령' 또는
'명령' ¶금지령

령領

(국명을 나타내는 대다수 명사 뒤에
붙어) '그 나라의 영토' ¶영국령

령嶺

'재나 산마루의 이름' ¶대관령

로路

① (일부 명사 뒤에 붙어) '길' 또는
 '도로' ¶교통로
② (몇몇 고유 명사 뒤에 붙어) '큰
 도로를 가운데 둔 동네' ¶세종로

로爐

(일부 명사 뒤에 붙어) '재료를 가열
해서 가공하는 곳' ¶경수로

록綠

(일부 명사 뒤에 붙어) '초록색' ¶메

록錄

(일부 명사 뒤에 붙어) '기록' 또는
'문서' ¶비망록

론論

(일부 명사 뒤에 붙어)
① '그것에 관한 학문' 또는 '학문 분
 야' ¶경제론
② '주장' 또는 '이론' ¶무신론

롭다

(모음으로 끝나는 일부 명사 뒤에 붙
어) '그러함' 또는 '그럴 만함' ¶자유
롭다

료料

(일부 명사 뒤에 붙어)
① '요금' ¶수업료
② '재료' ¶조미료

루樓

(일부 고유 명사 뒤에 붙어) '다락
집', '요릿집' ¶경회루

류流

(사람 또는 유파를 나타내는 몇몇 명
사 뒤에 붙어) '그 특성이나 독특한

경향'¶소월류(의 서정시)

류類
(일부 명사 뒤에 붙어) '부류'¶금속류

률律
('ㄴ' 받침을 제외한 받침 있는 일부 명사 뒤에 붙어) '법칙'¶도덕률

률率
('ㄴ' 받침을 제외한 받침 있는 일부 명사 뒤에 붙어) '비율'¶경쟁률

리
① (일부 동사 어간 뒤에 붙어) '사동'¶날리다
② (일부 동사 어간 뒤에 붙어) '피동'¶갈리다

리裡
(몇몇 명사 뒤에 붙어) '가운데' 또는 '속'¶성황리

림林
(일부 명사 뒤에 붙어) '숲'¶국유림

ㅁ
(받침이 없거나 'ㄹ' 받침으로 끝나는 동사, 형용사 어간 뒤에 붙어) 명사를 만드는 접미사¶꿈

ㅁ직스럽
(받침 없는 어간이나 'ㄹ' 받침으로 끝나는 동사 어간 뒤에 붙어) '그렇게 할 만한 가치가 있음'¶바람직스럽다

ㅁ직하
(받침 없는 어간이나 'ㄹ' 받침으로 끝나는 동사 어간 뒤에 붙어) '그렇게 할 만한 가치가 있음'¶바람직하다

마媽
'내시 집의 하인들이 상전을 부를 때 쓰던 말'

막
① (일부 명사 앞에 붙어) '거친', '품질이 낮은'¶막국수
② '닥치는 대로 하는'¶막말
③ (일부 동사 앞에 붙어) '주저 없이', '함부로'¶막가다

막
(일부 명사 앞에 붙어) '마지막'¶막차

막
(일부 동사나 형용사 뒤에 붙어) '그렇게 된 곳' ¶내리막

맏
① (친족 관계를 나타내는 일부 명사 앞에 붙어) '맏이' ¶맏며느리
② (몇몇 명사 앞에 붙어) '그 해에 처음 나온' ¶맏나물

말
(일부 명사 앞에 붙어) '큰' ¶말버짐

맞
① (일부 명사 앞에 붙어) '마주 대하여 하는' 또는 '서로 엇비슷한' ¶맞고함
② (일부 동사 앞에 붙어) '마주' 또는 '서로 엇비슷하게' ¶맞들다

맞다
(사람의 성격을 나타내는 일부 명사 또는 어근 뒤에 붙어) '그것을 지니고 있음' ¶궁상맞다

맞이
(일부 명사 뒤에 붙어) '어떠한 날이나 일, 사람, 사물 따위를 맞다' ¶달맞이

맡
(몇몇 명사 뒤에 붙어) '가까운 곳' ¶머리맡

매
(몇몇 명사 뒤에 붙어) '생김새' 또는 '맵시' ¶눈매

맨
(일부 명사 앞에 붙어) '다른 것이 없는' ¶맨눈

맹
(일부 명사 앞에 붙어) '아무것도 섞지 않은' ¶맹물

맹猛
(일부 명사 앞에 붙어) '정도가 매우 심한' ¶맹공격

머리
(일부 명사 뒤에 붙어) '비하' ¶싹수머리

먹
(일부 명사 앞에 붙어) '검은 빛깔' ¶먹구름

메

(곡식을 나타내는 몇몇 명사 앞에 붙어) '찰기가 없이 메진' ¶메수수

명名
(일부 명사 앞에 붙어) '이름난' 또는 '뛰어난' ¶명가수

모帽
(일부 명사 뒤에 붙어) '모자' ¶등산모

몰
① (일부 용언 앞에 붙어) '모두 한곳으로' 또는 '모두 한곳에' ¶몰몰다
② (몇몇 명사 앞에 붙어) '모두 한곳으로 몰린' ¶몰매

몰沒
(일부 명사 앞에 붙어) '그것이 전혀 없음' ¶몰염치

무無
(일부 명사 앞에 붙어) '그것이 없음' ¶무감각

문文
(일부 명사 뒤에 붙어) '글' ¶감상문

물物
(일부 명사 뒤에 붙어) '물건' 또는 '물질' ¶농산물

미未
(일부 명사 앞에 붙어) '그것이 아직 아닌' 또는 '그것이 아직 되지 않은' ¶미개척

미米
(일부 명사 뒤에 붙어) '쌀' ¶군량미

민
① (일부 명사 앞에 붙어) '꾸미거나 딸린 것이 없는' ¶민얼굴
② (일부 명사 앞에 붙어) '그것이 없음' 또는 '그것이 없는 것' ¶민꽃

민民
(일부 명사 뒤에 붙어) '사람', '백성' 또는 '민족' ¶유목민

바가지
(몇몇 명사 뒤에 붙어) '비하' ¶고생바가지

박이
① (일부 명사 뒤에 붙어) '무엇이 박혀 있는 사람이나 짐승 또는 물

건'¶점박이
② (일부 명사 또는 동사 어간 뒤에
붙어) '무엇이 박혀있는 곳 또는
한곳에 일정하게 고정되어 있음'
¶장승박이

반反
① (일부 명사 앞에 붙어) '반대되는'
¶반비례
② (고유 명사를 포함하는 대다수 명
사 앞에 붙어) '그것에 반대하는'
¶반독재

반半
(일부 명사 앞에 붙어)
① '절반 정도'¶반팔
② '거의 비슷한'¶반죽음

받다
(서술성을 가지는 몇몇 명사 뒤에 붙
어) '피동'¶강요받다

발
① (몇몇 명사 뒤에 붙어) '기세, 힘'
¶끗발
② (일부 명사 뒤에 붙어) '효과'¶약
발

발發

(지명이나 시간을 나타내는 대다수
명사 또는 명사구 뒤에 붙어) '그곳
에서 떠남 또는 그 시간에 떠남'¶대
전발 (완행열차)

밭
'바깥'¶밭다리

배輩
(몇몇 명사 뒤에 붙어) '무리를 이룬
사람'¶불량배

배기
① (어린아이의 나이를 나타내는 명
사구 뒤에 붙어) '그 나이를 먹은
아이'¶(두) 살배기
② (몇몇 명사 뒤에 붙어) '그것이 들
어있거나 차 있음'¶알배기
③ (몇몇 명사 뒤에 붙어) '그런 물
건'¶공짜배기

백白
(일부 명사 앞에 붙어) '흰'¶백구두

백白
(말하는 사람의 이름 뒤에 붙어) '말
씀 드리다'¶관리소장백

뱅이

(몇몇 명사 뒤에 붙어) '그것을 특성으로 가진 사람' ¶가난뱅이

벌
(일부 명사 앞에 붙어) '일정한 테두리를 벗어난' ¶벌모

범汎
(일부 명사 앞에 붙어) '그것을 모두 아우르는' ¶범태평양

범犯
(일부 명사 뒤에 붙어) '죄지은 사람' ¶단독범

법法
(일부 명사 뒤에 붙어) '방법' 또는 '규칙' ¶계산법

별別
(일부 명사 뒤에 붙어) '그것에 따른' ¶능력별

보
① (몇몇 명사 뒤에 붙어) '그것을 특성으로 지닌 사람' ¶꾀보
② (몇몇 동사, 형용사 어간 뒤에 붙어) '그러한 행위를 특성으로 지닌 사람' ¶먹보

③ (몇몇 어근 뒤에 붙어) '그러한 특징을 지닌 사람' ¶땅딸보

보
(몇몇 명사 뒤에 붙어) '그것이 쌓여 모인 것' ¶웃음보

보補
(관직 또는 직급을 나타내는 일부 명사 뒤에 붙어) '보좌하는 직책' ¶주사보

복複
(몇몇 명사 앞에 붙어) '단일하지 않은' 또는 '겹친' ¶복자음

복服
(일부 명사 뒤에 붙어) '옷' ¶학생복

본本
(일부 명사 앞에 붙어)
① '바탕이 되는' ¶본계약
② '애초부터 바탕이 되는' ¶본뜻

본本
(일부 명사 뒤에 붙어) '책' 또는 '판본' ¶해례본

부不

('ㄷ', 'ㅈ'으로 시작하는 명사 앞에 붙어) '아님', '아니함', '어긋남'¶부도덕

부附
① (날짜를 나타내는 명사 또는 명사구 뒤에 붙어) '그 날짜에 효력이 발생함'¶오늘부
② (일부 명사 뒤에 붙어) '그것이 딸림'¶조건부

부副
① (직위 따위를 나타내는 일부 명사 앞에 붙어) '버금가는'¶부반장
② (일부 명사 앞에 붙어) '부차적인'¶부산물

부部
(일부 명사 뒤에 붙어)
① '부분'이나 '부문(部門)'¶중심부
② '업무 부서'¶인사부

분分
① (수사 뒤에 붙어) '전체를 그 수만큼 나눈 부분'¶3분의 (1)
② (일부 명사 또는 수량, 기간을 나타내는 명사구 뒤에 붙어) '분량'¶감소분
③ (몇몇 명사 뒤에 붙어) '성분'¶당

분

분
(사람을 나타내는 일부 명사 뒤에 붙어) '높임'¶친구분

분지分之
(한자어 수사 뒤에 붙어) '몇 몫으로 나눈 가운데'¶삼분지 (일)

불
(일부 명사 앞에 붙어) '몹시 심한'¶불호령

불
(몇몇 명사 앞에 붙어) '붉은 빛깔을 가진'¶불개미

불不
(일부 명사 앞에 붙어) '아님, 아니함, 어긋남'¶불가능

붙이
(일부 명사 뒤에 붙어)
① '같은 겨레'¶살붙이
② '어떤 물건에 딸린 같은 종류'¶쇠붙이

비非

(일부 명사 앞에 붙어) '아님' ¶비공
식

비費

(일부 명사 뒤에 붙어) '비용' 또는
'돈' ¶교통비

빗

① (일부 동사 앞에 붙어) '기울어지
게' ¶빗대다
② (일부 동사 앞에 붙어) '잘못' ¶빗
나가다
③ (일부 명사 앞에 붙어) '기울어진'
¶빗금

빼기

(몇몇 명사 뒤에 붙어)
① '그런 특성이 있는 사람이나 물
건' ¶곱빼기
② '비하' ¶코빼기

뻘

(사람들 사이의 관계를 나타내는 대
다수 명사 뒤에 붙어) '그런 관계' ¶
삼촌뻘

사士

(일부 명사 뒤에 붙어) '직업' ¶변호
사

사史

(일부 명사 뒤에 붙어) '역사(歷史)'
¶문학사

사寺

(일부 명사 뒤에 붙어) '절' ¶불국사

사事

(일부 명사 뒤에 붙어) '일' ¶세상사

사社

(일부 명사 뒤에 붙어) '회사(會社)'
¶신문사

사師

(일부 명사 뒤에 붙어) '그것을 직업
으로 하는 사람' ¶도박사

사詞

(일부 명사 뒤에 붙어) '품사(品詞)'
¶감탄사

사辭

(일부 명사 뒤에 붙어) '말' ¶기념사

산産

(지역을 나타내는 말 뒤에 붙어) '거
기에서 또는 그때에 산출된 물건' ¶
한국산, 1998년산

살

(일부 명사 앞에 붙어) '온전하지 못함' ¶살얼음

살이

(일부 명사 뒤에 붙어) '어떤 일에 종사하거나 어디에 기거하여 사는 생활' ¶셋방살이

상上

(일부 명사 뒤에 붙어)
① '그것과 관계된 입장' 또는 '그것에 따름' ¶외관상
② '추상적인 공간에서의 한 위치' ¶인터넷상

상狀

(일부 명사 뒤에 붙어) '모양' 또는 '상태' ¶계단상

상商

(일부 명사 뒤에 붙어) '상인' 또는 '상점' ¶건재상

새

(어두음이 된소리나 거센소리 또는 'ㅎ'이고 첫 음절의 모음이 'ㅏ, ㅗ'인 색채를 나타내는 일부 형용사 앞에 붙어) '매우 짙고 선명하게' ¶새까맣다

새

(일부 명사 또는 용언의 명사형 뒤에 붙어) '모양', '상태', '정도' ¶걸음새

샛

(어두음이 울림소리이고 첫 음절의 모음이 'ㅏ, ㅗ'인 색채를 나타내는 일부 형용사 앞에 붙어) '매우 짙고 선명하게' ¶샛노랗다

생生

① (음식물을 나타내는 일부 명사 앞에 붙어) '익지 아니한' ¶생김치
② (몇몇 명사 앞에 붙어) '물기가 아직 마르지 아니한' ¶생가지
③ (몇몇 명사 앞에 붙어) '가공하지 아니한' ¶생가죽
④ (몇몇 명사 앞에 붙어) '직접적인 혈연관계인' ¶생부모
⑤ (일부 명사 앞에 붙어) '억지스러운' 또는 '공연한' ¶생고생
⑥ (몇몇 명사 앞에 붙어) '지독한' 또는 '혹독한' ¶생지옥
⑦ (고기를 나타내는 일부 명사 앞에 붙어) '얼리지 아니한' ¶생고기

생生

① (간지를 나타내는 명사 또는 날짜를 나타내는 명사구 뒤에 붙어)

'그때에 태어남' ¶갑자생

② (햇수를 나타내는 명사구 뒤에 붙
어) '그 햇수 동안 자람' ¶(이십)
년생

생生
① (일부 명사 뒤에 붙어) '학생' ¶견
습생
② (인명의 성(姓)을 나타내는 명사
뒤에 붙어) '젊은 사람' ¶이생

서庶
(일부 명사 앞에 붙어)
① '본처가 아닌 몸에서 태어난 사
람' ¶서자녀
② '본처가 아닌 사람' ¶서모

석席
(일부 명사 뒤에 붙어) '자리' ¶관람
석

선
(몇몇 명사 앞에 붙어) '서툰' 또는
'충분치 않은' ¶선무당

선先
① (일부 명사 앞에 붙어) '앞선' ¶선
보름
② (일부 명사 앞에 붙어) '이미 죽

은' ¶선대왕

선船
(일부 명사 뒤에 붙어) '배' ¶여객선

선腺
(일부 명사 뒤에 붙어) '어떤 물질을
내보내는 샘' ¶구강선

선線
(일부 고유 명사 뒤에 붙여) '노선' ¶
경부선

선選
(일부 명사 뒤에 붙어) '그것을 가려
뽑아 모은 것' ¶걸작선

설
(일부 동사 앞에 붙어) '충분하지 못
하게' ¶설익다

설說
(일부 명사 뒤에 붙어) '견해', '학설',
'풍설' ¶진화설

성成
'은이나 황금의 순도(純度)'

성性

(일부 명사 뒤에 붙어) '성질' ¶순수
성

성聖
(기독교에 관한 몇몇 명사 앞에 붙
어) '거룩한' 또는 '성스러운' ¶성목
요일

소
(일부 명사 앞에 붙어) '=쇠' ¶소고
기

소小
(일부 명사 앞에 붙어) '작은' ¶소강
당

소所
(일부 명사 뒤에 붙어) '장소' 또는
'기관' ¶사무소

속續
(서명 또는 작품명을 나타내는 일부
명사 앞에 붙어) '계속 이어지는' ¶
속대장경

손孫
('대(代)', '세(世)' 뒤에 붙어) '자손'
¶(육) 대손

쇠
(일부 명사 앞에 붙어) '소의 부위이
거나 소의 특성' ¶쇠간

수
① ('양', '염소', '쥐'를 제외한 암수의
   구별이 있는 동식물을 나타내는
   일부 명사 앞에 붙어) '새끼를 배
   지 않거나 열매를 맺지 않는' ¶수
   꿩
② (짝이 있는 사물을 나타내는 일부
   명사 앞에 붙어) '길게 튀어 나온
   모양의', '안쪽에 들어가는', '잘
   보이는' ¶수나사

수手
(일부 명사 뒤에 붙어)
① '그것을 직업으로 하는 사람' ¶소
   방수
② '선수' ¶공격수

수囚
(일부 명사 뒤에 붙어) '죄수' ¶사형
수

수數
(숫자를 나타내는 말 앞에 붙어)
'몇', '여러', '약간' ¶수백만

순旬
(수사 뒤에 붙어) '해당 수에 십을 곱한 나이' ¶칠순 (노인)

순順
(일부 명사 뒤에 붙어) '차례' ¶선착순

술術
(일부 명사 뒤에 붙어) '기술' 또는 '재주' ¶사격술

숫
('양', '염소', '쥐' 앞에 붙어) '새끼를 배지 않는' ¶숫양

숫
(일부 명사 앞에 붙어) '더럽혀지지 않아 깨끗한' ¶숫총각

스럽다
(일부 명사 뒤에 붙어) '그러한 성질이 있음' ¶복스럽다

스레하다
=스름하다

스름하다
(빛깔이나 형상을 나타내는 어근 밑에 붙어) '빛깔이 옅거나 그 형상과 비슷하다' ¶발그스름하다

시
(어두음이 된소리나 거센소리 또는 'ㅎ'이고 첫 음절의 모음이 'ㅓ, ㅜ'인 색채를 나타내는 일부 형용사 앞에 붙어) '매우 짙고 선명하게' ¶시꺼멓다

시媤
(친족 관계를 나타내는 일부 명사 앞에 붙어) '남편의' ¶시아버지

시視
(몇몇 명사 뒤에 붙어) '그렇게 여김' 또는 '그렇게 봄' ¶등한시

시키다
(일부 명사 뒤에 붙어) '사동' ¶교육시키다

식式
(일부 명사 뒤에 붙어)
① '방식' ¶고정식
② '의식' ¶송별식

신新
(일부 명사 앞에 붙어) '새로운' ¶신

세대

실
(일부 명사 앞에 붙어) '가느다란', '얇은' ¶실개천

실室
(일부 명사 뒤에 붙어)
① '방' ¶탈의실
② '업무 부서' ¶국무총리실

실實
(일부 명사 앞에 붙어) '실제의' ¶실수령액

심心
(일부 명사 뒤에 붙어) '마음' ¶애국심

싯
(어두음이 유성음이고 첫 음절의 모음이 'ㅓ, ㅜ'인 색채를 나타내는 형용사 앞에 붙어) '매우 짙고 선명하게' ¶싯누렇다

씨
(몇몇 명사 뒤에 붙어) '태도' 또는 '모양' ¶말씨

씨氏
(인명에서 성을 나타내는 명사 뒤에 붙어) '그 성씨 자체', '그 성씨의 가문이나 문중' ¶김씨

씩
(수량을 나타내는 말 뒤에 붙어) '그 수량이나 크기로 나뉘거나 되풀이 됨' ¶조금씩

아兒
(일부 명사 뒤에 붙어)
① '어린아이' ¶우량아
② '사나이' 또는 '젊은 남자' ¶풍운아

아치
(몇몇 명사 뒤에 붙어) '그 일에 종사하는 사람' ¶벼슬아치

안岸
(바다 이름을 나타내는 일부 명사 뒤에 붙어) '육지에 접한 곳' ¶동해안

알
(일부 명사 앞에 붙어)
① '겉을 덮어 싼 것이나 딸린 것을 다 제거한' ¶알몸
② '작은' ¶알바가지

③ '진짜, 알짜' ¶알부자

암

① (성의 구별이 있는 동식물을 나타
내는 대부분의 명사 또는 '놈, 것'
앞에 붙어) '새끼를 배거나 열매
를 맺는' ¶암컷
② (짝이 있는 사물을 나타내는 일
부 명사 뒤에 붙어) '오목한 형태
를 가진' 또는 '상대적으로 약한'
¶암나사

암庵/菴

(일부 고유 명사 뒤에 붙어) '암자
(庵子)' ¶관음암

암巖

① (일부 명사 뒤에 붙어) '암석' ¶석
영암
② (몇몇 명사 뒤에 붙어) '바위' ¶낙
화암

애

① (일부 명사 앞에 붙어) '맨 처음'
¶애당초
② '어린' 또는 '작은' ¶애벌레

애

(형용사 '없다'의 어간 뒤에 붙어)

'사동' ¶없애다

애愛

(일부 명사 뒤에 붙어) '사랑' ¶모성
애

액額

(일부 명사 뒤에 붙어) '액수' ¶수출
액

약弱

(일부 명사 앞에 붙어) '매우 힘이 없
는', '세력이 약한' ¶약산성

양洋

(일부 명사 앞에 붙어) '서구식의' 또
는 '외국에서 들어온' ¶양변기

양洋

(일부 명사 뒤에 붙어) '바다' ¶태평
양

양養

(친족 관계를 나타내는 일부 명사 앞
에 붙어) '직접적인 혈연관계가 아
닌' ¶양부모

양孃

(어떤 일을 나타내는 몇몇 명사 뒤에

붙어) '그 일을 직업으로 가진 여자'
¶안내양

어語

(일부 명사 뒤에 붙어) '말' 또는 '단
어' ¶한국어

어치

(금액을 나타내는 명사 또는 명사구
뒤에 붙어) '그 값에 해당하는 분량'
¶(천) 원어치

얼

① (몇몇 명사 앞에 붙어) '덜된', '모
  자라는', '어중간한' ¶얼개화
② (몇몇 동사 앞에 붙어) '분명하지
  못하게' 또는 '대충' ¶얼버무리다

업業

(일부 명사 뒤에 붙어) '사업' 또는
'산업' ¶건설업

엇

① (일부 동사 앞에 붙어) '어긋나게'
  또는 '삐뚜로' ¶엇걸리다
② (몇몇 명사 앞에 붙어) '어긋난'
  또는 '어긋나게 하는' ¶엇각
③ (몇몇 형용사 앞에 붙어) '어지간
  한 정도로 대충' ¶엇비슷하다

여女

(일부 명사 앞에 붙어) '여자' ¶여동
생

여餘

(수량을 나타내는 말 뒤에 붙어) '그
수를 넘음' ¶십여 (년)

역逆

(일부 명사 앞에 붙어) '반대되는' 또
는 '차례나 방법이 뒤바뀐' ¶역방향

연延

(일부 명사 앞에 붙어) '전체를 다 합
친' ¶연건평

연軟

① (빛깔을 나타내는 일부 명사 앞에
  붙어) '옅은' 또는 '엷은' ¶연갈색
② (빛깔을 나타내는 일부 형용사 앞
  에 붙어) '연하게' ¶연노랗다
③ (일부 명사 앞에 붙어) '부드러운'
  또는 '무른' ¶연감

연連

① (횟수 또는 시간을 나타내는 명사
  앞에 붙어) '이어져 계속된' ¶연
  단수
② (몇몇 동사 또는 부사 '거푸' 앞에

붙어) '반복하여 계속' ¶연거푸

연然

(몇몇 명사 뒤에 붙어) '그것인 체함'
또는 '그것인 것처럼 뽐냄' ¶학자연

연하다然

'…인 체하다', '…인 것처럼 뽐내다'
¶학자연하다

엿

(몇몇 동사 앞에 붙어) '몰래' ¶엿듣
다

오

'올'의 준말

온

(일부 명사 앞에 붙어) '꽉 찬', '완전
한', '전부의' ¶온달

올

① (곡식이나 열매를 나타내는 일부
   명사 앞에 붙어) '생육 일수가 짧
   아 빨리 여무는' ¶올밤
② (몇몇 동사 앞에 붙어) '빨리' ¶올
   되다

옹翁

(몇몇 명사 뒤에 붙어) '노인' ¶백두
옹

왕王

① (동식물을 나타내는 일부 명사 앞
   에 붙어) '보다 큰 종류' ¶왕개미
② (몇몇 명사 앞에 붙어) '매우 큰'
   또는 '매우 굵은' ¶왕겨
③ (몇몇 명사 앞에 붙어) '매우 심
   한' ¶왕고집

왕王

(친족 관계를 나타내는 일부 명사 앞
에 붙어) '할아버뻘 되는' ¶왕고모

왕王

(일부 명사 뒤에 붙어) '일정한 분야
나 범위 안에서 으뜸이 되는 사람이
나 동물' ¶저축왕

외

① (일부 명사 앞에 붙어) '혼자인'
   또는 '하나인' 또는 '한쪽에 치우
   친' ¶외갈래
② (몇몇 부사 또는 동사 앞에 붙어)
   '홀로' ¶외따로

외外

① (친족 관계를 나타내는 일부 명사

앞에 붙어) '모계 혈족 관계인' ¶
외삼촌
② (일부 명사 앞에 붙어) '밖'이나
바깥' ¶외출혈

요要
(서술성을 가지는 대다수 명사 앞에
붙어) '그것이 필요한' ¶요주의

욕欲/慾
(일부 명사 뒤에 붙어) '욕구' 또는
'욕망' ¶명예욕

용用
(일부 명사 뒤에 붙어) '용도' ¶사무
용

우
(일부 동사 어간 뒤에 붙어) '사동' ¶
깨우다

웃
(아래위의 대립이 없는 몇몇 명사 앞
에 붙어) '위' ¶웃어른

원元/原
(일부 명사 앞에 붙어) '본래의' 또는
'바탕이 되는' ¶원그림

원員
(일부 명사 뒤에 붙어) '그 일에 종사
하는 사람' ¶사무원

원院
(일부 명사 뒤에 붙어) '공공 기관'
또는 '공공 단체' ¶감사원

원園
(일부 명사 뒤에 붙어) '보육 또는 생
육을 위한 시설' ¶유아원

위委
(일부 명사 뒤에 붙어) '위원회' ¶(대
통령직) 인수위

유有
(일부 명사 앞에 붙어) '그것이 있음'
¶유분수

유油
(일부 명사 뒤에 붙어)
① '식용 기름' ¶올리브유
② '석유' ¶고급유

율律
(모음으로 끝나거나 'ㄴ' 받침을 가
진 일부 명사 뒤에 붙어) '법칙' ¶인
과율

율率
(모음으로 끝나거나 'ㄴ' 받침을 가진 일부 명사 뒤에 붙어) '비율' ¶할인율

으키
(동사 '일다'의 어간에 붙어) '사동' ¶일으키다

음
('ㄹ'을 제외한 받침 있는 용언의 어간 뒤에 붙어) 명사를 만드는 접미사 ¶믿음

음직스럽
(어간 말음이 'ㄹ' 이외의 자음인 동사 어간 뒤에 붙어) '그렇게 할 만한 가치가 있음' ¶믿음직스럽다

음직하
('ㄹ'을 제외한 받침 있는 동사 어간 뒤에 붙어) '그렇게 할 만한 가치가 있음' ¶믿음직하다

이
① (몇몇 형용사, 동사 어간 뒤에 붙어) 명사를 만드는 접미사 ¶길이
② (몇몇 명사와 동사 어간의 결합형 뒤에 붙어) '사람', '사물', '일' ¶때밀이
③ (몇몇 명사, 어근, 의성어, 의태어 뒤에 붙어) '사람' 또는 '사물' ¶멍청이

이
(받침 있는 사람의 이름 뒤에 붙어) 어조를 고르는 접미사 ¶갑순이

이
① (일부 동사 어간 뒤에 붙어) '사동' ¶보이다
② (일부 동사 어간 뒤에 붙어) '피동' ¶깎이다
③ (몇몇 형용사 어간 뒤에 붙어) '사동' ¶높이다

이
① (일부 형용사 어간 뒤에 붙어) 부사를 만드는 접미사 ¶많이
② (일부 1음절 명사의 반복 구성 뒤에 붙어) 부사를 만드는 접미사 ¶집집이

이
(일부 수사 뒤에 붙어) '그 수량의 사람' ¶둘이

이다

(동작 또는 상태를 나타내는 일부 어근 뒤에 붙어) 동사를 만드는 접미사 ¶끄덕이다

이우
(일부 동사 어간 뒤에 붙어) '사동' ¶띄우다

이키
(동사 '돌다'의 어간 뒤에 붙어) '사동' ¶돌이키다

인人
(일부 명사 뒤에 붙어) '사람' ¶한국인

일日
(일부 명사 뒤에 붙어) '날' ¶경축일

자子
(일가(一家)의 학설을 세운 사람의 성(姓)을 나타낸 명사 뒤에 붙어) '높임을 받는 사람' ¶공자

자子
① (몇몇 명사 뒤에 붙어) '크기가 매우 작은 요소' ¶유전자
② (일부 명사 뒤에 붙어) '기계 장치' 또는 '도구' ¶연산자

자者
(일부 명사 뒤에 붙어) '사람' ¶교육자

작作
(몇몇 명사 뒤에 붙어)
① '작품', '제작' ¶당선작
② '농사', '작황' ¶이모작

잔
(몇몇 명사 앞에 붙어) '가늘고 작은' 또는 '자질구레한' ¶잔가지

잡雜
① (일부 명사 앞에 붙어) '여러 가지가 뒤섞인' 또는 '자질구레한' ¶잡상인
② (비하의 뜻을 가지는 몇몇 명사 앞에 붙어) '막된' ¶잡놈

잡이
(일부 명사 뒤에 붙어)
① '무엇을 잡는 일' ¶고기잡이
② '무엇을 다루는 사람' ¶총잡이

장丈
(몇몇 명사 뒤에 붙어) '어른' ¶노인장

장狀

(일부 명사 뒤에 붙어) '증서' 또는 '편지'¶도전장

장長

(일부 명사 앞에 붙어) '긴' 또는 '오랜'¶장거리

장長

(일부 명사 뒤에 붙어) '책임자', '우두머리'¶공장장

장帳

(일부 명사 뒤에 붙어)
① '장부'¶매입장
② '공책'¶단어장

장張

(몇몇 명사 뒤에 붙어) '얇고 넓적한 조각'¶얼음장

장莊

(고유 명사를 포함한 일부 명사 뒤에 붙어) '고급 여관' 또는 '저택'¶목화장

장場

(일부 명사 뒤에 붙어) '장소'¶공사장

장葬

(일부 명사 뒤에 붙어) '장례'¶삼일장

장이

(일부 명사 뒤에 붙어) '그것과 관련된 기술을 가진 사람'¶미장이

재再

(일부 명사 앞에 붙어) '다시 하는' 또는 '두 번째'¶재시험

재在

(지명을 나타내는 대다수 명사 또는 그 명사의 축약형 앞에 붙어) '그곳에 살고 있는'¶재일

재材

(일부 명사 뒤에 붙어) '재료'¶건축재

쟁이

(일부 명사 뒤에 붙어)
① '그것이 나타내는 속성을 많이 가진 사람'¶겁쟁이
② '그것과 관련된 일을 직업적으로 하는 사람을 낮잡아'¶그림쟁이

저低

(일부 명사 앞에 붙어) '낮은' ¶저소
득

적的

(일부 명사 또는 명사구 뒤에 붙어)
'그 성격을 띠는', '그에 관계된', '그
상태로 된' ¶사교적

전傳

(주로 인명 뒤에 붙어) '전기(傳記)'
¶심청전

전展

(일부 명사 뒤에 붙어) '전시회' ¶서
예전

전殿

(고유 명사를 포함한 일부 명사 뒤에
붙어) '큰 집' ¶근정전

전戰

(일부 명사 뒤에 붙어)
① '전투' 또는 '전쟁' ¶공중전
② '시합'이나 '경기' ¶결승전

점店

(일부 명사 뒤에 붙어) '가게' 또는
'상점' ¶양복점

정正

(직품의 앞에 붙어) '주된 품계' ¶정
일품

정亭

(고유 명사를 포함한 일부 명사 뒤에
붙어)
① '정자' ¶팔각정
② '음식점' ¶반포정

정艇

(몇몇 명사 뒤에 붙어) '규모가 작은
배' ¶경비정

정整

(금액을 나타내는 명사구 뒤에 붙
어) '그 금액에 한정됨' ¶(일만) 원정

정錠

(일부 명사 뒤에 붙어) '알약' ¶발포
정

제制

(일부 명사 뒤에 붙어) '제도' 또는
'방법' ¶내각제

제祭

(일부 명사 뒤에 붙어) '제사' 또는
'축제' ¶예술제

제第
(대다수 한자어 수사 앞에 붙어) '그
숫자에 해당되는 차례'¶제일

제製
① (재료를 나타내는 일부 명사 뒤에
붙어) '그것으로 만들어진 것'¶
금속제
② (국명을 나타내는 대다수 명사 뒤
에 붙어) '그 나라에서 만든 물건'
¶미국제

제劑
(일부 명사 뒤에 붙어) '약'¶소화제

조助
(직위나 직무를 나타내는 몇몇 명사
앞에 붙어) '보조적인' 또는 '버금가
는'¶조교수

조祖
('대(代)' 뒤에 붙어) '조상'¶7대조

조朝
(왕명 또는 왕조를 나타내는 대다수
고유 명사 뒤에 붙어) '통치 기간' 또
는 '왕조'¶고려조

족族

① (민족 이름을 나타내는 대다수 명
사 뒤에 붙어) '민족'¶여진족
② (몇몇 명사 뒤에 붙어) '그런 특성
을 가지는 사람 무리' 또는 '그 무
리에 속하는 사람'¶제비족

종從
(친족 관계를 나타내는 일부 명사 앞
에 붙어) '오촌' 또는 '사촌'¶종고모

종從
(직품의 앞에 붙어) "정(正)'에 대하
여 한 자리 낮은 품계'¶종일품

종種
(동식물의 품종을 나타내는 대다수
고유 명사 또는 몇몇 명사 뒤에 붙
어) '품종' 또는 '갈래'¶개량종

좌座
(고유 명사를 포함한 일부 명사 뒤에
붙어) '별자리'¶사자좌

주主
(일부 명사 뒤에 붙어)
① '주체'¶경영주
② '소유주'¶건물주

주酒

(일부 명사 뒤에 붙어) '술' ¶과일주

주駐

(국명을 나타내는 대다수 명사 또는 그 명사의 축약형 앞에 붙어) '그 나라에 머물러 있는' ¶주미

준準

(일부 명사 앞에 붙어) '구실이나 자격이 그 명사에는 못 미치나 그에 비길 만한' ¶준결승

줄

(몇몇 명사 앞에 붙어) '계속 이어진' ¶줄담배

중重

(몇몇 명사 앞에 붙어) '겹친' ¶중모음

중重

(일부 명사 앞에 붙어)
① '무거운' ¶중금속
② '심한' ¶중노동

증症

(일부 명사 또는 어근 뒤에 붙어) '증상' 또는 '병' ¶가려움증

증證

(일부 명사 뒤에 붙어) '증명서' ¶학생증

지地

① (일부 명사 뒤에 붙어) '장소' ¶거주지
② (몇몇 명사 뒤에 붙어) '옷감' 또는 '천' ¶양복지

지池

(고유 명사를 포함한 일부 명사 뒤에 붙어) '연못' ¶의림지

지紙

(일부 명사 뒤에 붙어)
① '종이' ¶포장지
② '신문' ¶일간지

지誌

(일부 명사 뒤에 붙어) '잡지' ¶여성지

지기

① (곡식의 양을 나타내는 명사구 뒤에 붙어) '그 정도 양의 씨앗을 심을 수 있는 논밭의 넓이' ¶(닷) 말지기
② (몇몇 명사 뒤에 붙어) '논' ¶천둥

지기

지기
(몇몇 명사 뒤에 붙어) '그것을 지키
는 사람' ¶문지기

지다
(몇몇 명사 뒤에 붙어) '그런 성질이
있음' 또는 '그런 모양임' ¶값지다

직하
(어간 말음이 'ㄹ'이 아닌 몇몇 형용
사 어간 뒤에 붙어) '좀 또는 꽤 그러
함' ¶높직하다

진津
(음식이나 색깔을 나타내는 몇몇 명
사 앞에 붙어) '매우 진한' ¶진국

진陣
(일부 명사 뒤에 붙어) '사람의 무리'
또는 '집단' ¶취재진

진眞
(일부 명사 앞에 붙어) '참된' 또는
'진짜' ¶진면모

질
① (도구를 나타내는 일부 명사 뒤에

붙어) '그 도구를 가지고 하는 일'
¶가위질
② (신체 부위를 나타내는 일부 명사
뒤에 붙어) '그 신체 부위를 이용
한 어떤 행위' ¶곁눈질
③ (일부 명사 뒤에 붙어) '직업이나
직책에 대한 비하' ¶선생질
④ (일부 명사 뒤에 붙어) '주로 좋지
않는 행위에 대한 비하' ¶계집질
⑤ (물질을 나타내는 몇몇 명사 뒤에
붙어) '그것을 가지고 하는 일' 또
는 '그것과 관계된 일' ¶물질
⑥ (몇몇 의성어 또는 어근 뒤에 붙
어) '그런 소리를 내는 행위' ¶딸
꾹질

집
① (성(姓) 뒤에 붙어) 자기 집안에
서 출가한 손아래 여자가 시집 사
람임을 이름 ¶김집
② (출신 지명 뒤에 붙어) '남의 첩이
나 기생첩' ¶부산집

집
(몇몇 명사 뒤에 붙어)
① '크기' 또는 '부피' ¶몸집
② '그것이 생긴 자리' 또는 '그것의
흔적' ¶물집

집集

(일부 명사 뒤에 붙어) '모아 엮은 책' ¶논문집

짓

① (일부 동사 앞에 붙어) '마구', '함부로', '몹시' ¶짓개다
② (몇몇 명사 앞에 붙어) '심한' ¶짓고생

짜리

① (수나 양 또는 값을 나타내는 명사구 뒤에 붙어)'그 만한 수나 양을 가진 것' 또는 '그 만한 가치를 가진 것' ¶(한) 뼘짜리
② (몇몇 명사 뒤에 붙어) '그런 차림을 한 사람' ¶양복짜리

짝

(쌍을 이루는 일부 명사 앞에 붙어) '쌍을 이루지 못한' 또는 '쌍을 이루는 것과 조화되지 아니하는' ¶짝버선

짝

(일부 명사 뒤에 붙어) '비하' ¶낯짝

째

(일부 명사 뒤에 붙어) '그대로', 또는 '전부' ¶그릇째

째

(수량, 기간을 나타내는 명사 또는 명사구 뒤와 수사 뒤에 붙어) '차례' ¶사흘째

쩍다

(몇몇 명사 뒤에 붙어) '그런 것을 느끼게 하는 데가 있음' ¶수상쩍다

쪽

(일부 명사 앞에 붙어)
① '작은' ¶쪽문
② '작은 조각으로 만든' ¶쪽마루

쭝重

(의존 명사 '냥', '돈', '푼' 따위의 뒤에 붙어) '무게' ¶(금 두) 돈쭝

쯤

(일부 명사 또는 명사구 뒤에 붙어) '정도' ¶내일쯤

찍하

(어간 말음이 'ㄹ'인 몇몇 형용사 어간 뒤에 붙어) '조금 또는 꽤 그러함' ¶길찍하다

차

('ㅈ'으로 시작되는 몇몇 명사 앞에 붙어) '끈기가 있어 차진' ¶차조

차次

(일부 명사 뒤에 붙어) '목적' ¶인사차

찰

① ('ㅈ'으로 시작되지 않는 몇몇 명사 앞에 붙어) '끈기가 있고 차진' ¶찰떡
② (부정적인 뜻을 가진 몇몇 명사 앞에 붙어) '매우 심한' 또는 '지독한' ¶찰거머리
③ (긍정적인 뜻을 가진 몇몇 명사 앞에 붙어) '제대로 된' 또는 '충실한' ¶찰개화
④ (식용으로 쓰이는 동물이나 열매를 나타내는 몇몇 명사 앞에 붙어) '품질이 좋은' ¶찰복숭아

참

(일부 명사 앞에 붙어)
① '진짜' 또는 '진실하고 올바른' ¶참사랑
② '품질이 우수한' ¶참먹
③ '먹을 수 있는' ¶참꽃

창廠

(일부 명사 뒤에 붙어) '공장, 창고' 또는 '군부대' ¶교재창

채

(몇몇 명사 뒤에 붙어) '구분된 건물 단위' ¶바깥채

책責

(일부 명사 뒤에 붙어) '책임을 맡은 사람' ¶선전책

책策

(일부 명사 뒤에 붙어) '방책' 또는 '대책' ¶방지책, 해결책

처

(일부 동사 앞에 붙어) '마구', '많이' ¶처먹다

처處

(일부 명사 뒤에 붙어)
① '곳' 또는 '장소' ¶접수처
② '사무를 맡아보는 부서' ¶총무처

천川

(주로 지명을 나타내는 명사에 붙어) '내' ¶청계천

철綴

(일부 명사 뒤에 붙어) '그것을 한데 꿰매어 놓은 물건'¶서류철

첩帖

(일부 명사 뒤에 붙어) '묶어 놓은 책'¶사진첩

청廳

(일부 명사 뒤에 붙어) '행정 기관'¶관세청

체體

(일부 명사 뒤에 붙어)

① '몸'¶건강체
② '일정한 상태나 형체를 가진 물질'¶유동체
③ '일정한 체계를 가진 조직'¶기업체
④ '글씨 따위에 나타나는 일정한 방식이나 격식'¶고딕체
⑤ '글을 서술, 표현하는 방식이나 체재'¶구어체

초初

(일부 명사 앞에 붙어) 처음' 또는 '초기'¶초봄

초超

(일부 명사 앞에 붙어) '어떤 범위를 넘어선' 또는 '정도가 심한'¶초강대국

촌村

(일부 명사에 붙어) '마을' 또는 '지역'¶대학촌

총總

(일부 명사 앞에 붙어) '전체를 아우르는' 또는 '전체를 합한'¶총감독

최最

(일부 명사 앞에 붙어) '가장, 제일'¶최고위

추

① (몇몇 동사 어간 뒤에 붙어) '사동'¶들추다
② (몇몇 형용사 어간 뒤에 붙어) '사동'¶낮추다

층層

① (사람을 나타내는 명사 뒤에 붙어) '어떤 능력이나 수준이 비슷한 무리'¶고객층
② (퇴적물을 나타내는 명사 뒤에 붙어) '지층'¶석탄층
③ (일부 명사 뒤에 붙어) '켜켜이 쌓

인 상태 또는 그 중 한 겹'¶구름
층

치

(일부 동사 앞에 붙어) '위로 향하게'
또는 '위로 올려'¶치뜨다

치

(일부 동사 어간 뒤에 붙어) '강조'¶
넘치다

치

(일부 명사 또는 명사형 뒤에 붙어)
'물건'¶날림치

치値

(일부 명사 뒤에 붙어) '값'¶최고치

치레

(일부 명사 뒤에 붙어)
① '치러 내는 일'¶병치레
② '겉으로만 꾸미는 일'¶인사치레

친親

① (친족 관계를 나타내는 몇몇 명사
앞에 붙어) '혈연관계로 맺어진'
¶친부모
② (친족 관계를 나타내는 일부 명사
앞에 붙어)'부계 혈족 관계인'¶

친삼촌
③ (고유 명사를 포함하는 일부 명사
앞에 붙어) '그것에 찬성하는' 또
는 '그것을 돕는'¶친미

코

(일부 한자 어근이나 명사 뒤에 붙
어) 부사를 만드는 접미사¶결단코

탈脫

(일부 명사 앞에 붙어) '그것을 벗어
남'¶탈냉전

탕湯

① '국'¶설렁탕
② '달여 먹는 약'¶갈근탕

토土

(일부 명사 앞에 붙어) '흙으로 된'¶
토담

통通

(일부 명사 뒤에 붙어)
① '정통한 사람'¶외교통
② '거리'¶종로통

통

① (일부 명사 앞에 붙어) '통째'¶통
닭

② (일부 명사나 동사 앞에 붙어) '온
통', '평균' ¶통거리, 통밀다

투성이
(일부 명사 뒤에 붙어) '그것이 너무
많은 상태' 또는 '그런 상태의 사물,
사람' ¶흙투성이

퉁이
① (사람의 신체 부위를 나타내는 일
부 명사 뒤에 붙어) '비하' ¶눈퉁
이
② (사람의 태도나 성질을 나타내는
몇몇 명사 뒤에 붙어) '그런 태도
나 성질을 가진 사람' ¶꾀퉁이

트리다
(몇몇 동사의 '아/어' 연결형 또는 어
간 뒤에 붙어) '=뜨리다' ¶깨트리다

파波
(일부 명사 뒤에 붙어) '파동' 또는
'물결' ¶지진파

파派
(일부 명사 뒤에 붙어) '어떤 생각이
나 행동의 특성을 가진 사람' ¶지성
파

판判/版
(일부 명사 뒤에 붙어) '책이나 상품
에 쓰이는 종이의 일정한 길이와 규
격' ¶명함판

판版
(일부 명사 뒤에 붙어) '책, 신문 따
위를 인쇄하여 펴낸 것' ¶개정판

폐廢
(일부 명사 앞에 붙어) '못 쓰게 된',
'이미 써 버린' ¶폐건전지

품品
(일부 명사 뒤에 붙어) '물품', 또는
'작품' ¶화장품, 모조품

풋
① (일부 명사 앞에 붙어) '처음 나
온', 또는 '덜 익은' ¶풋고추
② (몇몇 명사 앞에 붙어) '미숙한',
'깊지 않은' ¶풋사랑

풍風
(일부 명사 뒤에 붙어) '풍속', '풍모',
'양식' ¶가요풍

피被
(서술성을 가지는 일부 명사 앞에 붙

어) '그것을 당함'¶피보험

필畢
(일부 명사 뒤에 붙어) '이미 마쳤음'
¶확인필

하下
(일부 명사 뒤에 붙어) '그것과 관련
된 조건이나 환경'¶식민지하

하다
① (일부 명사 뒤에 붙어) 동사를 만
드는 접미사¶공부하다
② (일부 명사 뒤에 붙어) 형용사를
만드는 접미사¶건강하다
③ (의성어, 의태어 뒤에 붙어) 동사
나 형용사를 만드는 접미사¶덜
컹덜컹하다
④ (의성어, 의태어 이외의 일부 성
상 부사 뒤에 붙어) 동사나 형용
사를 만드는 접미사¶달리하다
⑤ (몇몇 어근 뒤에 붙어) 동사나 형
용사를 만드는 접미사¶흥하다
⑥ (몇몇 의존 명사 뒤에 붙어) 동사
나 형용사를 만드는 접미사¶체
하다

학學
(일부 명사 뒤에 붙어) '학문'¶경제

학

한
(일부 명사 앞에 붙어)
① '큰'¶한걱정
② '정확한' 또는 '한창인'¶한가운
데, 한밤중

한
(일부 명사 앞에 붙어)
① '바깥'¶한데
② '끼니때 밖'¶한저녁

한漢
(일부 명사 뒤에 붙어) '그와 관련된
사람'¶무뢰한

함含
(물질의 이름 앞에 붙어) '그 물질이
들어 있음'¶함질황산

핫
(몇몇 명사 앞에 붙어) '짝을 갖춘'¶
핫아비

핫
(일부 명사 앞에 붙어) '솜을 둔'¶핫
바지

항抗

(일부 명사 앞에 붙어) '그것에 저항
하는' ¶항균

항港

(고유 명사를 포함하는 일부 명사 뒤
에 붙어) '항구' ¶자유항

해

(어두음이 된소리나 거센소리인 일
부 명사 앞에 붙어)

① '당해에 난' ¶해쑥

② '얼마 되지 않은'

해海

(고유 명사를 포함하는 일부 명사 뒤
에 쓰여) '바다' ¶지중해

햇

(어두음이 예사소리인 일부 명사 앞
에 붙어)

① '당해에 난' ¶햇감자

② '얼마 되지 않은' ¶햇병아리

행行

(장소를 나타내는 대다수 명사 뒤에
붙어) '그곳으로 향함' ¶서울행

허許

① (거리나 시간을 나타내는 말 뒤에
붙어) '그 거리쯤 되는 곳, 또는
그 시간쯤 걸리는 곳' ¶(십) 분허
의 (거리)

② (편지나 적발에서 평교(平交) 이
하의 사람 성명 뒤에 붙어) '그 사
람 앞' ¶김철수허

헛

① (일부 명사 앞에 붙어) '이유 없
는', '보람 없는' ¶헛걸음

② (일부 동사 앞에 붙어) '보람 없
이', '잘못' ¶헛살다

형形

(일부 명사 뒤에 붙어) '그런 모양' ¶
계란형

형型

(일부 명사 뒤에 붙어) '그러한 유형'
또는 '그러한 형식' ¶기본형

호好

(몇몇 명사 앞에 붙어) '좋은' ¶호경
기

호胡

(일부 명사 앞에 붙어) '중국에서 들
여온' ¶호떡

호號

(배, 비행기, 기차 따위의 이름을 나타내는 대다수 명사 뒤에 쓰여) '그 이름을 가진 것'¶무궁화호

홀

(몇몇 명사 앞에 붙어) '짝이 없이 혼자뿐인'¶홀몸

홑

(일부 명사 앞에 붙어) '한 겹으로 된' 또는 '하나인, 혼자인'¶홑바지

화化

(일부 명사 뒤에 붙어) '그렇게 만들거나 됨'¶기계화

화畫

(일부 명사 뒤에 붙어) '그림'¶수채화

화靴

(일부 명사 뒤에 붙어) '신발'¶운동화

회會

(일부 명사 뒤에 붙어)
① '단체'¶청년회
② '모임'¶송별회

휘

① (일부 동사 앞에 붙어) '마구' 또는 '매우 심하게'¶휘갈기다
② (몇몇 형용사 앞에 붙어) '매우'¶휘넓다

히

① (일부 동사 어간 뒤에 붙어) '사동'¶묵히다
② (일부 동사 어간 뒤에 붙어) '피동'¶막히다
③ (일부 형용사 어간 뒤에 붙어) '사동'¶괴롭히다

히

(일부 형용사 어근 뒤에 붙어) 부사를 만드는 접미사¶조용히

[부록3] 구별하여 적는 단어들

* 이 목록은 '한글 맞춤법'의 제 57항에서 제시한 것을 그대로 옮긴 것이다.

가름	둘로 가름.
갈음	새 책상으로 갈음하였다.
거름	풀을 썩인 거름.
걸음	빠른 걸음.
거치다	영월을 거쳐 왔다.
걷히다	외상값이 잘 걷힌다.
걷잡다	걷잡을 수 없는 상태.
겉잡다	겉잡아서 이틀 걸릴 일.
그러므로(그러니까)	그는 부지런하다. 그러므로 잘 산다.
그럼으로(써)	그는 열심히 공부한다. 그럼으로(써) 은혜에
(그렇게 하는 것으로)	보답한다.
노름	노름판이 벌어졌다.
놀음(놀이)	즐거운 놀음.
느리다	진도가 너무 느리다.
늘이다	고무줄을 늘인다.

늘리다	수출량을 더 늘린다.
다리다	옷을 다린다.
달이다	약을 달인다.
다치다	부주의로 손을 다쳤다.
닫히다	문이 저절로 닫혔다.
닫치다	문을 힘껏 닫쳤다.
마치다	벌써 일을 마쳤다.
맞히다	여러 문제를 더 맞혔다.
목거리	목거리가 덧났다.
목걸이	금 목걸이, 은 목걸이.
바치다	나라를 위해 목숨을 바쳤다.
받치다	우산을 받치고 간다.
	책받침을 받친다.
받히다	쇠뿔에 받혔다.
밭치다	술을 체에 밭친다.
반드시	약속은 반드시 지켜라.
반듯이	고개를 반듯이 들어라.
부딪치다	차와 차가 마주 부딪쳤다.
부딪히다	마차가 화물차에 부딪혔다.
부치다	힘이 부치는 일이다.
	편지를 부친다.
	논밭을 부친다.
	빈대떡을 부친다.

	식목일에 부치는 글.
	회의에 부치는 안건.
	인쇄에 부치는 원고.
	삼촌 집에 숙식을 부친다.
붙이다	우표를 붙인다.
	책상을 벽에 붙였다.
	흥정을 붙인다.
	불을 붙인다.
	감시원을 붙인다.
	조건을 붙인다.
	취미를 붙인다.
	별명을 붙인다.

시키다	일을 시킨다.
식히다	끓인 물을 식힌다.

아름	세 아름 되는 둘레.
알음	전부터 알음이 있는 사이.
앎	앎이 힘이다.

안치다	밥을 안친다.
앉히다	윗자리에 앉힌다.

어름	두 물건의 어름에서 일어난 현상.
얼음	얼음이 얼었다.

이따가	이따가 오너라.
있다가	돈은 있다가도 없다.

저리다	다친 다리가 저린다.
절이다	김장 배추를 절인다.
조리다	생선을 조린다. 통조림, 병조림.
졸이다	마음을 졸인다.
주리다	여러 날을 주렸다.
줄이다	비용을 줄인다.
하노라고	하노라고 한 것이 이 모양이다.
하느라고	공부하느라고 밤을 새웠다.
─느니보다(어미)	나를 찾아오느니보다 집에 있거라.
─는 이보다(의존 명사)	오는 이가 가는 이보다 많다.
─(으)리만큼(어미)	나를 미워하리만큼 그에게 잘못한 일이 없다.
─(으)ㄹ 이만큼(의존 명사)	찬성할 이도 반대할 이만큼이나 많을 것이다.
─(으)러(목적)	공부하러 간다.
─(으)려(의도)	서울 가려 한다.
─(으)로서(자격)	사람으로서 그럴 수는 없다.
─(으)로써(수단)	닭으로써 꿩을 대신했다.
─(으)므로(어미)	그가 나를 믿으므로 나도 그를 믿는다.
(─ㅁ, ─음)으로(써)(조사)	그는 믿음으로(써) 산 보람을 느꼈다.

참고문헌

강동일 옮김(1995).『문자의 역사』, 도서출판 새날.

강범모 · 김성도 옮김(1998).『언어의 과학』, 민음사.

고광주(2001). "국어의 능격성 연구," 고려대 박사학위논문.

고려대학교 민족문화연구원 편(2009).『고려대 한국어대사전』, 고려대 민족
    문화연구원.

고석주(2001). "한국어 조사의 연구-'-가'와 '-를'을 중심으로-," 연세대 박
    사학위논문.

고석주 · 양정석 옮김(1999).『의미구조론』, 한신문화사.

고영근(1968). "주격조사의 한 종류에 대하여,"『이숭녕박사송수기념논총』
    (을유문화사). 고영근(1989).『국어형태론연구』, 탑출판사, 112-125
    재록.

고영근(1972). "현대국어의 접미사에 대한 구조적 연구(1)-확립기준을 중심
    으로,"『서울대학교논문집』18. 고영근(1989).『국어형태론연구』탑출
    판사, 495-534 재록.

고영근(1973). "특수조사의 의미분석 - "까지, 마저, 조차"를 중심으로,"『문
    법연구』3.

고영근(1989).『국어 형태론 연구』, 서울대 출판부.

고영근(1997). "국어 형태론의 몇 문제," 24회 국어학회 공동연구회 특강 자
    료.

고영근(2008). "조사의 문법적 특성-인수칭 주격조사의 설정과 관련하여-,"
    『이숭녕 현대국어학의 개척자』(서울대 국어연구회 편, 태학사).

고영근 · 구본관(2008).『우리말 문법론』, 집문당.

고창수(1986). "어간형성접미사의 설정에 대하여," 고려대 석사학위논문.

고창수(1992ㄱ). "국어의 격이론,"『홍익어문』(홍익대) 10 · 11.

고창수(1992ㄴ). "국어의 통사적 어형성,"『국어학』22.

고창수 · 시정곤(1991). "목적어 있는 피동문,"『주시경학보』7.

곽충구(1994).『함북 육진방언의 음운론』, 태학사.

구본관(1996/1998).『15세기 국어 파생법에 대한 연구』, 태학사.

구본관(2001). "수사와 수관형사의 형태론,"『형태론』3-2.

국립국어연구원 편(1999).『표준국어대사전』, 두산동아.

김계곤(1969). "현대국어의 뒷가지 처리에 대한 관견,"『한글』144.

김규선(1970). "국어의 복합어에 대한 연구-구와 복합어 구분의 기준 설정을
　　　위한-,"『어문학』23.

김기혁(1981). "국어 합성동사의 생성적 연구," 연세대 석사학위논문.

김두봉(1916).『조선말본』, 경성: 신문관. 김민수·하동호·고영근 편(1983).
　　　『역대한국문법대계』1-22 재록, 탑출판사.

김민국(2009). "'-이서'의 분포와 문법범주,"『형태론』11-2.

김민수(1954). "국어 문법의 유형-국어 문법사 시고-,"『국어국문학』10.

김민수(1961). "'늣씨'와 'morpheme'-주시경 및 Bloomfield의 문법적 최소
　　　단위에 대하여-,"『국어국문학』24.

김민수(1964/1986).『신국어학(전정판)』, 일조각.

김민수(1971/1986).『국어문법론(중판)』, 일조각.

김민수(1980).『신국어학사(전정판)』, 일조각.

김민수 외 3인 편(1991).『금성판 국어대사전』, 금성출판사.

김민수 편(1997).『우리말 어원사전』, 태학사.

김성환(2003). "국어의 명사 통합 구성 연구," 서강대 박사학위논문.

김승곤(1989).『우리말 토씨 연구』, 건국대 출판부.

김양진(1995). "국어 동사의 단어구성 연구," 고려대 석사학위논문.

김양진(1999). "국어 형태 정보 연구," 고려대 박사학위논문.

김영희(1973). "처소격조사 '에서'의 생성적 분석,"『연세어문학』(연세대) 5.

김원경(1993). "국어 접사피동의 생성론적 연구," 고려대 석사학위논문.

김의수(2004). "국어의 격과 의미역 연구," 고려대 박사학위논문.

김인균(2003). "국어의 명사 연결 구성 연구," 서강대 박사학위논문.

김인균(2008). "국어의 수사 범주론,"『한국어학』39.

김창섭(1983). "'줄넘기'와 '갈림길'형 합성명사에 대하여,"『국어학』12.

김창섭(1984). "형용사 파생 접미사들의 기능과 의미-'-답-, '-스럽-, '-롭-, 하-'와 '-적'의 경우-,"『진단학보』58.

김창섭(1994/1996).『국어의 단어형성과 단어구조 연구』, 태학사.

김창섭(2010). "조사 '이서'에 대하여,"『국어학』58.

남기심(1968). "구조 언어학의 형태소 분석 방법론에 대하여,"『행정 이상헌 선생 회갑기념논문집』(형성출판사).

남기심(1970). "이음씨끝 '-아'를 매개로 한 겹씨의 움직씨 형성에 대하여," 『한글』146.

남기심(1986). ""서술절'의 설정은 타당한가?"『국어학신연구Ⅰ』, 탑출판사.

남기심(1990). "토시 '와/과'의 쓰임에 대하여,"『동방학지』66.

남기심 외(2006).『왜 다시 품사론인가?』, 커뮤니케이션북스.

남기심·고영근(1985/1993).『표준국어문법론(개정판)』, 탑출판사.

노대규(1977). "한국어 수량사구의 문법(Ⅰ),"『어문논집』(고려대) 19.

리필수(1922).『정음문전』, 경성: 조선정음부활회. 김민수·하동호·고영근 편 (1977).『역대한국문법대계』1-35 재록, 탑출판사.

목정수(1998). "한국어 격조사와 특수조사의 지위와 의미 - 유형론적 접근 -,"『언어학』23.

목정수(2003).『한국어 문법론』, 월인.

문손홍(1990). ""체언 수식 부사' 소론,"『청람어문학(청람어문학회)』3.

민현식(1977). "국어조사와 격에 대하여-의미격, 성분격 및 체언화 기능을 중심으로-,"『선청어문』(서울대 사대) 8.

민현식(1999).『국어 문법 연구』, 도서출판 역락.

민현식(2002). ""부사성'의 문법적 의미,"『한국어 의미학』10.

박승빈(1935).『조선어학』, 경성: 조선어학연구회. 김민수·하동호·고영근 편 (1985).『역대한국문법대계』1-50 재록, 탑출판사.

박양규(1972). "국어의 처격에 대한 연구-통합상의 특징을 중심으로-,"『국어연구』27.

박양규(1975). "존칭체언의 통사론적 특징,"『진단학보』40.

박지홍(1986).『우리현대말본』, 과학사.

박진호(1994). "통사적 결합 관계와 논항구조," 서울대 석사학위논문.

배주채(1994). "고흥방언의 음운론적 연구," 서울대 박사학위논문.

변광수 편(1993).『세계 주요 언어』, 한국외대 출판부.

서정목(1984). "후치사 '-서'의 의미에 대하여,"『언어』9-1.

서정목(1993). "계사 구문과 그 부정문의 통사 구조에 대하여,"『국어사 자료
　　　　와 국어학의 연구』(서울대 국어연구회편, 문학과 지성사).

서정목(1994).『국어 통사구조 연구 I 』, 서강대 출판부.

서정수(1996).『국어문법(수정 증보판)』, 한양대학교 출판원.

성광수(1988ㄱ). "국어의 단어와 조어-어휘구조와 어형성규칙(1),"『주시경
　　　　학보』1.

성광수(1988ㄴ). "합성어 구성에 대한 검토-국어 어휘구조와 어형성규칙
　　　　(2),"『한글』201·202.

성기철(1969). "명사의 형태론적 구조,"『국어교육』15.

성기철(1981). "형태론,"『국어학신강』(이을환 외 5인, 개문사).

송원용(1998). "활용형의 단어 형성 참여 방식에 대한 연구," 서울대 석사학
　　　　위논문.

송원용(2002/2005).『국어 어휘부와 단어 형성』, 태학사.

송철의(1977). "파생어형성과 음운현상,"『국어연구』38.

송철의(1983). "파생어의 형성과 통시성의 문제,"『국어학』12.

송철의(1985). "파생어 형성에 있어서 어기의 의미와 파생어의 의미,"『진단
　　　　학보』60.

송철의(1989/1992).『국어의 파생어형성 연구』, 태학사.

시정곤(1993). "'음운적 단어'의 설정을 위한 시고,"『우리어문연구』6·7.

시정곤(1994).『국어의 단어형성 원리』, 국학자료원.

시정곤(1999). "규칙은 과연 필요없는가?,"『형태론』1-2.

시정곤(2003). "현대 형태론의 과제와 전망,"『한국어 문법론의 연구 현황과
　　　　과제』(홍종선 외 7인, 도서출판 박이정).

신지영·차재은(2003).『우리말 소리의 체계-국어 음운론 연구의 기초를 위
　　　　하여-』, 한국문화사.

신창순(1969). "한자어 소고", 『국어국문학』 42·43.

심재기(1982). 『국어어휘론』, 집문당.

심의린(1935). 『중등학교 조선어문법』, 경성: 조선어연구회. 김민수·하동
　　호·고영근 편(1977). 『역대한국문법대계』 1-59 재록, 탑출판사.

안상철(1998). 『형태론』, 민음사.

양정석(2001). "'이다'의 문법범주와 의미," 『국어학』 37.

양정호(2003). "'이다'의 문법범주에 대한 고찰," 『형태론』 5-2.

엄정호(1993). "'이다'의 범주 규정," 『국어국문학』 110.

오정란(1987). "국어 복합어 내부의 경음화 현상," 『언어학』 12.

왕문용·민현식(1993). 『국어 문법론의 이해』, 개문사.

우순조(1997). "국어 어미의 통사적 지위," 『국어학』 30.

우형식(2006). "관형사," 『왜 다시 품사론인가?』(남기심 외, 커뮤니케이션북
　　스).

유목상(1974). "통어론적 구성에 의한 어형성에 관한 연구," 『성곡논총』 5.

유창돈(1971). 『어휘사 연구』, 선명문화사.

유현경(1998). 『국어 형용사 연구』, 한국문화사.

유현경(2008). "관형사 '한'에 대한 연구," 『국어학』 53.

유혜원(1997). "'-시-'에 대한 형태통사적 고찰," 고려대 석사학위논문.

유혜원(2002). "국어의 격 교체 구문의 연구," 고려대 박사학위논문.

이관규(1999). 『학교문법론』, 도서출판 월인.

이광호(1984). "처격어미 {에}, {에서}의 의미와 그 통합 양상," 『어문학논총』
　　(국민대) 3.

이광호(1988). 『국어 격조사 '을/를'의 연구』, 탑출판사.

이광호(2005). "연결망과 단어형성," 『국어학』 46.

이규방(1922). 『신찬 조선문법』, 경성: 이문당. 김민수·하동호·고영근 편
　　(1983). 『역대한국문법대계』 1-29 재록, 탑출판사.

이길록(1974). 『국어 문법 연구』, 일신사.

이남순(1983). "양식의 '에'와 소재의 '에서'," 『관악어문연구』(서울대) 8.

이남순(1998). 『격과 격표지』, 월인.

이상복(2012). "국어의 형태소 분석에 대한 일고찰(1)-고유명사를 중심으로-,"『배달말』50.

이선영(1992). "15세기 국어 복합동사 연구," 서울대 석사학위논문.

이석주(1987ㄱ). "국어 어구성연구: 복합어와 파생어의 의미구조를 중심으로," 중앙대 박사학위논문.

이석주(1987ㄴ). "국어 파생어 연구-의미론적 접근에 의한 파생접사와 굴절접사의 구별을 위하여-,"『홍익어문』(홍익대) 7.

이석주(1989).『국어형태론-복합어와 파생어 구조를 중심으로-』, 한샘출판주식회사.

이석주(1995). "복합어 구성성분의 의미에 관한 연구,"『국어교육』87·88.

이선영(1992). "15세기 국어 복합동사 연구,"『국어연구』110.

이숭녕(1953). "격의 독립품사 시비,"『국어국문학』4.

이익섭(1965). "국어 복합명사의 IC 분석,"『국어국문학』30.

이익섭(1969). "한자어의 비일음절 단일어에 대하여"『김재원 박사 회갑기념논총』.

이익섭(1975). "국어 조어론의 몇 문제,"『동양학』5.

이익섭·임홍빈(1983).『국어문법론』, 학연사.

이익섭·채완(1999).『국어문법론강의』, 학연사.

이재인(1989). "'-이' 명사의 형태론,"『국어국문학논총Ⅲ』(이정 정연찬선생 회갑기념).

이정훈(2003). "국어 조사의 통합관계에 대한 통사적 접근," 한국어 통사론 연구회 제3차 연구발표회 발표요지.

이정훈(2004/2008).『조사와 어미 그리고 통사구조』, 태학사.

이진호(2005).『국어 음운론 강의』, 삼경문화사.

이홍식(1996). "국어 문장의 주성분 연구," 서울대 박사학위논문.

이희승(1955).『국어학개설』, 민중서관.

이희승(1975). "단어의 정의와 조사·어미의 처리문제,"『현대국어문법(논문선)』(남기심 외 편, 계명대 출판부).

임동훈(1991). "격조사는 핵인가,"『주시경학보』8.

임동훈(2004). "국어 조사의 하위 부류와 결합 유형,"『국어학』43.

임석규(2002). "음운탈락과 관련된 몇 문제,"『국어학』40.

임홍빈(1975). "부정법 {어}와 상태진술의 {고},"『논문집(국민대)』8.

임홍빈(1976). "부사화와 대상성,"『국어학』4.

임홍빈(1981). "사이시옷 문제의 해결을 위하여,"『국어학』10.

임홍빈(1989). "통사적 파생에 대하여,"『어학연구(서울대)』25-1.

임홍빈(1997). "국어 굴절의 원리적 성격과 재구조화-'교착소'와 '교착법'의 설정을 제안하며,"『관악어문연구』(서울대) 22.

임홍빈·이홍식(2000). "형태 분석 말뭉치를 이용한 국어 문법 현상의 계량적 연구."『21세기 세종계획 국어 기초자료 구축분과 연구 보고서』.

장영희(2001). "국어 관형사의 범주와 기능."『한국어 의미학』8.

전상범(1995).『형태론』, 한신문화사.

전상범·김영석·김진형 공역(1994).『형태론』, 한신문화사.

정국(1980). Neutralization in Korean: a functional view, 한신문화사.

정동환(1991/1993).『국어 복합어의 의미연구』, 서광학술자료사.

주복매(1986). "문장 성분으로서의 보어 설정에 관한 연구," 연세대 석사학위 논문.

조성식 외 편(1990).『영어학사전』, 신아사.

주시경(1910).『국어문법』, 경성: 박문서관. 김민수·하동호·고영근 편 (1977).『역대한국문법대계』1-11 재록. 탑출판사.

주시경(1914).『말의 소리』, 경성: 신문관. 김민수·하동호·고영근 편(1977). 『역대한국문법대계』1-13 재록. 탑출판사.

채 완(1977). "현대국어 특수조사의 연구,"『국어연구』39.

채현식(1994). "국어 어휘부의 등재소에 관한 연구,"『국어연구』120.

채현식(1999). "조어론의 규칙과 표시,"『형태론』1-1.

채현식(2000). "유추에 의한 복합명사 형성 연구," 서울대 박사학위 논문.

최규수(2010). "어근과 어간의 개념에 대한 국어학사적 검토,"『한글』290.

최동주(1997). "현대국어의 특수조사에 대한 통사적 고찰,"『국어학』30.

최웅환(2004). "조사의 기능과 배합,"『언어과학연구』29.

최웅환(2005ㄱ). "한국어 조사의 분류와 기능에 대하여,"『언어과학연구』33.

최웅환(2005). "교착소로서의 국어 어미에 대한 연구,"『우리말글』35.

최재웅(1996). "「-만」의 작용역 중의성,"『언어』21-1·2.

최현배(1930). "조선어의 품사분류론,"『조선어문연구』(연희전문학교 문과 연구집) 1. 김민수·하동호·고영근 편(1977).『역대한국문법대계』 1-44 재록, 탑출판사.

최현배(1937/1961).『우리말본(세번째 고침)』, 정음문화사.

최형강(2009). "'형성소'와 '어근' 개념의 재고를 통한 '어근 분리 현상'의 해석,"『국어학』56.

최형용(1997). "형식명사·보조사·접미사의 상관관계,"『국어연구』148.

최형용(2002). "어근과 어기에 대하여,"『형태론』4-2.

최형용(2002/2003).『국어 단어의 형태와 통사』, 태학사.

최형용(2003). "'X(으)ㅁ이'형 단어에 대하여,"『형태론』5-2.

최호철(1995). "국어의 보어에 대하여,"『한국어학』2.

하치근(1989).『국어 파생형태론』, 남명문화사.

하치근(1993).『국어 파생형태론(증보판)』, 남명문화사.

한글학회 편(1991).『우리말큰사전』, 어문각.

한송화(1999). "수사와 수량사구,"『사전편찬학연구』(연세대 언어정보개발 연구원) 9.

한송화(2000).『현대 국어 자동사 연구』, 한국문화사.

한영균(1988). "비음절화규칙의 통시적 변화와 그 의미,"『울산어문논집』4.

한용운(2005). "형태소 '서'의 독립 조사 설정 문제,"『어문연구』33.

한정한(1999). "의미격과 화용격 어떻게 다른가,"『국어의 격과 조사』(월인).

한정한(2003). "격조사는 핵이 아니다,"『한글』260.

한정한(2009). "단어를 다시 정의해야 하는 시급한 이유들,"『언어』34-3.

허웅(1968).『표준문법』, 신구문화사.

허웅(1975).『우리 옛말본』, 샘문화사.

허철구(1998). "국어 합성동사 형성과 어기분리," 서강대 박사학위논문.

허철구(2007). "어미의 굴절 층위와 기능범주의 형성,"『우리말연구』21.

허철구(2011). "조사 '인가'의 문법," 『우리말연구』 28.

홍기문(1947). 『조선문법연구』, 서울신문사. 김민수·하동호·고영근 편 (1986). 『역대한국문법대계』 1-39 재록, 탑출판사.

홍사만(1983). 『국어특수조사론』, 학문사.

홍윤표(1978). "방향성 표시의 격," 『국어학』 6.

홍종선(1983ㄱ). "명사화어미의 변천," 『국어국문학』 89.

홍종선(1983ㄴ). "명사화어미 '-음'과 '-기'," 『언어』 8-2.

홍종선(1985ㄱ). "명사의 기능-그 기원적 성격과 변천," 『어문논집』(고려대) 24·25.

홍종선(1985ㄴ). "체언화의 개념과 범주," 『국어국문학』 93.

홍종선(1986ㄱ). "체언화어미 '-어, -게, -고'의 의미역," 『어문논집』(고려대) 26.

홍종선(1986ㄴ). 『국어체언화구문의 연구』, 고려대 민족문화연구소.

홍종선(1989). "국어형태론 연구의 흐름," 『국어학』 19.

황화상(1996). "국어 체언서술어의 연구," 고려대 석사학위논문.

황화상(1997). "국어의 접사 체계," 『한국어학』 5.

황화상(2000ㄱ). "국어 형태 구조 연구," 『한국어학』 11.

황화상(2000ㄴ). "형태 단위의 구분과 어휘부," 『21세기 국어학의 과제』(월인).

황화상(2001). 『국어 형태 단위의 의미와 단어 형성』, 월인.

황화상(2002). "국어 접사의 기능과 형태 범주-복합어 내부의 개재 접사를 중심으로-," 『언어』 27-4.

황화상(2003). "조사의 작용역과 조사 중첩," 『국어학』 42.

황화상(2004). 『전산형태론』, 월인.

황화상(2005ㄱ). "'께서'의 문법 범주와 형태소 결합 관계," 『사림어문』(사림어문학회) 15.

황화상(2005ㄴ). "'이다'의 문법범주 재검토," 『형태론』 7-1.

황화상(2005ㄷ). "통사적 접사 설정의 제 문제," 『한국어학』 28.

황화상(2006). "조사 '에서'의 문법 범주," 『배달말』 39.

황화상(2009ㄱ). "관형사와 부사의 품사 설정에 대하여-이른바 체언 수식 부사를 중심으로-,"『한국어학』 42.

황화상(2009ㄴ). "'이서'의 문법적 기능과 문법 범주,"『배달말』 44.

황화상(2009ㄷ). "잠재어와 접사-'갈림길'형 복합명사를 중심으로-,"『한말연구』 25.

황화상(2010). "단어형성 기제로서의 규칙에 대하여,"『국어학』 57.

황화상(2012).『국어 조사의 문법』, 지식과 교양.

황화상(2013ㄱ). "유추 규칙의 대안인가?-채현식(2003)을 중심으로-,"『형태론』 15-2.

황화상(2013ㄴ). "어휘부의 구조, 그리고 단어의 분석과 형성,"『배달말』 52.

황화상(2013ㄷ). "'있다'의 의미 특성과 품사, 그리고 활용,"『한말연구』 33.

황화상(2014). "형태 단위와 그 범주 설정에 대하여,"『국어국문학』 169.

황화상(2015). "조사와 어미의 형태론적 성격에 대하여,"『우리말연구』 41.

황화상(2016). "어근 분리의 공시론과 통시론-단어 구조의 인식, 문장의 형성, 그리고 문법의 변화-,"『국어학』 77.

황화상(2017). "접미 한자어의 형태와 의미,"『한국어 의미학』 55.

황화상(2018). "접사의 지배적 기능에 대하여-접사 결합에 대한 파생어 중심의 이해-,"『국어학』 86.

Allen, M.(1978). *Morphological Investigations*. Phd dissertation, University of Connecticut.

Aronoff, M.(1976). *Word Formation in Generative Grammar*. Cambridge, Mass: MIT Press.

Bauer, L.(1983). *English Word-Formation*. Cambridge: CUP.

Bloomfield, L.(1933). *Language*. New York: Henry Holt and Co.

Botha, R. P.(1968). *The Function of the Lexicon in Transformational Generative Grammar*. The Hague: Mouton.

Bybee, J. L.(1985). *Morphology*. Philadelphia John Benjamins Publishing Company.

Chomsky, N.(1957). *Syntactic Structures*. The Hague: Mouton.

Chomsky, N.(1965). *Aspects of the theory of Syntax*. Cambridge, Mass: MIT Press.

Chomsky, N.(1970). "Remarks on Nominalization," in *Readings in English Transformational Grammar*, ed. R. Jacobs and P. Rosenbaum, Waltham, Mass: Blaisdell, 184-221.

Chomsky, N. and Halle, M.(1968). *The Sound Pattern of English*. New York: Harper and Raw.

Comrie, B.(1981). *Language Universals and Linguistic typology*: Syntax and Morphology. Oxford: Basil Blackwell.

Di Sciullo, A. M. and Williams, E.(1987). *On the Definition of Word*. Cambridge, MA: MIT Press.

Gaur, A.(1984). *A History of Writing*. The British Library. 강동일 옮김 (1995). 『문자의 역사』 도서출판 새날.

Greenberg, J. H.(ed)(1966). *Universals of Language*. Report of a Conference Held at Dobbs Ferry, New York.

Grimshaw, J.(1990). *Argument Structure*. Combridge, MA: MIT Press.

Halle, M.(1973). "Prolegomena to a Theory of Word Formation," *LI* 4-1.

Hockett, C.(1958). "Two Models of grammatical description," *Readings in Linguistics. Chicago*: University of Chicago Press.

Jackendoff, R.(1990). *Semantic Structures*. Cambridge, Massachusetts: MIT Press. 고석주·양정석 옮김(1999). 『의미구조론』 한신문화사.

Lees, R.(1960) *The Grammar of English Nominalization*. The Hague: Mouton.

Levi, J. N.(1978). *The Syntax and Semantics of Complex Nominals*. New York: Academic Press.

Lieber, R.(1980). *The Organization of the Lexicon*. PhD dissertation, MIT.

Lukoff, F.(1954). *A Grammar of Korean*. Ann Arber.

Martin, S.(1954). *Korean Morpho-phonemics*. Baltimore: Linguistic Society of America.

Miller, G. A.(1996). *The Science of Words*. New York: Scientific American Library. 강범모·김성도 옮김(1998). 『언어의 과학』 민음사.

Nida, E.(1949/1978). *Morphology: the Descriptive Analysis of Words*. Ann Arbor: University of Michigan Press.

Pesetsky, D.(1985). "Morphology and Logical Form," *LI* 16.

Pustejovsky, J.(1995). *The Generative Lexicon. Cambridge*, MA: MIT Press.

Roeper, T. & Siegel, D.(1978). "A lexical transformation for verbal compounds," *LI* 9.

Scalise, S.(1984). *Generative Morphology*. Dordrecht: Foris Publication.

Selkirk, E.(1982). *The Syntax of Words*. Cambridge, MA: MIT Press.

Siegel, D.(1974). *Topics in English Morphology*. New York: Garland.

Singleton, D.(2000). *Language and the Lexicon: An Introduction*, London: Edward Arnold.

Spencer, A.(1991). *Morphological Theory*. Cambridge University Press. 전상범·김영석·김진형 공역(1994). 『형태론』, 한신문화사.

Williams, E.(1981ㄱ). "On the notions 'lexically related' and 'head of a word'," *Linguistic Inquiry* 12.

Williams, E.(1981ㄴ). "Argument Structure and Morphology," *The Linguistic Review* 1.

찾아보기

저자 | 황화상

충북 제천 출생. 고려대학교 국어국문학과를 졸업(1994)하고 같은 대학의 대학원에서 석사 학위(1996)와 박사 학위(2001)를 받았다. 고려대학교 민족문화연구원 기계번역실에서 연구원으로 있으면서 영한·한영 기계번역기 개발에 참여했으며, 창원대학교 국어국문학과에서 부교수로 있었다. 현재 서강대학교 국어국문학과에서 국어문법 분야의 강의를 하고 있다.

E-mail: hshwang@sogang.ac.kr

* 주요 논저

『국어 형태 단위의 의미와 단어 형성』(2001)

『한국어 전산 형태론』(2004)

『국어 조사의 문법』(2012)

「조사의 작용역과 조사 중첩」(2003)

「단어형성 기제로서의 규칙에 대하여」(2010)

「어휘부의 구조, 그리고 단어의 분석과 형성」(2013)

「형태 단위와 그 범주 설정에 대하여」(2014)

「어근 분리의 공시론과 통시론」(2016)

「접미 한자어의 형태와 의미」(2017)

「접사의 지배적 기능에 대하여」(2018) 등

현대국어 형태론—개정2판

초 판 발 행 | 2011년 08월 25일
개 정 판 발 행 | 2013년 02월 13일
개정2판발행 | 2018년 12월 07일

지 은 이 황화상

책 임 편 집 윤수경

발 행 처 도서출판 지식과교양
등 록 번 호 제2010-19호
주   소 서울시 도봉구 삼양로142길 7-6(쌍문동) 백상 102호
전   화 (02) 900-4520 (대표) / 편집부 (02) 996-0041
팩   스 (02) 996-0043
전 자 우 편 kncbook@hanmail.net

ISBN 978-89-6764-133-7 93700   정가 25,000원